聖學格物通

第一冊

［明］湛若水／撰

戢斗勇　張永義／整理

湛若水著作選刊

上海古籍出版社

圖書在版編目(CIP)數據

聖學格物通 /(明)湛若水撰;戢斗勇,張永義整理. —上海:上海古籍出版社,2024.5

(湛若水著作選刊)

ISBN 978-7-5732-1120-0

Ⅰ.①聖… Ⅱ.①湛… ②戢… ③張… Ⅲ.①格物致知-中國-明代 Ⅳ.①B248.99

中國國家版本館 CIP 數據核字(2024)第 077844 號

湛若水著作選刊

聖學格物通

(全四册)

[明] 湛若水　撰

戢斗勇　張永義　整理

上海古籍出版社出版發行

(上海市閔行區號景路 159 弄 1-5 號 A 座 5F　郵政編碼 201101)

(1) 網址:www.guji.com.cn

(2) E-mail:guji1@guji.com.cn

(3) 易文網網址:www.ewen.co

上海惠敦印務科技有限公司印刷

開本 890×1240　1/32　印張 43.5　插頁 9　字數 814,000

2024 年 5 月第 1 版　2024 年 5 月第 1 次印刷

印數:1—1,100

ISBN 978-7-5732-1120-0

B·1386　定價:178.00 元

如有質量問題,請與承印公司聯繫

整理説明

湛若水（一四六六——一五六〇），字元明，因居於廣東增城甘泉都，學者稱爲甘泉先生。是明代著名政治家、思想家、教育家。湛若水青年時從學於嶺南大儒陳獻章，壯年時與王陽明結交論學，以其「隨處體認天理」之學與陽明「致良知」之學分廷抗禮，故時人稱湛若水「與陽明先生並鳴當代」。他構建了富於嶺南特色的、博大精深的心學體系，對明代儒學的發展做出了卓越的貢獻。

湛若水少年時代家境困厄，十四歲方入學。一四九二年，二十七歲時，鄉試中舉，次年會試落第。一四九四年，始從學於江門陳獻章，前後六年，悟出「隨處體認天理」六字訣，獲得陳獻章首肯，成爲其衣鉢傳人。一五〇五年，遵母命北上，入南京國子監，次年舉進士，入翰林院爲庶吉士。自此直至一五四〇年致仕，歷任翰林院編修、侍讀、南京國子監祭酒、南京吏部右侍郎、北京禮部右侍郎、北京禮部左侍郎、南京禮部尚書、南京吏部尚書、南京兵部尚書。致仕回鄉後仍不輟講學，直至去世。

湛若水一生勤於著述，並通過辦學與講學將其思想廣爲傳播，前後建書院近四十所，弟子逾四千人。他在學術上的貢獻主要體現在繼承和發展了陳獻章的江門心學，使得嶺南心學完善化、系統化與精微化。明代心學由陳獻章發端，由湛若水與王陽明發揚光大。甘泉學與陽明學，二者可謂明代哲學史的雙子星座，當時天下人即以「廣宗」、「浙宗」並稱之。

湛若水的著作很多，除詩文外，大體可分爲幾類：一是釐正六經之作，如二禮經傳測、春秋正傳等；二是對先秦諸子及宋明儒者著作的駁正或闡釋，如非老子、楊子折衷等；三是直接闡述自己思想的語録，如樵語、新論、新泉問辨録等。與這些著作相比，他編撰的一部大書聖學格物通，顯得尤爲特殊。

嘉靖四年（一五二五），明世宗下詔，令文臣「直解經史以進覽」。湛若水歷四年之勤力，編撰聖學格物通一百卷，於嘉靖七年六月初一日上呈嘉靖帝。該書本於大學「八條目」，以「格物」爲綫索，統貫誠意、正心、修身、齊家、治國、平天下六格，每格下各分子目，雜採五經、史傳、諸儒之語、明代諸帝祖訓，並附湛若水本人的按語，旨在爲嘉靖帝提供一部輔助經筵講讀的參考書。四庫全書總目稱聖學格物通「大致與丘濬大學衍義補相近，而濬書多徵舊事以爲法戒之資，此書多引前言以爲講習之助。二書相輔而行，均於治道有裨者也」，對其有較高的評價。聖學格物通洋洋百卷，五十餘萬言，全面體現了湛若水「進德修業合一」、「隨處體認天

理」的心學思想，是研究湛若水思想的重要文獻。

聖學格物通現存明嘉靖間吴昂刻本、嘉靖十二年刻本、四庫全書本、同治五年（一八六六）資政堂刻本。資政堂本各卷末多有「福建布政司右布政使吴昂校刊」一行，與吴昂刻本相同，但版式行款略有不同，可見資政堂本應翻刻自吴昂刻本系统。由於資政堂本校刻精良，本次整理以資政堂本爲底本，以嘉靖十二年本爲校本。校勘原則：底本有誤處，徑改正文，並出校記。底本與校本兩通處，亦出校記。底本脱字據校本補者，加［］號。古今字、通假字一般不改，俗體字、異體字酌改爲通行繁體字。

本書序目及前七十卷由戢斗勇點校，後三十卷由張永義點校。全書由張永義審校。

本書原收於黄明同主編湛若水全集（上海古籍出版社，二〇二〇年），爲便於讀者閱讀使用，今改版爲單行本出版。改版時訂正了二〇二〇年版的若干訛誤。限於編校者的知識水平，書中疏誤在所不免，敬祈讀者批評指正。

目録

謝恩進書疏

南京吏部右侍郎臣湛若水謹奏，爲謝聖恩，以進書籍事。臣先任南京國子監祭酒，嘉靖七年五月十九日准吏部咨，欽蒙聖恩，陞臣前職，已於五月二十日到任訖。伏惟南京爲國家根本之地，而吏部乃人物衡鑑之司。銓選雖非所專，品題實有所繫。苟無知人之哲，難免竊位之譏。必有至公至明之德，乃有其難其慎之心。所宜旁求乎俊乂，詎寧委及於凡庸？伏念臣早歲有志，衰老無成，八年病廢於先朝，甘分山林之叟；一旦詔起於初政，洊污講讀之班。繼典教事於南雍，未收作人之效；遽承留銓之右佐，豈有掄材之能。仰感洪恩，何以圖報。臣敢不滋勵素志，用對明時。必同寅而協恭，以舉直而錯枉。上贊中興之隆，下揚南國之紀。又念爲政在人，固臣職之當務。而取人以身，幸聖德之方新。深惟報德之私，用切酬言之念。乃臣往感四年七月之詔，下敕文臣，而直解經史以進覽。遂效四載乙夜之勤，竭盡心力，以纂撮樞要而獻忠，名曰格物之通，庶備聖學之助。蓋物不外乎意、心、身之於家、國、天下，而格則在於誠、正、脩之與齊、治、平。亦惟體用同原之理，竊窺心事一貫之傳。卷分門類，注有篇題。事

皆取諸大訓格言，義則附以淺見薄識。采自往古，以及昭代，庶可祖述而又憲章。書垂成，將獻於大廷，命忽下，乃進乎今職。私計赤心報恩之處，惟有白首窮年之編。儻蒙俯覽于獨處燕閒之時，豈無少資于天德王道之懿。除望闕叩頭謝恩外，謹具本并表一通，及所纂撰聖學格物通一百卷，連重録表文及序、纂要、目録于卷端，共二十八册，專差辦事官伍世顯齎捧赴通政使司投進。其書副本，謹照例送禮部。臣不勝激切悚懼之至。緣係謝聖恩以進書籍事理，未敢擅便，爲此具本齎捧，謹具奏聞。

右謹奏聞。

嘉靖七年六月初一日，南京吏部右侍郎臣湛若水。

本年七月十九日，通政使司投進。本月二十一日奉聖旨：「這所編集，足見用心。朕已留覽，該衙門知道。欽此。」

聖學格物通表

南京吏部右侍郎臣湛若水誠惶誠恐，稽首頓首，昧死上言。臣伏覩嘉靖四年七月初四日邸報，該司禮監官捧御筆旨意一道，命文臣將歷代鑑書中，撮其有關於帝王德政之要者，撰直解講，并周易、詩經、中庸，序次聯寫，日逐進覽。又欲將尚書作爲文詞，或詩或賦，以成一代美事，用備開寫。臣誠歡誠忭，不揣疏愚，謹采五經、諸子史，及我聖祖聖宗格言大訓，疏解成帙，名曰聖學格物通，謹進上聞者。伏以龍興而雲從，聖作而物覩。故上有采菲之誠，則下懷獻芹之悃。上有光天之德，則下共臣帝之願。乃感召之一心，亦不應而徯志，在物理則固有然者。是以罔避夫位遠言親之嫌，必致其迪德沃心之懇。況乎位有崇卑，而臣子之心則一，乃臣舊忝講官，而忠愛之念不忘者哉！臣聞帝王之治本乎道，而道德之懿存乎心。心無事而不包，事無一而非道。惟心有所蔽則道不見，如鑑有所塵則明弗昭。故聖帝明王，必先務學。而脩德講學，皆以治心，將達諸事業，而成其治化焉，如磨彼寶鑑，以大其光照也。蓋心事合一，體用同原。雖殊塗而同歸，實一致而百慮。有天德則有王道，具內聖則具外王。故溥博淵泉而

時出，流水盈科而後進。滄溟之廣，不外勺水而求；華嶽之崇，必自卷石而累。是知萬變萬化，只在一德一心。故堯、舜、禹三聖授受，惟曰「精一執中」。成、湯、文、武千古相傳，亦云「懋德敬止」。孔、顔明博文約禮之教，孟軻示詳説反約之功。夫群籍所載，皆務此本，而曾子之傳，尤得其宗。故大學之書，全功在乎格物，而格物之要，其道本乎知行。知止、定、静、安、慮相承，即其功夫。意、心、身、家、國、天下貫穿，乃其實地。必綱舉而目斯張，惟領挈而裔乃理。雖心有良知，不假外求，然學于古訓，乃可有獲。六經、諸史，皆所以明心，而千聖萬賢，必歸乎窮理。總是同條同貫，那堪二本三本。言念臣乃嶺海鯫儒，舊忝翰林末品，以三十餘年而力學，至六十之外而無聞。竊嘗有得於大學之正經，自謂不詭於聖賢之中路。下契乎程、張「至其理乃格物」之言，上稽諸聖祖論「大學在脩身」之訓。乃於職務之暇，輒加蒐羅之功。粤自帝王之經，有倫有要；爰逮祖宗之訓，有典有則。輯事以從其類，取義以暢其情。因事以明其理，會理而感諸心。故一聞一見，若決江河。而前言往行，可以畜德。雖或掛一而漏夫萬，可因以觸類而盡其餘。所以開發聰明，擴充良知，庶幾爲祖述憲章之一助也。茲蓋伏遇皇帝陛下聰明天授，孝敬神通。篤志聖賢之學，既日新而又新；期致天下之治，必會極而歸極。奮振委靡之餘，大弘中興之業。仰攬乾綱，俯補坤維。掀揭天地，彌綸宇宙。並明日月，奔走鬼神。誠振古大有爲之君，實歷代僅間見之材也。經筵日講，不間夫寒暑；隨處用力，豈貳於宫

即與庭。故敬一有箴，洪範有序。仰仞神衷，深造聖域。猶不以能而自滿，抑且以虚而受人。堯之清問下民，舜之好問好察，何以異哉？此臣所以不辭夫四載編摩之勞，必盡其一心夙夜之瘁，竭精畢神，刳心戮力，而欲效愚於聖德，庶有裨于涓埃也。干犯天威，伏祈電覽。儻於萬幾之暇，不遺一得之愚，遠宗聖哲之謨，近法祖德之懿。會萬理于一心，由成德而致治。式恢蕩蕩之德，用弘丕丕之基。如天之覆，如地之載，勵無前之休烈；如川之至，如日之升，永多所之歷年。臣無任激切屏營之至，謹以所纂撰聖學格物通一百卷，并序、纂要、目録，共爲二十八册，黄綾套袱封襲，謹隨表上進以聞。

嘉靖七年六月初一日，南京吏部右侍郎臣湛若水謹上表。

聖學格物通大序

臣若水序曰：夫聖學格物通何爲者也？明聖學也。明聖學，何以謂之格物通也？宋儒程頤曰：「格者，至也。物者，理也。至其理，乃格物也。」「致知在所養，養知莫過於寡欲。」夫以涵養寡欲言格物，則格物有知行之實，非但聞見之粗矣。然則何以至其理也？知止，知也。定静安慮，行也。知而弗去，格物之功盡於此矣。夫通有四倫焉：有總括之義焉，有疏解之義焉，有貫穿之義焉，有感悟[一]之義焉。夫聖人之道，莫備於大學。大學曰：「欲明明德於天下者，先治其國；欲治其國者，先齊其家；欲齊其家者，先脩其身；欲脩其身者，先正其心；欲正其心者，先誠其意；欲誠其意者，先致其知，致知在格物。物格而后知至，知至而后意誠，意誠而后心正，心正而后身脩，身脩而后家齊，家齊而后國治，國治而后天下平。」夫自天下逆推，本於格物，是格物乃其本始用功之要也。又自物格順循其效於天下，是格物乃其本始致效之原也。經曰：「物有本末，事有終始。」物格[二]者，其本始之謂乎！宋臣彭龜年曰：「大學之書，其節雖繁，而道甚要，格致而已。」張栻答曰：「自誠正以至治平，固無非格致事也。」伏覩

我太祖高皇帝諭侍臣曰：「大學一書，其要在脩身。」而大學古本以脩身釋格至，曰：「此謂知本，此謂知之至也。」經文兩推天下、國、家、身、心、意，皆歸其要於格物，則聖祖蓋深契夫古本〔三〕大學之要矣乎！由是言之，聖人之學，通在於格物矣，故曰「有總括之義焉」。凡意之事，則誠意之類舉之矣；凡心之事，則正心之類舉之矣；凡身之事，則脩身之類舉之矣；凡家之事，則齊家之類舉之矣；凡國之事，則治國之類舉之矣；凡天下之事，則平天下之類舉之矣。輯事以從其類，取義以暢其情，故曰「有疏解之義焉」。列誠意，所以示人〔四〕於意焉格之也；列正心，所以示人於心焉格之也；列脩身，所以示人於身焉格之也；列齊家，所以示人於家焉格之也；列治國，所以示人於國焉格之也；列平天下，所以示人於天下焉格之也。意、心、身之於家、國、天下之事，非二也，一以貫之也。故大學於誠意，曰「好惡」，曰「慎獨」；於正心，曰「忿懥」，曰「憂患」，曰「恐懼」，曰「好樂」；於脩齊，曰「辟」，曰「好惡」；於齊治，曰「孝弟慈」，曰「心誠求」，曰「恕」；於治平，曰「絜矩」，曰「辟」，曰「好惡」，曰「忠信」，曰「仁義」，皆以其心言之也。而通之於各條，因事以明其理，因理而會諸心，通一無貳，故曰「有貫穿之義焉」。是故君子之學，讀誠意之事，則感其意之理；讀正心之事，則感其心之理；讀脩身之事，則感其身之理；讀齊家之事，則感其家之理；讀治國之事，則感其國之理；讀平天下之事，則感其天下之理。理也者，吾之良知也。學之者，所以覺其良知也，知也。存之又存，存存而不

息，由一念以達諸萬事，皆行也，故曰「有感悟之義焉」。是故讀斯通者，意、心、身、家、國、天下之理，皆備於我矣。故君得之以成其仁，臣得之以成其敬，學士得之以成其德，家、國、天下之民得之以會極而歸極。是故聖人之學無餘藴矣。或曰：「諸通無格致者，何也？」臣曰：「誠意、正心、脩身、齊家、治國、平天下之事，無非格致之地也，夫又何贅焉？」或又曰：「夫格致而不及天地萬物者，何也？」臣曰：「意、心、身、家、國、天下一貫，聖門切問近思之學也。然而天地萬物同體無外矣，雖位育配天可也，何別高遠之求？」或疑曰：「真德秀之衍義、丘濬之補具矣，而乃又有格物通者，何居？」臣應之曰：「孔門一本無二之指，臣幸得之於正經，證之於諸儒，仰稽於我皇祖之訓者，上下十餘年，而思欲效其愚見者久矣。乃今伏聞聖明四年七月初四日詔，令文臣撮經書史鑑有關帝王德政之要者，直解進覽。臣實欣慶聖學日升，務求典要。竊念臣亦舊忝詞臣講官也，心在皇室，忠切勸學，故不揣疏愚，遠自伏羲、二帝、三王與夫諸儒之格言，近至我祖宗列聖之謨烈，章采而節釋之，不詭於衍義與補，而容或少有發明而一助焉。庶或上裨聖明進德脩業合一之要領，且明經文直以格物爲諸條之統會樞紐也。有隨事體認之實，合孔門求仁一貫之指。夫聖人之學，體用一原，本末遠近兼致，知行並進者也。此臣格物通之所以作也。」

嘉靖七年六月初一日，南京吏部右侍郎臣湛若水謹序。

校記：

〔一〕「悟」原作「悮」，據嘉靖本改。

〔二〕「物格」，嘉靖本作「格物」。

〔三〕「本」，嘉靖本作「者」。

〔四〕「示人」，嘉靖本作「欲其」，下同。

聖學格物通纂要録

臣若水既謹纂撰聖學格物通一百卷矣，又撮此書之中篇目小序及所采經訓，以爲纂要録焉，何也？夫學莫貴於知約，知約然後可以盡博也。是故挈裘者先挈其領，則其裔可理；舉綱者先舉其綱，則其目可張。夫物則亦有然者矣，而況聖人之學乎！是故臣今纂要之録，亦一書之綱領也。仰惟聖明萬幾之暇，倘蒙留神先覽于此録，則頃刻之間可了一書之大指，然後隨日逐條以盡書中所載之經訓子史及祖宗聖制，而隨處體認，開發涵養以自得焉。則易所謂「知至至之，知終終之」，心事一貫，進脩兼致，盛德大業日臻于高明，而堯、舜、禹、湯、文、武之治可比隆矣。

誠意格

臣若水序曰：何以不著致知格？曰：經曰「致知在格物」，則格物即致知也。誠意何以言

格物也？程頤曰：「格者，至也。物者，理也。至其理，乃格物也。」至也者，知行並進之功也。於意焉而至之也，至其意之理也。是故審幾也，立志也，謀慮也，感應也，儆戒也，敬天也，敬祖考也，畏民也，皆意之事也。人主讀是編焉，感通吾意之理，念念而知於斯，存存而行於斯，以有諸己，則格物之功庶乎於誠意焉而盡之矣。

凡八目

審幾凡三十九條

立志凡四十條

謀慮凡四十七條

感應凡五十四條

儆戒凡一百二條

敬天凡五十一條

敬祖考凡二十九條

畏民凡三十六條

右篇内采易、書、詩、春秋、禮記、周禮、孝經、論語、中庸、孟子、左傳、國語、史鑑、新書、説苑、白虎通、周敦頤、程顥、程頤、張載、楊時、韓愈〔一〕、胡安國、真德秀、張栻、朱熹、

司馬光、尹焞、胡宏諸儒録集，及國朝皇祖皇宗聖諭。

正心格

臣若水序曰：正心何以言格物也？程頤曰：「格者，至也。物者，理也。至其理，乃格物也。」至也者，知行並進之功也。於心焉而至之也，至其心之理也。人主讀是編焉而感通吾心之理，念念而知於斯，存存而行於斯，以有諸己，則格物之功庶乎於正心焉而盡之矣。

正心上凡二十五條

正心中凡二十八條

正心下凡三十一條

右篇内采易、書、詩、春秋、禮記、論語、孟子、左傳、國語、史鑑、新書、周敦頤、程顥、程頤、張載、邵雍、朱熹、陸九淵、呂大臨、胡宏、楊時、張栻、陳植、魏了翁諸儒録集，及國朝皇祖皇宗聖諭。

脩身格

臣若水序曰：脩身何以言格物也？程頤曰：「格者，至也。物者，理也。至其理，乃格物也。」至也者，知行並進之功也。故大學舊本以脩身申格物，曰「此謂知本，此謂知之至也」。於身焉而至之也，至其身之理也。是故威儀也、言動也、德業也，皆身之事也。人主讀是編焉，感通吾身之理，念念而知於斯，存存而行於斯，以有諸己，則格物之功庶乎於脩身焉而盡之矣。

凡三目

正威儀凡四十七條

慎言動凡五十九條

進德業凡九十二條

右篇内采易、書、詩、春秋、禮記、周禮、孝經、論語、中庸、孟子、左傳、國語、史鑑、新書、説苑、周敦頤、程顥、程頤、張載、邵雍、楊時、張栻、朱熹、韓愈、陸贄、吴澄、許衡諸儒録集，及國朝皇祖皇宗聖諭。

齊家格

臣若水序曰：齊家何以言格物也？程頤曰：「格者，至也。物者，理也。至其理，乃格物也。」至也者，知行並進之功也。於齊家焉而至之也，至其〔二〕家之理也。故大學「齊家」章，以辟、以好惡言之，乃吾心應之之理也。是故妃匹也，嫡庶也，親長也，太子也，内外也，孤幼也，臣妾也，皆家之事理也。人主讀是編焉，感通吾心處家之理，念念而知於斯，存存而行於斯，以有諸己，則格物之功庶乎於齊家焉而盡之矣。

凡七目

謹妃匹凡四十四條

正嫡庶凡三十九條

事親長凡五十三條

養太子凡二十九條

嚴内外凡四十六條

恤孤幼凡十六條

御臣妾凡四十三條

右篇内采易、書、詩、春秋、禮記、周禮、孝經、論語、孟子、左傳、國語、史鑑、白虎通、韓愈、程顥、程頤、張載、楊時、劉安世、朱熹、吕希哲、陳植、許衡諸儒録集，及國朝皇祖皇宗聖諭。

治國格

臣若水序曰：治國何以言格物也？程頤曰：「格者，至也。物者，理也。至其理，乃格物也。」至也者，知行並進之功也。於國焉而至之也，至其在國之理也。故大學「治國」章，以孝弟慈、以心、以仁讓、以恕言之，吾心感應乎國之理也。是故事君使臣也，立教興化也，事長慈幼也，使衆臨民也，正朝廷也，正百官也，正萬民也，皆國之事理也。人主讀是編焉，感通吾心治國之理，念念而知於斯，存存而行於斯，以有諸己，則格物之功庶乎於治國焉而盡之矣。

凡七目

事君使臣凡七十條

立教興化凡五十八條

事長慈幼凡十九條

使衆臨民凡二十八條

正朝廷凡四十九條

正百官凡五十三條

正萬民凡五十二條

右篇内采易、書、詩、春秋、禮記、周禮、論語、孝經、孟子、左傳、國語、史鑑、新書、説苑、白虎通、陸贄、周敦頤、程顥、程頤、邵雍、張載、蔡沈、范祖禹、胡宏、楊時、張浚、張栻、朱熹、柳宗元、顔之推、劉蕡、張九成〔三〕諸儒録集，及國朝皇祖皇宗聖制聖諭。

平天下格

臣若水序曰：平天下何以言格物也？程頤曰：「格者，至也。物者，理也。至其理，乃格物也。」至也者，知行並進之功也。於平天下焉而至之也，至其應天下之理也。故大學「平天下」章，以絜矩、以好惡、以忠信、以仁義言之，無非吾心應天下之理也。是故公好惡焉，其要矣。其用人焉，則學校也，舉措也，課功也，任相也，任將也，六官也。其理財焉，則脩虞衡貢

賦也，抑浮末也，飭百工也，屯田水利也，馬政也，漕運也，勸課也，禁奪時也，省國費也，慎賞賜也，蠲租也，薄斂也，恤窮也，賑濟也，皆天下之事理也。人主讀是編焉，感通吾心平天下之理，念念而知於斯，存存而行於斯，以有諸己，則格物之功庶乎於平天下焉而盡之矣。

凡三綱二十目

公好惡凡二十一條

用人

學校禮樂政教附，凡一百五條

舉措凡九十八條

課功凡四十七條

任相凡七十一條

任將凡六十一條

六官凡三十五條

理財

脩虞衡貢賦附，凡四十四條

抑浮末禁淫巧奢侈附，凡四十九條

飭百工凡一十五條

屯田授閒田水利附，凡四十五條

馬政凡二十四條

漕運凡一十六條

勸課凡二十五條

禁奪時凡二十七條

省國費冗官冗食冗兵冗役之類，凡一百五條

慎賞賜凡三十八條

蠲租凡二十九條

薄斂凡五十六條

恤窮凡三十四條

賑濟凡三十九條

右篇内采易、書、詩、春秋、禮記、周禮、論語、中庸、孟子、國語、左傳、新書、説苑、白虎通、史鑑、陸贄、韓愈、柳宗元、周敦頤、程顥、程頤、張載、胡瑗、胡宏、邵雍、羅從彦、楊時、張栻、胡安國、范祖禹、陸九淵、真德秀、陳植、王柏、許衡諸儒録集，及國朝皇祖皇宗聖諭

聖制。

校記：

〔一〕「韓愈」，嘉靖本置於「周敦頤」之前。

〔二〕「其」下，嘉靖本有「在」字。

〔三〕「柳宗元、顔之推、劉蕡、張九成」，嘉靖本置於「陸贄」之後。

聖學格物通卷之一

誠意格凡八目

審幾　立志　謀慮　感應　儆戒　敬天　敬祖考　畏民

臣若水序曰：誠意何以言格物也？程頤曰：「格者，至也。物者，理也。至其理，乃格物也。」至也者，知行並進之功也。於意焉而至之也，至其意之理也。是故審幾也，立志也，謀慮也，感應也，儆戒也，敬天也，敬祖考也，畏民也，皆意之事也。人主讀是編焉，感通吾意之理，念念而知於斯，存存而行於斯，以有諸己，則格物之功庶乎於誠意而盡之矣。

審幾上

○夫[一]易，聖人之所以極深而研幾也。惟深也，故能通天下之志；惟幾也，故能成天下之務；惟神也，故不疾而速，不行而至。

臣若水通曰：此言聖人之作易，原於心也。通，猶開也。志者，物之志也。深也者，理之未形體也。幾也者，理之已動用也。一體一用，變化無方，可以觀神矣，皆聖人之心易也。易不作，則聖人之心無以達諸天下，何以開物而成務也？故作易以極其深，而天下之志開發矣；研其幾，而於天下之務順成矣；妙其神，而於天下之化溥博矣。惟深故幾，惟幾故神，一理之貫通也。人君學易，以求得乎吾心之理，則其深也動於幾，其幾也妙於神，通志成務，以囿天下於神化之域，而能事畢矣。

○子曰：知幾其神乎！君子上交不諂，下交不瀆，其知幾乎！幾者，動之微，吉之先見者也。君子見幾而作，不俟終日。易曰：「介于石，不終日，貞吉。」介如石焉，寧用終日，斷可識矣。君子知微知彰，知柔知剛，萬夫之望。

臣若水通曰：此易繫釋豫六二之爻辭也。無諂、無瀆者，心之中正本體，乃天理之發見，所謂幾也。知此故能存神。有諂瀆之私，則人欲也。君子見天理之幾，介守之如石，則定而確矣。不終日者，知而行之速也。如是則動必吉矣，故曰先見。知幾也者，知道也。而曰作，曰介石，不俟終日，則行之果矣。君子體道之功如此，寧不貞吉乎？斯道也，通微彰，合柔剛，而一之者也。而無不知焉，知之至矣。在臣則爲萬夫之望，在君則爲天下之望。君臣皆有其道，則在君爲不瀆，在臣爲不諂，上下交而德業成矣。

○子曰：顏氏之子，其殆庶幾乎！有不善未嘗不知，知之未嘗復行也。易曰：「不遠復，無祇悔，元吉。」

臣若水通曰：此釋復之初九之爻辭也。殆，疑辭。庶幾，言近善之幾也。祇，至也。不善萌於幾、形於事，其違道遠矣。顏子知幾之不善，則善念生而復不遠，故曰「庶幾」。不先知其不善，則萌於心、發於事、至於悔，然後復則遠矣。夫知幾而不行者，乾知大始，先天之學也。祇悔而改過者，坤作成物，後天之學也。先天者，聖人之學也；後天者，賢人之學也。孔子之學，非顏子不傳，故曰「學顏子之所學」。

○是故蓍之德圓而神，卦之德方以知，六爻之義易以貢。聖人以此洗心，退藏於

密，吉凶與民同患。神以知來，知以藏往，其孰能與於此哉。古之聰明睿知，神武而不殺者夫！

臣若水通曰：易繫辭此章，言聖人作易卜筮之功用也。圓神，謂蓍德渾然，變化不測；方知，謂卦德粲然，事理可見。易以貢，謂爻德變易不居，以理告人。以此謂蓍卦爻也，所謂易道也。易道非他也，即人心之天理也。人惟不見此道，故累於私，而涉於粗淺矣。惟聖人以言乎己，則察見道體，私意不容，而本體澄澈，故曰「洗心」。心與道涵，淵泉莫測，故曰「藏密」。以言乎民，則蓍神足以知來，未然者如有所見。卦知足以藏往，已然者妙於無迹。蓍以定卦，卦以生爻，爻以著占，使民避凶而趨吉。是何以能之哉？古之神聖有聰明睿智之資，故能深見易道而洗心退藏，是以發而爲易，使人自然趨避，不假於怒而威矣。此聖人作易之妙用也。人君察其幾由於我，養其聰明睿智之德，則有以察其道體，而本源潔深，斯可以用易，而有神武不殺之大用矣。

〇書虞書益稷：禹曰：「安汝止，惟幾惟康。」

臣若水通曰：止者，至極不遷之名，即吾心本體之中正天理是也。安之云者，勿忘〔勿助〕[二]，順適乎自然，則心純乎天理，而止得其止。有忘與助焉，則人欲肆而天理微，不得其止矣。惟幾，所以致力於一念之微；惟康，所以致力於事爲之著。二者皆安止之功夫也。誠意

之功，在虞書益稷謨此章最爲切要。蓋禹得於舜「惟精惟一」之傳者，誠爲人君聖學之首務也。伏惟聖明體而行之，幸甚。

○商書太甲：若虞機張，往省括于度，則釋。欽厥止，率乃祖攸行。

臣若水通曰：此伊尹告太甲以應幾處事之要也。虞謂虞人，掌山澤田獵之官。機者，弩牙也。括者，矢括也。度者，法度，射者所準望者也。釋，舍矢也。欽，敬也。止者，心之本體，義理之所止也。率者，循也。乃祖，謂成湯也。伊尹告太甲，以如虞人之射，弩機既張，必往察其矢括之所準望者合於法度，然後發之，否則不輕發也。人君處事，必度其事之合於吾心之正，然後從而舉之，否則不輕舉也。然萬事皆起於念慮之微，善善惡惡，皆有定理，所謂止也。敬乎吾心之所止，必戒慎恐懼，使念慮之發不失其本體，故能廓然大公，物來順應，一循乃祖成湯之成法精意，可以歷久遠而無弊。故不欽乃止，則不能率祖之攸行。人君可不以法祖爲用，以欽止爲本乎？

○周書召誥：嗚呼！若生子，罔不在厥初生，自貽哲命。今天其命哲、命吉凶、命歷年，知今我初服。

臣若水通曰：此成周初成，召公告成王初政之言也。嗚呼，嘆辭。初服，行事之始也。召公歎息，言王之初服，如人之生子然，無不在於初生之時。初習爲善，則善矣。習於善，則自貽其哲命也。今天其命王以哲乎，命以吉凶乎，命以歷年乎，皆不可知。所可知者，今我初行政

事如何爾。初服而敬德，則亦自貽哲命，而吉與歷年矣。夫天下之事，莫不在於初。故經曰：「慎厥初，惟其終。」是則初事者智愚治亂之幾也，初心者善惡邪正之幾也。吉凶長短於此焉判。爲人君欲圖治撥亂者，在於初事。欲慎初事者，在於初心。孟子曰：「今人乍見孺子入井，有怵惕惻隱之心。」乍見之心，初心也。初心善，則事無不善。事無不善，則吉與歷年。反是則凶，短折至矣，可不慎其幾乎！

○詩小雅：鶴鳴于九臯，聲聞于野。魚潛在淵，或在于渚。樂彼之園，爰有樹檀，其下維蘀。他山之石，可以爲錯。

臣若水通曰：此蓋陳善納誨於君之辭也，比也。言鶴鳴于九臯，則聲聞于野矣，比誠則必形，以諷王之誠身也。言〔三〕魚潛在淵，則或在于渚矣，比理之無定體，以諷王之明善也。樹檀維蘀，比以爲美中則有惡，石可爲錯，比以爲惡中則有美，以諷王之審惡取善也。要之三者惟在審其幾耳。能審其幾，而有以察見天理，明善於己，取善於人，皆所以誠身。擴而充之，自一念以至於萬幾，莫非中正純一之本體，則誠能感物，而四方風動矣，聲聞于野之謂也。此詩人含蓄不盡之意，聖學心法之至要，惟聖明留意焉。

○大雅抑：相在爾室，尚不愧於屋漏。

臣若水通曰：此衛武公脩德告群臣規戒之詩也。相，猶書言「顧諟」之義。尚，猶也。屋

漏，室西北隅，幽暗之地也。夫視存則心存，心存則理存，理存則不愧矣。此天理存亡之幾也。故視之準則即本心也，心之中正即天理也。天理者，無動靜、無隱顯，一而已矣。君子知其幾，察見天理常目在是，造次顛沛而必於是，在庭在室無不在是，無少間斷，以操存此理於一室之中，雖暗室幾微之際，而無乎不在，則與天地相似矣，何愧之有？所謂仰不愧於天者是已。室漏猶且不愧，況大廷應接之時乎？盛德大業由是而生矣。此千聖心法之要，武公能言之，其亦聖人之徒也。人主苟能顧諟天之明命，大廷深宮，一心無間，何患乎無光明正大之德業乎？

〇禮記少儀曰：問卜筮曰：「義與？志與？」義則可問，志則否。

臣若水通曰：卜筮者，動乎幾者也。動而有義焉，有志焉。義也者，心之天理也。志也者，心之邪謀也。夫易爲君子謀，不爲小人謀。故非疑不占，非義不占。君子於此，在審其幾而已矣。

〇樂記曰：人生而靜，天之性也。感於物而動，性之欲也。物至知知，然後好惡形焉。好惡無節於內，知誘於外，不能反躬，天理滅矣。夫物之感人無窮，而人之好惡無節，則是物至而人化物也。人化物也者，滅天理而窮人欲者也。

臣若水通曰：人之心，寂感而已矣。性也者，合寂感、通動靜，而一之者也。若謂靜爲性，

則動果非性邪？性即理也，理無動靜，故學者恒知而已矣。物至知知，然後能節好惡。能節好惡，則外知不能誘矣，是合内外之道也。故知也者，内外動静之幾也，可不審乎？

○論語：曾子曰：「吾日三省吾身：爲人謀而不忠乎？與朋友交而不信乎？傳不習乎？」

臣若水通曰：此曾子省身之學也。自省者，入善之幾也。人惟不知省，故人心死而天理滅矣。曾子之學，常於心上用功，故以三事日省，日省則無時而不省矣。省者，心之所以生，天理之所以存也。三省同一心，皆隨處體認之功也。蓋謀不忠、交不信、傳不習，心皆不實。反以自省，頃刻知之，則頃刻即實，而天理存矣。此曾子日省，所以隨處精察而致謹焉，真自治之誠切者歟！此即與一貫之學同，宜其聞夫子之旨而即唯也。學曾子之學者，其尚求諸心，以決其幾哉。

○子曰：君子喻於義，小人喻於利。

臣若水通曰：此章孔子分别君子小人，至爲痛切。君子者，極善之名；小人者，極惡之名。君子小人之善惡，其端始於一念之萌爾。一念義利，此善惡幾也。喻者，皆本其心之念慮而言。凡一念之正而無所爲者天理，天理則義也。人知一念之正爲是爲義，則念念皆義，心與義一，是通曉乎義，是君子矣。凡一念之邪而有所爲者皆人欲，人欲則利也。人知一念之邪爲

便爲利，則念念皆利，心與利一，是通曉乎利，是小人矣。蓋其始也不能審之於幾微，故其終也不能覺之於成性。喻義喻利，有不期然而然者矣。夫今之行路之人，呼之以君子之名則喜，呼之以小人之名則怒。至其處心之際，則往往舍義而從利。豈其愛身不以君子哉，由不早察其幾耳。是故以言乎學問，則爲聖爲賢，其失爲夷狄、爲禽獸。以言乎爲治，則爲王道，其失爲伯術，皆於此焉〔四〕分。此固爲學者之所當知，而人君之治天下國家，尤所當慎焉。

○孟子曰：先生以利説秦、楚之王，秦、楚之王悦於利而罷三軍之師，是三軍之士樂罷而悦於利也。爲人臣者懷利以事其君，爲人子者懷利以事其父，爲人弟者懷利以事其兄，是君臣、父子、兄弟終去仁義，懷利以相接也，然而不亡者，未之有也。先生以仁義説秦、楚之王，秦、楚之王悦於仁義而罷三軍之師，是三軍之士樂罷而悦於仁義也。爲人臣者懷仁義以事其君，爲人子者懷仁義以事其父，爲人弟者懷仁義以事其兄，是君臣、父子、兄弟去利懷仁義以相接也，然而不王者，未之有也。何必曰利？

臣若水通曰：子罕言利，則非不言也，易之言利者多矣。宋牼一言不利而罷兵，罷兵仁義之術也，而孟子所以深辯之者何哉？蓋戰國之時，利欲横流，其勢滔天，況又開其源耶？春秋

弒君三十六，大抵皆起於一念之利而積之，其禍又有甚於交兵者。是以聖賢不得不嚴其防、拔其本、塞其源也。噫，仁義根於人心，利欲生於物我，其幾不可不審。學之不講，義利不明。故荀卿猶謂：「義利，人之兩有。」牼亦遊説之士也，心喻之，口必言之，何怪其然哉。故學者莫先辨乎義利之幾。

○中庸：莫見乎隱，莫顯乎微，故君子慎其獨也。

臣若水通曰：此覆申上戒謹不睹、恐懼不聞之意也。隱者，道體之全，潛於渾淪也。微者，道體之小，妙於散殊也。即上文所謂不睹不聞者也。子思言，上所謂戒謹不睹、恐懼不聞者何哉？蓋道體用一原，顯微無間。然而隱微者，道之體也；見顯者，道之用也。道之大用，皆原於體。故曰：莫見乎隱，莫顯乎微。隱微者，即其不可見聞而可自知之者也。君子有以察識其幾而戒謹恐懼，敬慎以存之，則中立而和生，萬物皆從此出，而位育成矣。爲人君相，有位育之責者，盍於是求之。

○詩云：「潛雖伏矣，亦孔之昭。」故君子内省不疚，無惡於志。君子之所不可及者，其惟人之所不見乎！

臣若水通曰：此子思引詩而申之，復言下學謹獨之事也。引詩言，潛者，不睹不聞之體，雖云幽伏矣，而天下之顯見者皆本於此，則亦甚昭著焉。故君子專用力於此，自省其高明廣大

之本體不虧，而天之所以與我者不失，何愧於心乎？於人之所不見而己獨知之者而致謹焉，此君子之所以爲不可及也。故程顥曰：「中庸語道，只無聲無臭，括了多少。」又曰：「自無聲無臭，發而爲禮儀三百、威儀三千。自禮儀三百、威儀三千，復歸於無聲無臭。」是足以見體用一原、顯微無間矣。故求聖學者，其幾只在慎獨。

○國語晋語：史蘇曰：「伐木不自其本，必復生；塞水不自其源，必復流；滅禍不自其基，必復亂。」

臣若水通曰：史蘇，晋大夫，占卜之史也。基，根本也。夫天下之事，皆起於幾微，君子不可不早見其幾也。獻公伐驪戎，滅其子而寵其姬，起百姓以自封，禍將長矣。史蘇伐木塞水之喻，可謂先見其幾矣。人君明於先見之幾，而絶其未萌之禍，則國家豈至於危亂也哉？

○晋語：郭偃曰：「夫人美於中，必播於外而越於民，民實戴之。惡亦如之。故行不可不慎也，必或知之。」

臣若水通曰：言有美善於中心，必播布於外，揚越於民，下民必或知其善否矣。夫誠中形外，一善一惡，自有不可揜者。惠公出其世子而改葬之，臭達於外，安能掩其惡於天下後世哉？爲人君者，豈可不謹於善惡之幾乎？

○晉文公問於郭偃曰：「始也吾以國爲易，今也難。」對曰：「君以爲易，其難也將至矣；君以爲難，其易也將至矣。」

臣若水通曰：文公名重耳。以爲易則輕忽之心生，故其難將至；以爲難則兢業之心生，故其易將至。難易之勢，係乎敬怠之間。爲人君者，可以知安危之幾矣。善乎文公之問，而郭偃之對也。仰惟聖明勵精圖治，必留神而審其幾焉，天下國家幸甚。

校記：

〔一〕「夫」前，嘉靖本有「易繫辭傳」四字。

〔二〕「勿助」，據嘉靖本補。

〔三〕「言」，嘉靖本作「以爲」。

〔四〕「焉」，嘉靖本作「言」。

聖學格物通卷之二

審幾下

○班彪王命論曰：昔陳嬰之母以嬰家世貧賤，卒富貴不祥，止嬰勿王。王陵之母知漢王必得天下，伏劍而死，以固勉陵。夫以匹婦之明，猶能推事理之至〔一〕，探禍福之幾，而全宗祀於無窮，垂策書於春秋，而況大丈夫之事乎。是故窮達有命，吉凶由人。嬰母知廢，陵母知興。審此二者，帝王之分決矣。

臣若水通曰：安危存亡之幾甚著也，惟明者知之。明者非他，以虛而無累則明也。陳、王二母，一婦人耳，尚知國家興亡之大幾，豈其智之過人哉？以虛而〔二〕無累耳。以隗囂之智，反二母之不若，則欲累之也。徒使班彪之論，託之空言，惜哉。

○唐太宗貞觀六年，上謂侍臣曰：「朕比來決事，或不能皆如律令。公輩以爲事小，不復執奏。夫事無不由小而致大，此乃危亡之端也。昔關龍逢忠諫而死，朕每痛之。煬帝驕暴而亡，公輩所親見也。公輩常宜爲朕思煬帝之亡，朕常爲公輩念關龍逢之死，何患君臣不相保乎？」

臣若水通曰：太宗之言，其知幾乎！易曰：「幾者，動之微，吉凶之先見者也。」古之善治者，圖難於其易，爲大於其細，極而至於危亡，不可救也。故煬帝之亡，幾之兆於身也。龍逢之死，幾之兆於君也。君不自知而滅其身，臣不及防君之微而死於忠諫，無補也。宜太宗以此自警而警其臣，可謂至矣。雖然，幾之動於事者，臣得而諫止之也。幾之萌於一念者，非臣之知也，君能自察爾，人君可不謹歟？

○唐太宗貞觀十一年夏四月，魏徵上疏，以爲：「人主善始者多，克終者寡。蓋以殷憂則竭誠以盡下，安逸則驕恣而輕物。盡下則胡越同心，輕物則六親離德。見可欲則思知足，將興繕則思知止。處高危則思謙降，臨滿盈則思挹損。遇逸樂則思撙節，在宴安則思後患。防壅蔽則思延納，疾讒邪則思正己。行爵賞則思喜而僭，施刑罰則思怒而濫。」

臣若水通曰：魏徵之言，可謂知幾矣。何也？天下之從違存乎君，君心之好惡存乎志，君志之邪正存乎思。思也者，其人君治亂安危之幾也，人君可不思乎哉？然不知事雖十而欲則一也，諸欲同根，隨觸而發，綿綿不絶，遂折斧柯。其始也甚微，而終至於不可止極，惟思可以止之爾。思也者，其人君安危治亂之幾歟。

○賈誼新書曰：語曰：「爞爞弗滅，炎炎奈何。萌芽弗伐，且折斧柯。」

臣若水通曰：天下之事起於微而成於大，此其幾也。知幾者於其微而救之，易爲力也。故曰「制治于未亂，保邦于未危」，此之謂也。噫，治亂安危之幾，非夫天下之聰明神聖，其孰能與於此？

○陸贄奏議曰：上以造塔役費微小，非宰臣所論之事。下臣愚戇，竊謂不然。當論理之是非，豈論事之大小？若造塔爲是，役雖大而作之何傷？若造塔爲非，費雖小而言者何罪？夫小者大之漸，微者著之萌。故君子慎初，聖人存戒。知幾者，所貴乎不遠而復；制理者，必在于未亂之前。本立輔臣，置之左右，朝夕納誨，意在防微而弼之，乃其職也。涓涓不遏，終變桑田。燄燄靡除，即燎原野。流煽已甚，禍災已成，雖欲救之，固無及矣。書曰：「不矜細行，終累大德。」易

曰：「小人以小善爲無益而不爲也，以小惡爲無傷而不去也，故惡積而不可掩，罪大而不可解。」然則小之不可不慎也如此，陛下安得使之勿論乎？虞書〔三〕咎繇之言曰：「兢兢業業，一日二日萬幾。」兢兢，慎也。業業，危也。幾者，動之微也。唐虞之際，主聖臣賢，庶績咸熙，萬邦已協，而猶上下相戒，既慎且危，慮事之微，日至萬數。然則微之不可不重也如此，陛下又安可忽而勿念乎？

臣若水通曰：德宗以造塔爲微小，而責姜公輔以過言，可謂昧於幾事者矣。夫人主當以虛心而察天下之幾，幾不在大而在小，不在顯而在微。微小之不謹，則將顯大而不可遏。且不忍其區區公主之小愛，以至爲之造塔，一念既萌，一令既出，糜費萬金，剥虐萬姓，得罪萬方，貽譏萬世，豈微小云乎？甚矣德宗之不智也。幸有陸贄之忠言，證以聖人之〔四〕訓，曾不克念，而何幾之能察乎？

〇宋哲宗元祐三年，以吕公著爲司空、同平章軍國事，鴻臚丞常安民遺公著書曰：「善觀天下之勢，猶良醫之視疾。方安寧無事之時，語人曰其後必將有大憂，則衆必駭笑。惟識微見幾之士，然後能逆知其漸。故不憂於可憂，而憂之於無足憂者，至憂也。今日天下之勢，可爲大憂，雖登進忠良，而不能搜致海内之

英才，使皆萃於朝，以勝小人，恐端人正士未得安枕而卧也。故去小人爲不難，而勝小人爲難。」

臣若水通曰：觀常安民告公著之言，謂憂於未可憂之前，蓋以進君子勝小人，以決治亂安危之幾，庶乎所謂識微見幾，豪傑矣。惜其未知君子小人之進退盛衰，係於君相一心之公私，其幾尤微也。故古之賢相，必先正己以格君心之非。君心正則公而明，真知君子之可親則不得不進，真知小人之可遠則不得不退。故定天下之大幾者，必先正其本，豈可以强爲之哉？

○宋儒周敦頤曰：惟人也，得其秀而最靈。形既生矣，神發知矣。五性感動而善惡分，萬事出矣。

臣若水通曰：秀靈者，天地之中，性之本體也。形神者，氣質之稟，性之感動也。此善惡之所以幾乎。於此存本體以立其大，則形神不撓，善惡有定，而天地之性復矣。故曰：「知幾其神乎。」

○周敦頤通書曰：匪仁、匪義、匪禮、匪智、匪信，悉邪也。邪動，辱也。甚焉，害也。故君子慎動。

臣若水通曰：善者，吾性之本也。動者，善惡之幾也。辱害者，惡幾之成也。知其幾而亟

反之，則中正之本體復矣。復者非亡矣，反不亟不復也。易曰顔子「不遠復」，「有不善未嘗不知，知之未嘗復行」。其知幾乎！其慎動乎！

○不〔五〕思則不能通微，不睿則不能無不通。是則無不通生於通微，通微生於思。故思者，聖功之本而吉凶之幾也。

臣若水通曰：孟子云：「思則得之，不思則不得。」思者，心之神也。洪範五事，於思屬土。土之通乎四行，猶思之通乎四德。聰明睿智，心思之神也。故曰：「聰明聖智達天德。」夫思也者，潛天而天，潛地而地，潛人而人，潛鬼神而鬼神。天地鬼神猶無不通，而況於人乎？而況於心之德乎？書曰：「惟聖罔念作狂，惟狂克念作聖。」思之於人，其大矣哉。

○周敦頤曰：動而未形，有無之間者，幾也。

臣若水通曰：幾者，善惡之端，而吉凶之判也。故君子一念而善焉，知吉之所由生也；一念而不善焉，知凶之所由生也；一念而正焉，知善之所由生也；一念而邪焉，知惡之所由生也。所以考其正不正者，於心取之而已，辨之不可不早者也。記曰：「戒慎乎其所不覩，恐懼乎其所不聞。」蓋言謹也。噫！非天下之大智，其孰能與於此？

○周敦頤曰：幾善惡。

臣若水通曰：幾者，動之微也。動之微，何以有善惡也？人之心虛明中正，此其本體，非有善惡以爲對者也。一念之動而正焉，善也；一念之動而邪焉，惡也。方其始也，間不容髮。及其成也，莫大之禍，滔天之惡，皆由於此矣。故曰：「差之毫釐，謬以千里。」見之可不早乎？夫惟體認天理，爲能豫養之於未發焉。

○程顥劄子有云：得天理之正，極人倫之至者，堯舜之道也。用其私心，依仁義之偏者，霸者之事也。王道如砥，本乎人情，出乎禮義，若履大路而行，無復回曲。霸者崎嶇反側於曲徑之中，而卒不可與入堯舜之道。故誠心而王則王矣，假之而霸則霸矣。二者其道不同，在審其初而已。

臣若水通曰：天下，誠僞而已矣。人心，邪正而已矣。心正則誠，誠則王而已矣。心邪則僞，僞則霸而已矣。夫邪正誠僞係於一念之間，其幾甚微也，而王霸之分由之。爲人君有志於行王道者，盍於幾而謹之哉。

○程顥曰：大凡出義則入利，出利則入義。天下之事，惟義利而已。

臣若水通曰：先儒張栻云：「義利，霄壤之判」。夫義利相去雖遠甚也，實始於一念之間爾。一念之義利非難辨也，一心邪正之間耳。苟能知其爲義而充之，則凡可以福天下者無不

至也；苟知其爲利而充之，則凡可以禍天下者無不至也，而家國之廢興存亡見矣。故人君不可不學，學莫先於義利之辨。

○楊時經筵講義有云：讒人之言常巧矣，故能變亂是非之實，中傷善類，以蔽人主之聽，不可不察也。

臣若水通曰：讒言者，惑心之幾。心惑則亂亡之幾由之矣。然天下之言非者不足以惑人，而惑人者皆似是而非者也，所謂讒人之言是也。人君苟或不察，爲其言之入，則善人受其毒，而流禍於無窮矣。書曰「朕堲讒說殄行」，詩云「亂之又生，君子信讒」。故有天下者，盍亦審其聽言之幾矣。

○朱熹曰：一念之萌，則必謹而察之，此爲天理耶？爲人欲耶？果天理也，則敬以擴之，而不使其少有壅閼。果人欲也，則敬以克之，而不使其少有凝滯。

臣若水通曰：一念者，邪正之幾也。邪正者，理欲之幾也。君子之學，在隨處體認而已。乾知大始則正念恒見，坤作成物則邪念不生，聖學之要盡於是矣。舜告禹曰：「人心惟危，道心惟微。惟精惟一，允執厥中。」帝王相傳治天下之法，如是而已矣。爲人君者，其可不講求之哉？

○張栻作雷州學記有云：「舜、蹠之分，善與利之間而已矣。譬之途焉，善則天下之正道，而利則山徑之邪曲也。人顧舍其路[六]而弗由，以自陷於崎嶇荆棘之間，獨何與？物欲蔽之，而不知善之所以爲善故爾。

臣若水通曰：蹠，天下之大惡人也；舜，天下之大聖人也。非天之賦性爾殊也，判於一念邪正之間耳。正則善心生，邪則利心生。先儒陸九淵曰：「念慮之不正，頃刻知之即正；念慮之正者，頃刻忘之即不正。」夫反其不正以爲正，豈人之所不能哉？弗知爾矣。

○國朝皇祖與諸儒臣論學術，翰林院學士陶安對曰：「道之不明，邪說害之也。」皇祖曰：「邪說之害道，猶美味之悅口，美色之眩目，人鮮不爲惑。自非有豪傑之見，不能決去之也。戰國之時，縱横捭闔之徒肆其邪說游說，當時諸侯急於功利者多從其說，往往事不就而國隨以亡，此誠何益？夫邪說不去，則正道不興，正道不興，天下烏得而治？」安對曰：「陛下所言，深探其本。」皇祖曰：「仁義，治天下之本也。賈生論秦之亡，不行仁義之過。夫秦襲戰國之弊，又安得如此？」

臣若水通曰：堯舜之道，正道也。孔孟之學，正學也。楊、墨、佛、老、蘇、張之說，邪說

也。正者，天理之公，仁義是已。邪者，人欲之私，功利是已。天理人欲之判，邪正之分，初非甚相遠也，萌於一念，中正與過不及之間耳。苟體認於二者之間，愼存乎中正之體，則正道明、邪道息，而萬化成矣。我皇祖因儒臣之對，而知正邪之分，達治平之本，誠萬世聖學之心法也。此所以用夏變夷，撥亂反治，肇造不拔之洪基耶？聖明苟念之於心，則興道致治不難矣。

〇壬子，皇祖謂丞相汪廣洋曰：「觀前代人君多喜諂諛，以飾虛名。甚至臣下詐爲瑞應，以恣矯誣，至于天災垂戒，厭聞于耳。如宋眞宗亦號賢主，初相李沆，日聞災異，其心猶存警惕。厥後澶淵既盟，大臣首啓天書以侈其心，群下曲意迎合，苟圖媚說，致使言祥瑞者日相繼於途，芝草三萬餘本。朕思凡事惟在於誠，況爲天下國家，而可亦僞乎？爾中書自今凡祥瑞不必奏，如災異及蝗旱之事，即時報聞。」

臣若水通曰：孔子稱上好信則民莫敢不用情，感應之機同也。人君處臣民之上，能全此心之實理，而勿忘涵養之功，感下以實，則下應以實，諂諛欺詐者遠矣。若宋眞宗之始敬終肆，輔相非人而無養心之功故〔七〕爾。我皇祖灼見其幾，示臣下以誠實而戒其詐僞，其亦遠佞防微之念深矣乎。詩曰：「無念爾祖，聿脩厥德。」臣端有顒望焉。

○皇祖御武英殿觀書，至「惠迪吉，從逆凶」，顧謂學士劉三吾曰：「凡人遭罹凶咎，皆己有以致之。及事窮勢迫，則僥倖百端，冀求苟免於患害，何益也？」三吾對曰：「如此者，亦當聽於天。」上曰：「心無所愧，可聽之於天。若其自取，於天何預？」

臣若水通曰：人之吉凶，生於動也。心之本體未有不善，動而後有善惡吉凶也。然而禍福無不自己求之者。人君於獨知之地，察其幾微而分別之，擴充其善念，遏絶其惡念，則治平之本於是乎立，而豐亨豫大之福於是臻矣。皇祖心純乎天理，故能達吉凶禍福之故，契惠迪從逆之旨，高出於三吾之見如此。此所以致國祚之隆，而弘佑啓之規也歟。

○有道士以道書獻者，皇祖〔八〕却之。侍臣請留觀之，或有可取。上曰：「彼所獻書，非存神固氣之道，即煉丹燒藥之説，朕烏用此？朕所用者聖賢之道，所需者治術，將躋天下生民於壽域，豈獨一己之長生久世哉？苟一受其獻，則迂誕怪妄之士必争來矣，故却之，毋爲所惑。」

臣若水通曰：孟子稱四端，四端者異發而同體也。人心之端，一而已矣，二之則異端矣。是故體認擴充以濟一世者，天理之公也。脩煉吐納以利一己者，人欲之私也。公則一，私則

二。公私之辨，一念之間爾。以秦皇漢武之雄才，猶不能不惑於方術。我皇祖之心，精一於隱微，因道士以道書獻，即禁斥之惟恐不遠，其防微杜漸之意密矣。人君苟於此惑焉，寧不爲聖明之累也哉？

校記：

〔一〕「至」，嘉靖本作「致」。
〔二〕「虛而」，嘉靖本無。
〔三〕「書」下，嘉靖本有「載」字。
〔四〕「之」下，嘉靖本有「明」字。
〔五〕「不」字之前嘉靖本有「周敦頤曰」四字。
〔六〕「路」，嘉靖本作「正」。
〔七〕「故」，嘉靖本無。
〔八〕「皇祖」，嘉靖本作「上」。

聖學格物通卷之三

立志上

○易臨：初九，咸臨，貞吉。象曰：咸臨，貞吉。志行正也。

臣若水通曰：臨卦初九，陽明居正，偏臨四陰，君子臨照小人之情狀，故有咸臨之象。以其陽剛居正，故云貞吉。象又發明爻辭之義，以爲咸臨所以貞吉者，以其志行正也，以剛德得正位，以正爲志者也。又上與六四近君柔中之人相應，則又志於行己之正，以正乎小人之不正，而其志可大行也。臨則群邪去，而大道斯行矣。非君子之志之正，其能不惑于小人者乎？孟子曰：「惟大人爲能格君心之非」，「君正莫不正，一正君而國定矣」。是故人君大臣之志，莫大於至正以正朝廷、正百官、正萬民，而王道畢矣。

○恒象曰：雷風恒，君子以立不易方。

臣若水通曰：雷風相與，有恒之象。君子觀此，以常久其德。立者，中立不倚，三十而立之立。有立者，道也；不易者，志也。道無定方，感而發於事，然後義形而方。義無窮而志有定，吾志之道，應萬變之義而不變，與天道常運，日月常明，悠久而無疆，何易之有？故君子定其志，而道義出矣。

○兌：九二，孚兌，吉，悔亡。象曰：孚兌之吉，信志也。

臣若水通曰：兌，說也。以九陽剛居二中，爲以孚信自守而說者。雖比陰柔小人，和而不同，說而不失剛中，故吉而悔亡也。於是象又發明爻義云，所謂孚說之吉者，蓋九陽剛爲孚信，二在中爲志。以孚信存於中心爲志，存天理之正也。故於小人說之以正，小人感而說之，何悔之有？君志莫貴於至誠，誠則天下小人革面，君子革心，而皆我說矣。

○書商書太甲：王懋乃德，視乃烈祖，無時豫怠。

臣若水通曰：此乃伊尹告太甲之言也。懋勉怠惰，皆謂有志無志也。德者，心所得之理也。烈祖，有功之祖，謂成湯也。伊尹言太甲亦當勉於其德，視烈祖之所爲，所謂日新又新者，不可頃刻而逸豫怠惰也。夫人之爲善，在於立志。豫怠，則其志荒矣。其志荒，則天理滅而德亡矣。故人君當以法祖爲志，法祖當以懋德爲志。洪惟我太祖豐功茂烈，德庇萬世，誠今日聖明之所當法以勉德，不可豫怠者也。

〇周官：功崇惟志，業廣惟勤。惟克果斷，乃罔後艱。

臣若水通曰：此成王申戒卿士果於立志，以廣功業之言也。事之所成爲功，心之所存爲志。志於王者則王矣，志於道德者則道德矣，志於聖賢者則聖賢矣。夫志，氣之帥也。志之所至，氣必至焉。豈有志於是，而事之所成有不至於是者邪？故言功崇者在於志也，業廣者在於勤也。若能果斷，則無後艱之患矣。宋儒程顥曰：「義理不先定則多聽而易惑，志意不先定則守善而或移。」其示人立志之說，尤深切矣。故果斷則志立，志立則勤，勤則功崇業廣，而可以裕後於無窮矣，何後艱之有哉？後之聖君賢相欲圖悠久之治者，必先自立志始。

〇詩魏風伐檀：坎坎伐檀兮，寘之河之干兮，河水清且漣猗。不稼不穡，胡取禾三百廛兮？不狩不獵，胡瞻爾庭有縣貆兮？彼君子兮，不素餐兮！

臣若水通曰：此詩人言伐檀者之勵志也。坎坎，伐斧之聲，言用力伐檀，將以爲車。今乃寘之河干而無所用，不得自食其力矣。如不耕則不可以得禾，不獵則不可以得獸，是以寧甘心窮餓而不素餐也。然其勵志何以能若此哉？原其志之所存，必有在矣。非真有以見夫天理之本體，富貴貧賤處之一而不少易其志者能之乎？志定則守定，守定則非其道一介不取，非其力一食不受也。嗚呼賢哉，伐檀之志乎！由此推之，立此志於學，則必爲先難而後獲矣。立此志於仕，則必爲先事而後食矣。立此志於天下，則必爲「先天下之憂而憂，後天下之樂而樂」矣。

故曰：「不患志之不立，惟患心之無見。」故君子之學，必先求見大而後可。

○周頌敬之：維予小子，不聰敬止。日就月將，學有緝熙于光明。

臣若水通曰：此成王既受群臣之戒，乃自爲答之之言也。小子，成王自謂也。熙，亦明也。成王言我不聰而未能敬也，然當自勉於學，庶幾日有所就，月有所將，續而明之，廓清昏蔽，使吾心光大高明之本體以復可也。夫聖學莫先於立志，立志莫先於見大。見大者非他，即天理也。天理者非他，即吾心之本體也。心體本自廣大，本自高明，人惟不見此體，則志無定向而學有間斷，廣大高明之體失矣。成王言學，而以緝熙光明爲志，蓋有以見大矣，豈非堯、舜、禹、湯、文、武心學之傳乎？嗚呼賢哉！人主誠志乎成王之所志，而自求本體之光明，則聰明聖智皆由此出，何憂乎德不如唐虞，治不如三代哉！

○春秋莊公十二年：春，王二〔一〕月，紀叔姬歸于酅。

臣若水通曰：叔姬歸酅者何？明志也。曰歸者何？明所天也。叔姬，紀侯之媵妾也。酅者，紀國之屬邑也。叔姬者，以宗廟在酅，歸奉其祀也。夫仁不以盛衰改節，義不以存亡易心，志定故也，天一而已故也。叔姬以一婦人，尚能全節守義，立綱常於萬世，其志亦可壯也。詩曰〔二〕：「髧彼兩毛，誓弗二天。」殆與共姜之節同垂不朽。後之賣國降虜，奄奄出婦人下，其志亦可悲夫。

○禮記禮運曰：大道之行也，與三代之英，丘未之逮也，而有志焉。

臣若水通曰：大道之行，謂上古道洽之時也。三代之英，謂名世之臣也。當時君臣皆以天下爲一身者也。未逮而有志，謂慕而願學之也。慕之故志之，志之故學之，學之故身有之。故曰：「老者安之，朋友信之，少者懷之。」其夫子慕大道之志乎！

○孔子閒居曰：志之所至，詩亦至焉；詩之所至，禮亦至焉；禮之所至，樂亦至焉；樂之所至，哀亦至焉。

臣若水通曰：五至，一而已矣。何以曰一，志而已矣。夫志，心之之也。心有所之而不已焉，必形諸言而詩成矣；由詩之所至而不已焉，必將加于民，而禮以動之矣；由禮之所至而不已焉，必將樂民之樂，而樂以和之矣；由樂民之樂而不已焉，必將憂其將壞而哀，思民勤至矣。夫由哀以遡于詩，而卒本之志焉，則人君之志誠萬事之本，而不可不立焉者。由是推之，凡志於正者必無往而不正，志於邪者必無往而不邪。邪正、公私立乎中，而以類應于外者，若影響焉。人君之志，可不慎歟！是故格物之道，審幾要矣，立志急焉。

○儒行曰：身可危也，而志不可奪也。雖危起居，竟信其志。

臣若水通曰：危起居，謂比黨者因事傷之也，所謂身危也。竟終信，不屈也，所謂志不可

奪也。夫立志至身危矣，而不可奪焉，夫然後謂之志。志也者，志於道也，伸志則伸道矣。

○射義曰：天地四方者，男子之所有事也。故必先有志於其所有事，然後敢用穀也。

臣若水通曰：上下四方曰宇，古今往來曰宙。宇宙內事，即己性分內事也，此性道渾淪之體也。志也者，志於此而已矣。故男子之生，必先懸桑弧、蓬矢六，以射天地四方，而後乃使母食之，所以示志也。

○論語：子曰：「吾十有五而志于學。」

臣若水通曰：此章聖人自言其進德之序，而始之以此也。然以此而始，亦以此而終。夫學莫先於立志，而所志莫大乎道。志于學，即志于道也。人之志道，如木之有根。然株榦花實，皆與根一貫者也。三十而立，志之立也。四十不惑，志之不惑也。五十而知天命，窮知此志之蘊也。耳順、從心，則極其變化，而所志始畢矣。然則志也者，其聖學始終之要乎！故世之學者，未有不先定其志，能任重而道遠者也。然而持志有要焉，忘則不及，助則過，皆非善學也。勿忘勿助，此孟子之所以善持其志，而爲學者之所當從事歟。

○子曰：苟志於仁矣，無惡也。

臣若水通曰：仁與不仁之間，不能以髮者也，入乎此則出乎彼。惡者非仁也，吾心之邪念也。仁者天理也，吾心之中正也。人於頃刻之間邪念生焉，則爲惡而不仁矣。頃刻之間而正念生焉，則爲天理而不仁遠矣。故其心誠在於仁，隨時隨處體認天理，一毫私意亦退聽矣，惡念何自而生哉？故曰「無惡」也。然則如是何以至於聖乎？曰：係乎誠否何如耳。誠則不已，不已則變，變則化。孟子曰：「夫仁，亦在乎熟之而已。」有志於仁者，其可以不勉乎？

○顏淵、季路侍。子曰：「盍各言爾志。」子路曰：「願車馬衣輕裘，與朋友共，敝之而無憾。」顏淵曰：「願無伐善，無施勞。」子路曰：「願聞子之志。」子曰：「老者安之，朋友信之，少者懷之。」

臣若水通曰：此章記聖賢言志大小不同，而同有所志也。子路之車裘共敝，乃以物公共於人者也，且其仁及朋友耳。顏淵之不伐善施勞，乃以善公共於人者也，其仁所及稍廣矣。至於夫子所言之志，則物各付物，又有以盡天下之人矣，其仁蓋與天地萬物爲一體者也。故程頤曰：「夫子安仁，顏淵不違仁，子路求仁。」由此觀之，則孔門之學，志於仁而已矣。學者欲求聖賢之志、同物之仁，必先忘子路之車裘，乃可以忘顏子之勞善，然後聖人天地之志可造矣。

○子曰：志於道，據於德，依於仁，游於藝。

臣若水通曰：此章聖人言爲學進脩之序。道、德、仁、藝四者，名雖異而實則同。天理一而已矣，自其天理渾淪而言謂之道，志則心之所存惟在乎此而已矣。志而後有得。自其得天理而言謂之德，據則常守之不失。據而後有仁。自其純於天理而言謂之仁，依則與之一而不違。自其天理之散殊而言謂之藝，游則涵養吾心之天理而已。要之始終惟用力於天理耳。蓋天理二字乃千聖千賢之大頭腦，學者之學聖賢，舍此宜無用力者矣。

○子曰：三軍可奪帥也，匹夫不可奪志也。

臣若水通曰：志者，心之所主也。三軍之勇，其帥可奪者，以其機非在己者。匹夫雖微，其志不可奪者，以其機非在人者。一成于志，天地不能奪，而況於人乎？使其可奪，則不可謂之志矣。然其所志，必如所謂志於學、志於道、志於仁，斯有實體，乃能堅定，確乎其不可拔。若無所見，而徒執守以爲志，所志者何事邪？春秋傳曰：「吾志其目。」言有所主也。然則欲立其志者，又不可無見道之明、學問涵養之功。

○左傳襄公二十七年：諸侯將盟於宋西門之外，楚人衷甲。伯州犁曰：「合諸侯之師，以爲不信，無乃不可乎？夫諸侯望信於楚，是以來服。若不信，是棄其所以服諸侯也。」固請釋甲。子木曰：「晉、楚無信久矣，事利而已。苟得志焉，

焉用有信？」太宰退，告人曰：「令尹將死矣，不及三年。求逞志而棄信，志將逞乎？志以發言，言以出信，信以立志，參以定之。信亡，何以及三？」

臣若水通曰：志也者，信之主也。信也者，志之成也。楚欲棄信劫盟而求逞志，楚誠夷狄也。言忠信，雖蠻貊之邦行矣。民無信不立，棄信是棄志也，其能有逞乎？志立而信行，孚及豚魚，而況於人乎？雖得志，行乎中國可也。故信者，人君之大寶；志者，行信之大本。君天下者，可不知所務乎？

○襄公二十七年：鄭伯享趙孟于垂隴，子展、伯有、子西、子產、子大叔、二子石從。趙孟曰：「七子從君，以寵武也。請皆賦，以卒君貺，武亦以觀七子之志。」子展賦草蟲，趙孟曰：「善哉，民之主也。抑武也不足以當之。」伯有賦鶉之賁賁，趙孟曰：「牀第〔三〕之言不踰閾，況在野乎？非使人之得聞也。」子西賦黍苗之四章，趙孟曰：「寡君在，武何能焉？」子產賦隰桑，趙孟曰：「武請受其卒章。」子大叔賦野有蔓草，趙孟曰：「吾子之惠也。」印段賦蟋蟀，趙孟曰：「善哉，保家之主也。吾有望矣。」公孫段賦桑扈，趙孟曰：「匪交匪敖，福將焉往？若保是言也，欲辭福祿，得乎？」卒享，文子告叔向曰：「伯有將爲戮矣。詩以言志，志誣

其上，而公怨之，以爲賓榮，其能久乎？幸而後亡。」叔向曰：「然，已侈。所謂不及五稔者，夫子之謂矣。」文子曰：「其餘皆數世之主也。子展其〔四〕後亡者也，在上不忘降。印氏其次也，樂而不荒。樂以安民，不淫以使之，後亡，不亦可乎！」

臣若水通曰：七子之賦，一時之事也。然而其志不可掩矣。觀其志，而吉凶不可逃矣。然則君子之於志，豈可不立而養之於素也哉？

○昭公二十年：齊侯田于沛，招虞人以弓，不進。公使執之。辭曰：「昔我先君之田也，旃以招大夫，弓以招士，皮冠以招虞人。臣不見皮冠，故不敢進。」乃舍之。仲尼曰：「守道不如守官。」君子韙之。

臣若水通曰：器與道一，道與官一者也。故有官守者盡其職，有言責者盡其忠，是亦道而已矣。守其官，則與道而俱得。判官與道而二之，非聖人之所謂道也。夫子官道之論，聖門合一之旨也。虞人其亦志道之士隱於下位者邪？孟子曰：「志士不忘在溝壑」，虞人以之。

校記：

〔一〕「三」，原作「正」，據嘉靖本及春秋改。

〔二〕「曰」，嘉靖本作「之」。

〔三〕「第」，原作「第」，據嘉靖本及左傳改。

〔四〕「其」，原作「而」，據嘉靖本及左傳改。

聖學格物通卷之四

立志下

○漢光武建武五年，詔徵處士太原周黨、會稽嚴光等至京師。黨入見，伏而不謁，自陳願守所志。詔曰：「自古明王聖主，必有不賓之士。伯夷、叔齊不食周粟，太原周黨不受朕禄，亦各有志焉。其賜帛四十匹，罷之。」帝少與嚴光同遊學，及即位，以物色訪之，得於齊國，屢徵乃至。拜諫議大夫，不肯受。去，耕釣於富春山中，以壽終於家。

臣若水通曰：黨願守所志，所謂不降其志，志於隱逸者也。若子陵者，非志道之士耶？故子陵之不受諫議，非爲高者也。其與魯兩生皆王佐才，如用之，禮樂其可興乎！是故抱天民之

志，不可以小成也，故逃名以多脩。多脩不可以詭俗同器也，故違時以獨善。獨善不可以忘世也，故應物以觀兆。見兆不可以苟從也，故全身以遂志。是故懷仁輔義，崇德致用，道斯脩矣。道德以崇，禮樂具矣〔一〕。久要同遊，觀由察微，叵同器矣。物色幣聘，感其幾矣。咄嗟諫議，兆斯決矣。耕釣富春，志正終矣。其處也龍蟄，其出也雲遊，其去也鳳翔。樂則行之，憂則違之。獨立而不爲離群，見世而不爲隨時。彼得湯、武之君，則伊、呂何尚焉。圖讖之惑，狂奴之鄙，其如禮樂何哉？此子陵之所以見幾而作乎。

○晉愍帝建興二年，陶侃在廣州，無事，朝運百甓於齋外，暮運於齋内。人問其故，答曰：「吾方致力中原，過爾優逸，恐不堪事，故自勞耳。」

臣若水通曰：侃之運甓自勵，其亦卧薪嘗膽之志乎。以致夫平定中原之力，其志大矣。此其所以高出於王、謝諸人之表哉。

○晉明帝太寧三年，陶侃常語人曰：「大禹聖人，乃惜寸陰。至於衆人，當惜分陰。豈可但逸遊荒醉，生無益於時，死無聞於後，是自棄也。」

臣若水通曰：人之志，勵于勤而荒于惰。故古之聖人，憂勤惕厲，不敢懈惰荒寧，爲志故也。晉之風俗，惟尚清談，放達相高，以至風頽俗敗，禍延國家。侃乃慨然以憂勤自厲，可謂超

然自拔於流俗，豪傑之士也哉。

○晋元帝永昌元年，譙王承曰：「吾志欲死於忠義，豈可貪生苟免，爲奔敗之將乎？事之不濟，令百姓知吾心耳。」乃嬰城固守。承，音拯。

臣若水通曰：若承所謂國君死社稷，志士也。孟子曰：「志士不忘在溝壑，勇士不忘喪其元。」承也有焉。後之守土者，望風而降，或力竭勢去，甘爲臣虜，亦獨何心哉？

○唐太宗貞觀二年六月，上曰：「梁武帝君臣惟談苦空，元帝爲周師所圍，猶講老子。朕所好者，堯、舜、周、孔之道，以爲如鳥之有翼，魚之有水，失之則死，不可暫無爾。」

臣若水通曰：唐太宗自以好堯、舜、周、孔之道，似乎有志者矣。又以爲如鳥翼魚水，失之則死，非有志而知道者，能爲此言乎？然貞觀之治不能並隆堯舜者，何也？抑所志者，徒區區於堯、舜、周、孔文爲之末，而不講於大道故邪？孔子曰：「志於道。」夫道，本諸身，行諸人倫，而達諸天下者。其本則曰「允執厥中」而已，「一以貫之」而已。太宗所志堯、舜、周、孔之文爲，與梁武所談之空，過猶不及爾。故人君有志於學，其所志可不講乎？

○唐太宗貞觀十一年，魏徵上疏，以爲：「陛下欲善之志，不及於昔時。聞過必

改，少虧於曩日。譴罰積多，威怒微厲，乃知『貴不期驕，富不期侈』，非虛言也。」

臣若水通曰：語稱「匹夫不可奪志」，而況人主乎！而況志於道者乎！苟志於道，則凡遷善改過，無一而非爲志也。夫然後富貴貧賤處之一，確乎不可奪矣。惜太宗不講於此，而徒以氣質用事，有時而易矣。

○唐太宗貞觀十一年，上賜手詔，褒美魏徵曰：「昔晉武平吴之後，志意驕怠。何曾位極台司，不能直諫，乃私語子孫，自矜明智，此不忠之大者。凡得公之諫，朕知過矣。當置之几案，以比弦韋。」

臣若水通曰：太宗知晉武平吴而志驕，而不自知其志漸不克終於治定功成之時者，何邪？凡以志之不立也。其志既立，則不變塞焉。至死不變，何前後衡決邪？大抵三代之下，人主精一之學不講，而往往假仁義以行之，無怪乎其不克終矣。雖然，弦韋之喻，又後之世主所不及也。

○賈誼曰：志有四興：朝廷之志，淵然清以嚴；祭祀之志，愉然思以和；軍旅之志，怫然慍然精以厲；喪紀之志，漻然濍然憂以湫。

臣若水通曰：夫志，一而已矣，何也？天理一而已矣。天理存於中而爲志，流動而不居，

隨處而發見。在朝廷爲清嚴，在祭祀爲思和，在軍旅爲精厲，在喪紀爲憂慽，無一而非天理也。是故一志立而萬善出矣。爲人君者，可不務乎！

○資[二]政殿學士、汝南公范仲淹，所學必以忠孝爲本。其所志，則先天下之憂而憂，後天下之樂而樂。其有所爲，必盡其力。曰：「爲之自我者當如是。其成與否有不在我者，雖聖賢不能必，此諸葛武侯不計成敗利鈍之誠心也。」

臣若水通曰：所謂志者，不可奪之謂也，固不以成敗利鈍而易心矣。其可以奪者，謂之意氣則可，謂之志則不可。仲淹所志，以天下之憂樂爲己之憂樂，庶幾伊尹之志矣。顧其不能俾其君爲堯舜，而無一夫之不獲者何邪？豈一德之學未之講邪？使仲淹志伊尹之志，以一其德，則以其憂樂擴而充之，將與天地萬物同體，而王道可行矣。故君子之學，以志道爲至。

○宋徽宗政和五年，置太子詹事陳邦光于池州。蔡京獻太子以大食國琉璃酒器，羅列宮廷。太子怒曰：「天子大臣，不聞以道義相訓，乃持玩好之具，蕩吾志邪？」命左右碎之。京聞邦光實激太子，諷言者擊逐之。

臣若水通曰：太子不以蔡京所獻琉璃酒器蕩其志，誠若有志矣。惜乎其明知京之奸邪而不能去，反聽京以計逐邦光，有志之主固如是乎？書云：「任賢勿貳，去邪勿疑。」必百志惟熙

之主而後可。然則爲人君者，可不以立志爲先務乎？

○宋孝宗淳熙八年，著作郎呂祖謙卒。祖謙既卧病，而任重道遠之志不衰。

臣若水通曰：伯恭任道之志，卧病而不衰，庶乎曾子所謂「仁以爲己任，死而後已」者矣。獨不知其當時所任重者，果孔門之所謂仁乎否也？雖然，世之人君以思得頗、牧之心，而思得如伯恭志道之流，以與之遊從講習，亦庶幾能引君當道志於仁者矣。

○元世祖至元十九年，殺宋少保、樞密使、信國公文天祥。初，天祥開督府、置僚屬，一時知名者四十餘人。而遥請號令，稱幕府，文武士者不可悉數。然皆一念向正，至死靡悔。廬陵鄧光薦曰：「天祥奉詔勤王，獨行其志，屢躓而愈奮。故其軍日敗、勢日蹙，而歸附日衆，從之者亡家沈族而不悔。雖人心嚮中國、思趙氏，亦由天祥之神氣意度足以感悟之也。」

臣若水通曰：天祥，其古之所謂志士者邪？彼其一念恢復之志，起而踣、踣而復起，故其開府南劍，而忠義所激，雖勤王之師不少得志于元，而衆志不挫，有以也夫。觀其就義數語：「孔曰成仁，孟曰取義，惟其義盡，所以仁至。」蓋其所志有素定也。宋之人主，使天祥得行其志于初年，則董宋臣遷都之論必不行，賈似道之奸必斥，宋之國家豈至亂亡哉？宋不出此，如

久病之人，氣息奄奄，扁鵲望之而走者。而使忠節之臣，抱志與國同斃，不能不掩卷爲之太息流涕。

○宋儒周敦頤通書曰：志伊尹之所志。

臣若水通曰：伊尹之志，志於仁者也。伊尹恥君不爲堯舜，一夫不獲，以爲己辜，與物同體矣。推其本，自樂堯、舜之道中來也。是故君子欲志伊尹之志者，嘗先志於道。夫伊尹，王佐也。人君欲復三王之治者，宜求如伊尹之臣，同其志而咸有一德焉可也。

○張載理窟曰：學者所志至大，猶恐所得淺，況可便志其小？苟志其小，志在行一節而已。

臣若水通曰：心之本體，與天地同大也。君子之學，復其初焉爾矣。故必見大，然後能志大，所志係於所見也。志於大而局於小者有之矣，未有志於小而能大者也。故子貢曰：「賢者識其大者，不賢者識其小者。」孟子曰：「從其大體爲大人，從其小體爲小人。」君子小人賢否之別，顧其所識所從大小之辨爾，故志不可不早定也。

○程顥上殿劄子有云：君道之大，在乎稽古正學，明善惡之歸，辨忠邪之分，曉然趨道之正。故在乎君志先定，君志定而天下之治成矣。所謂定志者，一心誠

意，擇善而固執之也。夫義理不先定，則多聽而易惑；志意不先定，則守善而或移。惟在以聖人之訓爲必當從，先王之治爲必可法，不爲後世駁雜之政所牽制，不爲流俗因循之論所遷惑，自知極於明，信道極於篤，任賢勿貳，去邪勿疑，必期致世如三代之隆而後已也。

臣若水通曰：萬化生於心，故萬善始於志也。志定而不能善其事者，未之有也。志不定而能善其事，亦未之有也。故君子定志之爲貴，一定志，而天下之治成矣。程子斯言，萬世人君所當服膺而從事者也。

○問：「人有少而勇、老而怯，少而廉、老而貪，何爲其然也？」程子曰：「志不立，爲氣所使故也。志勝氣，則一定而不可變也。曾子易簀之際，其氣微可知也，惟其志既堅定，則雖死生之際，亦不爲之動也，況老少之異乎？」

臣若水通曰：人有恒言：志其帥也，氣其卒徒也。帥欲進則進，欲止則止，此其機猶非一身也。志其心也，氣其手足也，心欲持則持，欲行則行，在我而已矣。故君子養其志，而氣斯至焉。故志立而氣隨，則老少死生不能移矣。

○程頤應詔上英宗皇帝書曰：今言當世之務者，必曰所先者寬賦役也，勸農桑

也，實倉廩也，備災害也，脩武備也，明教化也。此誠要務，然猶未知其本也。臣以爲所尤先者有三焉，請爲陛下陳之。一曰立志，二曰責任，三曰求賢。今雖納嘉謀、陳善算，非君志先立，其能聽而用之乎？君欲用之，非責任宰輔，其孰承而行之乎？君相協心，非賢者任職，其能施於天下乎？三者本也，制於事者用也。有其本，不患無其用。三者之中，復以立志爲本。君志立而天下治矣。所謂立志者，至誠一心，以道自任，以聖人之訓爲可必信，先王之治爲可必行，不狃滯於近規，不遷惑於衆口，必期致天下如三代之世也。

臣若水通曰：孔子稱「爲政在人，取人以身」。是故庶政之務，本於責任、求賢、責任，又本於立志。立志在於求道，而體道在乎誠心。志道要矣，誠心急焉，人君務學以致治，可不知乎？

○真德秀曰：志者，進德之基。若聖若賢，莫不發軔乎此。志之所趨，無遠不達，窮山窮海不能限也；志之所向，無堅不入，鋭兵精甲不能禦也。善惡二途，惟道與利而已。志乎道，則理義爲之主，而物欲不能移；志乎利，則物欲爲之主，而理義不能入。堯桀、舜蹠之所繇以異也，可不謹乎？

臣若水通曰：真德秀論志之言，可謂切至矣。然以爲基、以爲發軔，則似若以爲始，而未究其終者。夫志者，人道始終之貫也。故孔子自十五志學，至於不踰矩，皆一志之所至也。後之學者，可不辨志以爲終身之地乎。

○張栻作桂陽軍學記有云：學者當以立志爲先。不爲異端訹，不爲文采眩，不爲利禄汩，而後庶幾可以言讀書矣。

臣若水通曰：異端、利禄之奪志，夫人皆知之也。文采、讀書之奪志，雖宿學者未必知之也。志立而讀書以發於文采，猶樹木之根發於枝葉花實，皆一氣之貫爾。周敦頤曰：「聖人之訓入乎耳、存〔三〕乎心，蘊之爲德行，行之爲事業。」程顥謂謝顯道曰：「玩物喪志。」黄魯直曰：「以我觀書，處處得益。」夫志立則我立，我立則讀書、文采不能喪志，而皆可以養志矣。惟聖明留神焉。

○國朝永樂三年正月壬子，先是，太宗皇帝命翰林院學士兼右春坊大學士解縉等，於新進士中選才質英敏者，俾就文淵閣進其學。至是縉等選修撰曾棨等二十八人入見。太宗諭勉之曰：「人須立志，志立則功就。天下古今之人，未有無志而能建功成事者。汝等簡拔於千百人中爲進士，又簡拔於進士中至此，固皆今之英俊。然當立志遠大，不可安於小成。爲學必造道德之微，必具體用之全，

爲文必並驅班、馬、韓、歐之間。如此立心，日進不已，未有不成者。古之文學之至，豈皆天成，亦積功所致也。汝等勉之。朕不任爾以事，文淵閣古今載籍所萃，爾各食其禄，日就閣中，恣爾玩索，務實得於己，庶國家將來皆得爾用，不可自怠，以孤朕期待之意。」

臣若水通曰：臣伏覩太宗文皇帝選庶吉士，教之於秘閣，而進其學，先之以立志，本之以道德，全之以體用，發之以文章，可謂知本矣。大哉皇言，至矣皇教。其後諸臣，往往事業有可觀，但未聞以道德顯名者，豈亦未盡副聖教期望之盛心乎。洪惟聖子神孫，法祖立教，拳拳於庶吉士之訓，甚盛典〔四〕也。爲庶吉士者，宜以聖賢爲志，以道德爲本，以文藝爲末，庶無負於列聖相傳教養之本意也。

校記：

〔一〕此句下，嘉靖本有「炎祚重光，豪傑攀附，時見可矣」句。

〔二〕「資」上，嘉靖本有「宋」字。

〔三〕「存」，嘉靖本作「感」。

〔四〕「典」，原作「興」，據嘉靖本改。

聖學格物通卷之五

謀慮上

○易訟象曰：天與水違行，訟。君子以作事謀始。

臣若水通曰：天上水下，其行相違，相訟之象。作事謀始，所以止訟端也。張載曰：「戲動作於謀也。」謀而善則善，謀而不善則不善，不善則訟端啓矣。謀始者何也？人心發慮之初也，吉凶善惡於是乎分，而訟不訟兆焉。故謀之慮之，求盡乎天理，而人心安矣，孰得而訟乎？人君事失其謀，天下訟之也，其可不謹始而慮終也耶？

○履：上九，視履考祥，其旋元吉。

臣若水通曰：上者履之終，九以剛明之才處之，故能自考於其終。視其所履行，以考其祥不祥，而善惡禍福之分數見矣。蓋禍福無不自己求之者，祥生於所履之善。考祥非徼福也，以

自考也。審視其所履者，果天理邪？人欲邪？善邪？私邪？私則不祥生焉，善則周旋無虧，吉孰大焉。人君履天下之事，隨處體認天理，其履而皆善，則天下治矣，豈非所謂元吉哉？

○蠱象傳：先甲三日，後甲三日，終則有始，天行也。

臣若水通曰：三日，言久也。故齊以三日，喪斂以三日，先甲三日，後甲三日，并甲爲七日矣。書曰「服念五六日」，言甚久也。久則慮之詳，而事無不善。治蠱之道審，而人謀盡矣。人謀非他也，盡乎天理之極致而無歉者也。如是，則亂於是乎終，而治於是乎始矣。天道之運行，無終不始，無往不復，其理然也，而況於人乎。人君之治蠱，致其先甲後甲之謀，則何憂乎蠱之不可治哉？

○巽：九五，貞吉，悔亡，无不利；无初有終，先庚三〔一〕日，後庚三日，吉。

臣若水通曰：巽之九五，剛健中正，故爲貞正而吉，吉則悔亡而無不利矣。先庚後庚，猶蠱先甲後甲之義。甲者干之始，庚者干之中，故舉以互言之。五爲上之中，庚爲干之中，故有無初之義。言貞吉，如此雖無初而亦有終，況有初者乎。先庚後庚，謀之六七日，則謀之審而無不正矣。以是居巽，其有不吉乎？

○繫辭〔二〕：人謀鬼謀，百姓與能。

臣若水通曰：物我、人鬼，理一而已矣。人謀者謀諸人，驗其理之同然者也。鬼謀者謀諸蓍龜，驗其理之自然者也。蓋人心之理即易也，易之理即吾心也。故二謀盡而理得矣。吉凶

决而亹亹成，百姓日用而不迷矣。豈惟百姓爲然哉，古之帝王詢于蒭蕘，鬼神其依，而龜筮協從，夫然後盡天下之謀也。謀其可以不審耶？

○繫辭：能説諸心，能研諸侯之慮，定天下之吉凶，成天下之亹亹者。

臣若水通曰：箕子稱「汝則有大疑，謀及乃心，謀及卿士，謀及庶人，謀及卜筮」，以其心一而已矣，理一而已矣。説諸心，則理得矣，謀諸己也。研精諸侯之慮，則盡羣臣卿士之謀，謀諸人也。夫然，卜筮之用盡矣，决吉凶而不疑，成事功之亹亹而不倦焉。學易者合物我、人鬼而一之，則天下之能事畢矣。

○書虞書大禹謨：舜贊堯曰：「稽于衆，舍己從人。」

臣若水通曰：稽，謀也。此理在人心，本自固有。然或有所蔽，則此理不明，所以不能不資人問詢以警發其良知，蓋此理人人同得故也。然徒謀於人而不能從，從而不能舍己，皆不足以成德致治也。故宋儒程頤曰：「舍己從人，最爲難事。」己者，我之所有，雖痛舍之，猶懼守己者固，而從人者輕也。夫人君一有自聖之心，則不能兼有衆善，而忠言不聞，諂諛日至，欲其治也得乎？堯，大聖也，而舜稱之不過如此，故舜好問好察，所以爲大智。他日告禹亦曰「弗詢之謀勿庸」。禹拜昌言，其得於舜深矣。三大聖皆資人言以自益，况其他乎。伏惟聖明欲法唐虞之治，宜法三聖求善之心可焉。

○商書太甲：慎乃儉德，惟懷永圖。

臣若水通曰：慎者，謹也。儉德者，儉約之德也。永，長也。圖，謀也。伊尹告太甲，當謹其儉約之德，不可以欲敗度、縱敗禮。夫欲與縱，皆奢侈失之，無長遠之謀者。然以約失之者鮮矣，故不可不謹於儉約，而懷長久之謀也。夫人君一身，萬化之原，奢侈之心一萌，則將無所不至。此伊尹之所以告太甲必欲謹其儉德也。然常情奢侈，皆因徒見目前之欲，而無長遠之慮。有遠慮者，自不容於不儉矣。故又繼之曰：「惟懷永圖。」後之人君，不可不以伊尹之言爲切己對病之藥也。

○商書太甲：弗慮胡獲，弗爲胡成。

臣若水通曰：此亦伊尹告太甲之言也。慮，謀也。獲，得也。言人不慮則何所得乎，欲其謹思之也。不爲則何所成乎，欲其篤行之也。然思者行之主也，不思則不能行矣。故一人元良，萬邦以貞。夫萬國之正，本於人君之善。人君之善，本於思爲。故思者，萬善之原、聖功之本也。爲人君者，可不加之意乎。

○商書說命：慮善以動，動惟厥時。

臣若水通曰：善，當乎理也。時，時措之宜也。傅說告高宗，言凡事當謀之於始，必念慮之善合於天理然後動。慮者，心之思也。動者，思慮之萌，達於事者也。慮善以動，慎動之功

也。善固可動，動以時，乃所謂善也。若動非其時，便是私意。程頤曰：「發不以時，紛然無度，雖正亦邪。」亦此意也。爲人君者，可不謹動於念慮之善，使發當其時以及天下乎。

○周書洪範：汝則有大疑，謀及乃心，謀及卿士，謀及庶人，謀及卜筮。

臣若水通曰：此乃箕子陳洪範稽疑之疇於武王也。大疑，謂祭祀征伐之事，以至凡國家欲有舉動，有關於生靈社稷者皆是。謀及乃心，斷之己以定其志之是非也。謀及卿士、庶人，參之衆以天理人心之所同然也。然謀於人之有心，不若謀於神之無心之爲公焉，故終謀之卜筮也。夫古之人君，不徒謀於心，又謀於卿士；不徒謀於卿士，而又謀於庶人；不徒謀於庶人，而又謀於卜筮焉。其謀之詳如此，是以謀無不善，而事無不濟。後之人君，每徇一己之私，而不恤卿士、庶人之議，鬼神之怒者，亦獨何哉？

○周書周官：蓄疑敗謀。

臣若水通曰：此乃成王訓告百官之言也。言人之有所謀爲必決斷，然後可以成天下之亹亹；若積蓄其疑而不決，則所謀之事見之不明，行之不果，必至於敗而不成矣。故曰：猶豫者，事之賊也。後之人君人臣其謀天下之治者，可不決之於理乎？

○詩大雅文王有聲：詒厥孫謀，以燕翼子。

臣若水通曰：孟子稱：「君子創業垂統，爲可繼也。」古之帝王之創業，孰不欲爲子孫千萬

世之計哉？顧其所謀之臧不臧，而天理人欲判焉。謀出於天理，則以仁義立國，而有可繼之統，爲可大可久之業矣。謀出於人欲，則以功利遺後，而無可繼之規，非久安長治之道矣。故周武王之遷鎬，即臨辟雝講學行禮，以敦天下之大化，以淑天下之人心，則其所謀者一天理之正，所謂以仁義立國矣。此其所以爲子孫之可繼，而綿綿八百年有道之長也。雖然，豈無所本哉？武王受戒丹書，深明敬義，以成聖學。及其出謀發慮，無非仁義之懿、天理之正。有天下者，欲爲子孫千萬世之計，外天理又豈復有遠圖哉？始皇徒欲以長城萬里爲子孫萬萬世之業，而不知二世已無秦矣。豈非逆天理，不行仁義之故乎？噫，可鑒矣。

○大雅抑：訏謨定命，遠猶辰告。

臣若水通曰：訏，大。謨，謀也。猶，圖也。辰，時也。告，戒也。衛武公自儆之詩，以爲謀之在於己者大，不爲一身之謀，而有天下之慮，則令之播於人者定，不朝出而夕改也，所謂信如四時，堅如金石矣。事之圖於心者遠，不爲一時之計，而有千百年之規也，故辭命之播於下者以時，非不戒視成，所謂三命而五申是矣。然謀猶命令，二者皆見於事，而實本於心也。苟吾心純，於天理有所謨，猶一天理也。天理則公，公則大，大則遠矣。有所告命，一天理也。天理則正，正則定，定則時矣。夫謀發於中，令行於外，由中達外，一天理之中正，則道德在我，而人之訓之順之，有不期然而然者矣。嗚呼，武公知此，其亦聖賢之徒歟。原其要，惟在不愧

屋漏之一言爾。

○春秋莊公十八年：夏，公追戎于濟西。

臣若水通曰：書「追戎」者何？譏無備也。何以譏無備？無遠謀也。書曰：「惟事事乃其有備，有備無患。」濟西，魯地也；西戎，遠戎也。魯苟有備預防戎，何爲而至於此？未雨無徹桑之謀，居安乏思危之計，無惑乎戎之入境而不知，已去而乃追，故曰無備也、無遠謀也，而國已坐受其弊矣。然則爲人君者，固當思患預防，爲千百年之計然後可。

○僖公三年：秋，齊侯、宋公、江人、黄人，會于陽穀。

臣若水通曰：用兵在謀，謀生於機，有正有奇，所以神其機也。聚諸侯之師，次陘爲正，以宣中國之威。江人、黄人守境爲奇，以應八國之援，使之腹背受敵，進退無所據，自非老於謀國、智於料敵者，不能然也。夫惟三代仁義之兵，乃能正而不奇，以制勝也歟。

○宣公十二年：晋人、宋人、衛人、曹人，同盟于清丘。

臣若水通曰：書「同盟」，譏也。何譏爾？不與其盟也，譏失謀也。春秋無善盟。盟者，忠信之薄也。苟能以忠信相固結，結固而不可解，各信任仁賢，脩明政事，上下相孚於忠信之化，使國無可乘之釁，則楚雖强，入陳、圍鄭、敗晋、滅蕭之謀，焉能載逞乎？顧不出此而徒盟誓於鬼神，而不謀吾心忠信之不可解者，春秋書以譏之，不待乎人列國之卿，而義自見也。宜其盟血未乾，將

不免於塗地，卒致寢門蒲胥之辱，析骸易子之慘，而盟果安在哉？謀之不臧，亦可嘆也已。

○襄公九年：冬，公會晉侯、宋公、衛侯、曹伯、莒子、邾子、滕子、薛伯、杞伯、小邾子、齊世子光伐鄭。十有二月己亥，同盟于戲。

臣若水通曰：鄭之受伐者何？違子展之謀也。晉之同盟于戲者何？用知罃之策也。夫鄭之見伐於楚，欲從楚以苟安者，子駟也。請完守以老楚，杖信以待晉者，子展也。子展之謀，賢于子駟遠矣。簡不用之而盟楚，無惑乎今日之受伐也。鄭之行成於晉，欲圍鄭以激楚者，苟偃也。請還師以敝楚，分軍而逆來者，知罃也。知罃之策，過於苟偃遠矣。晉能用之而盟鄭，無惑乎後日之成功也。是則進謀在臣，聽謀在君，鄭以違善謀而蒙辱，晉以用善謀而成功。君天下者，可不審於用謀也哉？

○禮記內則：四十始仕，方物、出謀、發慮。道合則服從，不可則去。

臣若水通曰：方，猶對也；物，猶事也。方物而出其謀、發其慮，則因事制宜，而謀慮不過矣。知謀慮之道，則知仕止之道。仕止者，謀慮之知幾者也。

○周禮秋官：小司寇之職，掌外朝之政，以致萬民而詢焉。一曰詢國危，二曰詢國遷，三曰詢立君。其位，王南鄉，三公及州長、百姓北面，群臣西面，群吏東面。

小司寇擯以叙進而問焉，以衆輔志而弊謀。

臣若水通曰：此小司寇之職，專以詢民者，何哉？詩曰：「詢于芻蕘。」書曰：「謀及庶人。」夫天下之人心同此虛靈，所謂聰明也。一己之聰明有限，而天下之聰明無窮。況夫國之危、國之遷、國之欲立其君三者，天下之大事，而可以弗詢之衆乎？故始則稽于衆，而終則斷諸獨。衆無不出之謀，而已無不斷之志，則大疑以定，而事無不善矣。然此豈可易能哉？亦在於忘己而已。忘己則衆自盡，衆自盡則謀協，謀協則天下之聰明皆己之聰明，沛然而無疑也。

○論語：子曰：「人無遠慮，必有近憂。」

臣若水通曰：慮者，謀也；憂者，患害也。遠謀莫過於道，道無窮盡，以道存心，體認天理，則自一念之微以至四海之廣，自一息之間以至千百年之遠，皆道也。道無不善，善無不吉，何憂乎？反是，則未能貽四海之憂，而憂先及其身；未能致千百年之患，而患先見於瞬息之頃矣。世之人君觀此，可不爲寒心哉。夫惟篤於學、慎於動，則可以免矣。

○子曰：不曰如之何如之何者，吾末如之何也已矣。

臣若水通曰：如之何如之何，乃反覆慮於心、謀於人之辭也。爲政爲學，皆當如此，庶有進脩之幾，而爲政者尤不可不謹。先儒有言，善爲天下國家者，謹於微而已。謹微之道，在於熟思而審處。是以欲興一念、作一事、取一物、用一人，必思諸己，謀之人，真見其爲天理之

公，然後行之。如此則不至於逆人心而悖天理，危亡之禍可免矣。苟或不然，徒率意妄行，以取一時之快，一旦禍敗將至，雖噬臍無及，聖人所謂吾末如之何也。禹之告君曰：「安汝止，惟幾惟康。」在聖君賢相，猶拳拳致謹若此，而況於其下者乎！後世君臣欲審於幾事者，必自「安汝止」始。

○子曰：君子有九思：視思明，聽思聰，色思温，貌思恭，言思忠，事思敬，疑思問，忿思難，見得思義。

臣若水通曰：學之要，在隨處體認天理而已。體認者，心思之用也。故曰：「思則睿，睿作聖。」孟子曰：「思則得之。」苟於視、聽、色、貌、言、事、疑、忿、見得，而各致其思焉，則書所謂「慮善以動，動惟厥時」，隨處體認，而天理見矣。夫事雖九，而思一也。一思之通乎九事，如土之通乎五行。記曰「聰明聖知達天德」，思之用廣矣大矣。

○孟子曰：權，然後知輕重；度，然後知長短。物皆然，心爲甚，王請度之。

臣若水通曰：是非之心，人皆有之。故人之知幾應物，皆本於心。心之是非之矩，譬物之有權度也，差毫釐而謬千里，其本體惑矣。故權度立，而輕重長短之差見矣；本體立，而是非邪正之分明矣。故謀事者必正其本，以揆萬變。君子絜矩，聖人不踰矩。古之人所以大過人者無他，善推其所爲而已矣。親親而後仁民，仁民而後愛物，分定故也。然則君人者，可不講

於心術之微，以爲制事之本哉？

校記：

〔一〕「三」，原作「一」，據嘉靖本改。

〔二〕「繫辭」下，嘉靖本有一「傳」字。下條同。

聖學格物通卷之六

謀慮下

○左傳成公八年：晉侯使申公巫臣如吴，假道于莒。與渠丘公立於池上，曰：「城已惡。」莒子曰：「辟陋在夷，其孰以我爲虞？」對曰：「夫狡焉思啓封疆以利社稷者，何國蔑有？唯然，故多大國矣，唯或思或縱也。勇夫重閉，况國乎。」

臣若水通曰：書稱「制治于未亂，保邦于未危」。此古之聖王思患預防之道也。莒子以國僻忘虞，非謀國深遠之慮也。申公巫臣其智矣乎。

○襄公二十五年：子大叔問政於子産。子産曰：「政如農功，日夜思之，思其始而成其終。朝夕而行之，行無越思，如農之有畔。其過鮮矣。」

臣若水通曰：夫學與政合一者也。孔子論政，本於脩道以仁，又曰「居之無倦，行之以忠」。子產雖未知聖學之道，其言政暗與之合。其曰「思其始而成其終」，無倦之謂也。又曰「朝夕行之，行無越思」，以忠之謂也。使子產從事於聖門之學，則必知王道之政教，而不徒以乘輿濟人於溱洧矣。故君相以知學爲貴。

○襄公二十八年：公如楚。及漢，楚康王卒，公欲反。叔仲昭伯曰：「我楚國之爲，豈爲一人？行也！」子服惠伯曰：「君子有遠慮，小人從邇。饑寒不恤，誰遑其後？不如姑歸也。」叔孫穆子曰：「叔仲子專之矣，子服子始學者也。」榮成伯〔一〕曰：「遠圖者，忠也。」公遂行。宋向戌曰：「我一人之爲，非爲楚也。饑寒之不恤，誰能恤楚？姑歸而息民，待其立君而爲之備。」公遂反。

臣若水通曰：魯襄公之行止而謀之，臧否決矣。且公之如楚，果爲楚國邪？則仲叔之言似爲是；抑爲康邪？則子服子之言似爲是。公將奚適哉？或曰：爲康王者從邇也，爲楚國者圖遠也，利民者寧遠毋寧邇。是皆不然。公謀行之初，志結康王之好，以孚楚國之人。爲是謀者，遂哭於康王之尸，畢平生之志，出及楚國，是兩得也，惜乎其不出此。故善謀必本於學，穆子之言得之矣。

○國語魯語：叔孫穆子曰：「君子是以患作。作而不衷，將或導之，是昭其不衷也。」

臣若水通曰：穆子，魯卿叔孫豹。患作，慮患其所作也。衷，中也。不得衷以亂事也。季武子背盟伐莒，以動諸侯之兵，穆子幾不免矣。乃能慷慨舍生，不爲貨免，且懼作之不衷，以携世卿之心，可謂明且遠而慮患深。卒以庇魯之宗，宜矣。然則君天下者，其可不作事謀始，而思所以善其後乎？

○晉語：宮之奇曰：「唯忠信者能留外寇而不害。除闇以應外謂之忠，定身以行事謂之信。」

臣若水通曰：宮之奇，虞大夫。留外寇，謂舍晉軍於國也。去闇應外之忠，安身行事之信，皆謀慮之深者也。虞公舍晉軍於國，而導之虢，可謂能去闇安身深長之慮乎？使虞公能用宮奇之言，豈至危亡也哉？後之爲人君者觀此，亦可以爲不用臣下謀慮之戒也已。

○晉語：郭偃曰：「夫衆口，禍福之門也。是以君子省衆而動，監戒而謀，謀度而行，故無不濟。內謀外度，考省不倦，日考而習，戒備畢矣。」

臣若水通曰：偃，晉大夫。監察衆口以爲戒，謀事揆義而後行，內謀於心，外度於事，日自

考省不倦，習而行之，戒備之道畢於是矣。天民，一也。輿人之言，天心在焉。君子鑒惠公之隕師，亦可以知懼矣。爲人君者，誠能内外謀度，戒而後行，則動罔不臧，而天人協應矣，可不慎哉。

○楚語：藍尹亹曰：「君子臨政思義，飲食思禮，同宴思樂，在樂思善。」

臣若水通曰：思者，衆善之原也。平仲立威於樽俎，子罕慟哭於陽門，自古忠賢之臣，未有不慷慨竊歎於時者也。然孰與訏謨遠猷之爲賢哉？苟能隨事而致思，不溺於飲食宴樂之間，則撥亂反正，變危爲安，猶反掌爾，而何以徒付之竊歎爲乎？此吴、楚之辯，子西自屈於藍尹亹也。爲人君者，其慎之哉。

○漢獻帝建安十年，冬十月，秘書監、侍中荀悦作申鑒五篇奏之。時政在曹氏，天子恭己。悦志在獻替而謀無所用，故作是書。

臣若水通曰：荀悦申鑒稱：「爲政之術，先屏四患，乃崇五政。」關於國家興亡之大致，其立論遠而慮患深矣。時君不之省，而禍亂遂不可救〔二〕也。惜哉！後之有志於天下之治者，宜無忽於忠謀焉。

○劉備詣諸葛亮，凡三往乃見。因屏人曰：「漢室傾頹，姦臣竊命。孤不度德量

力，欲信大義於天下。而智術短淺，遂用猖獗，至於今日。然志猶未已，君謂計將安出？」亮曰：「今曹操已擁百萬之衆，挾天子而令諸侯，此誠不可與争鋒。孫權據有江東，已歷三世，國險而民附，賢能爲之用，此可與爲援而不可圖也。荆州北據漢、沔，利盡南海，東連吴會，西通巴蜀，此用武之國，而其主不能守，此殆天所以資將軍也。益州險塞，沃野千里，天府之國。劉璋闇弱，張魯在北，民殷國富而不知存恤，智能之士思得明君。將軍既帝室之冑，信義著於四海，若跨有荆益，保其巖阻，撫和戎、越，結好孫權，内脩政治，外觀時變，則霸業可成，漢室可興矣。」備曰：「善！」於是與亮情好日密。關羽、張飛不悦，備解之曰：「孤之有孔明，猶魚之有水也。願諸君勿復言。」羽、飛乃止。

臣若水通曰：謀貴遠不貴近，貴大不貴小。孔明有荆益，定三分，人皆以其謀之善，而不知其爲第二義，而其志則遠矣大矣。蓋有荆益以爲國資，而不在於荆益也。定三分以爲己援，而不在於三分也。恢復大業，非此莫能遽濟爾。惟杜甫詩云「三分割據紆籌策」，訏謨遠猷，甫蓋知之矣。

○晋惠帝元康九年，太子洗馬江統作徙戎論曰：「關中土沃物豐，帝王所居，未

聞戎、狄宜在此土也。非我族類，其心必異。今因其衰敝，宜及兵威方盛，反其舊土，使屬國撫夷情安集之。」又曰：「聖賢之謀事也，爲之於未有，治之於未亂。道不著而平，德不顯而成。其次則能轉禍爲福，因敗立功，值困必濟，遇否能通。若憚蹔舉之小勞，而忘永逸之弘策，惜日月之煩苦，而遺累世之寇敵，非所謂能創業垂統，謀及子孫者也。」又曰：「夫爲邦者，憂不在寡而在不安。以四海之廣、士民之富，豈須夷虜在內，然後取足哉？」

臣若水通曰：詩稱「戎狄是膺，荆舒是懲」。古之聖王嚴華夷之辨，非特人道爾，其天道陰陽之介，當然也。江統之論，察微知著，超然爲識治君子矣。惜其論不及此，使華夷之義未明於天下，而徒以區區利害計之爾。洪惟我聖祖高皇帝迅掃胡元，驅之北土，明華夷之分，辨陰陽之介，人道明、天道清，真所謂刷耻酬百王，除兇報千古，萬世之遠猷矣。近聞河套之胡，歲居其土，漸以爲安，可慮也。聖明宜訏謨遠計，逐而出之，使不知我土之可安，而華夷不至混淆也。萬世幸甚！

○齊明帝建武元年春正月乙亥，魏主如洛陽西宮，中書侍郎韓顯宗上書，以爲：「陛下耳聽法音，日翫墳典，口對百辟，心虞萬機，景昃而食，夜分而寢，加以孝思

之至，隨時而深，文章之業，日成篇卷，雖叡思所用未足爲煩，然非所以嗇神養性、保無疆之祚也。伏願陛下垂拱司契，而天下治矣。」帝頗納之。

臣若水通曰：書稱「不役耳目，百度惟貞」。百度者，心思之則也。心思正，而萬變決矣，故大學能慮本於知止。明帝多役其耳目心志之神，可謂之訏謨遠猷乎？韓顯宗諫之是矣，惜乎其止於嗇神、養性、保壽而已。是故人君之學，必養心存神，以神天下之化可焉。

○唐太宗貞觀元年十二月，上謂黄門侍郎王珪曰：「國家本置中書、門下以相檢察。中書詔敕或有差失，則門下當行駁正。人心所見互有不同，苟論難往來，務求至當，捨己從人，亦復何傷。比來或護己之短，遂成怨隙，或苟避私怨，知非不正，順一人之顔情，爲兆民之深患，此乃亡國之政也。煬帝之世，内外庶官務相順從，當是之時，皆自謂有智，禍不及身。及天下大亂，家國兩亡，雖其間萬一有得免者，亦爲時論所貶，終古不磨。卿曹各當徇公忘私，勿雷同也。」

臣若水通曰：語有之：「並聽則公。」唐之政事，謀始於中書，審駁於門下，所以集衆人之見，以同歸於公是也。然而謀生於心也，有公天下之心，而後能謀天下之事。人君不在於得謀，而在於得人。使居中書、門下者皆無非人，則謀無不臧而同於是矣。煬帝之世，人皆尚同

於非爾，用非其人，安得不至於是邪？

○劉向說苑曰：聖王之舉事，必先諦之於謀慮，而後考之於蓍龜，白屋之士皆關其謀，芻蕘之役咸盡其心，故萬舉而無遺籌失策。

臣若水通曰：人君之於天下，一日萬幾，而謀慮不可以不謹也。故舜典曰：「朕志先定，詢謀僉同，鬼神其依，龜筮協從。」言先諸己、詢諸人，而後謀之卜筮，而鬼神無不依也。向之所言，似合於聖人之指矣。但先諦於謀慮，乃訪之白屋，詢于芻蕘，而後考於蓍龜可也。若先考於蓍龜矣，而又關之白屋、芻蕘焉，不已褻神之謀邪？此洪範稽疑之序，所以必先諸己，次之以人，而終之以神，而謀無不善也。雖然，謀慮尤其基也，誠能隨事體認，務有以察見天理之實，天人固莫違矣。否則中無所主，又何假於外哉？此人君之心所以貴有主也。

○班固白虎通曰：天子下至士，皆有蓍龜者，重事決疑，示不自專。尚書曰：「女則有大疑，謀及卿士，謀及庶人，謀及卜筮。」

臣若水通曰：謀之臧否，事之廢興，成敗關焉。是故物我、人神，一理也。謀及卿士、庶人，人謀協矣。謀及卜筮，鬼謀協矣。合人鬼於一心，夫然後能一天下之理也。其古之深謀遠慮者歟！

○張載理窟曰：思慮要簡省，煩則所存都昏惑。中夜因思慮不寐，則驚魘不安。某近來雖終夕不寐，亦能安静，卻求不寐，此其驗也。

臣若水通曰：善謀慮者之於政治也，猶其於學也。善謀事者於平心得之，善爲學者於中思得之。張載之學，蓋得之於精思者也，故有得則疾書之。程頤謂之曰：「大率有强探力索之狀，而無優游自得之氣，願更完養思慮，他日自當調暢。」然則載之此言，蓋深有感悟於程頤之説也乎！夫虚靈不昧者，心之體也。吾心之體立，則天下之理是是而非非者見矣，於思慮也何有？舍是，則憧憧往來，朋從爾思，本體惑矣，安能善謀乎？

○程顥劄子有云：或謂人君舉動不可不慎，易於更張則爲害大矣。臣獨以爲不然。所謂更張者，顧理所當爾。其動皆稽古質義而行，則爲慎莫大焉。豈若因循苟簡，卒致敗亂者哉。

臣若水通曰：語有之：「琴瑟不和，必取而更張之，乃可鼓也。」夫更張，所以求其和也。更張之當否，在謀慮之是非，不可忽也。何者？當否見于事也，是非生於思也，故更張非以爲害也，非其道則爲害也。是故君子必慎之於思也。易曰：「革言三就。」夫革而至於三就，則亦慎之至矣。伏惟聖明處大寧之世，容有不和之弊矣。如有所更張焉，盍求之易哉。

○程頤曰：君子之志，所慮者豈止其一身，直慮及天下千萬世。小人之慮，一朝之忿，不遑恤其身。

臣若水通曰：夫慮之遠近，繫於學焉而已矣。君子所學者大，故所慮者遠。小人不學，故不知所慮也。嗚呼！一念之發忘其身，以至於禍及其親，雖追悔亦無及矣。甚矣！學之不可不豫也。易曰「懲忿窒欲」，其學之道乎！從事於此，其寡過矣，學者尚勉旃哉。

○張栻經筵講義有云：夫治常生於敬謹，而亂常起於驕肆。使爲國者而每念乎稼穡之勞，而其后妃又不忘乎織紝之事，則心不存焉寡矣。何者？其必嚴恭朝夕，而不敢怠也；其必懷保小民，而不敢康也；其必思天下之饑寒，若己饑寒之也。是心常存，則驕矜放肆何自而生？豈非治之所由〔三〕興也歟？

臣若水通曰：天下之事，治亂、敬肆二言盡之矣。天下之治亂，生於敬肆。敬肆生於一念。苟一念而敬焉，則上下内外化之，皆思勞，勞則善心生，然而不治者，未之有也。苟一念而肆焉，則上下内外化之，皆思逸，逸則惡心生，然而不亂者，未之有也。故敬謹、驕肆之審，實爲萬世長久之謀也。嗚呼！讀「所其無逸」之篇，則知周之所以興；誦「休其蠶織」之章，則知周之所以亡。夫興亡之迹，相去之遠如此，其初也直一念之微爾。爲人君者，可不鑑哉？

○司馬光曰：宴安怠惰肇荒淫之基，奇巧珍玩發奢泰之端，甘言卑辭啓僥倖之徒，附耳屏語開讒賊之門，不惜名器導僭逼之源，假借威福授陵奪之柄。凡此六者，其初甚微，朝夕狎翫，未覩其害，日滋月益，遂至深固。比知而革之，用力百倍矣。

臣若水通曰：初也者，端也。端也者，事之始也。《易》曰：「君子作事謀始。」夫六者之端啓，而天下亂矣。救其亂則難爲力，治其端則易爲功。故君子圖難於其易，以遠禍亂也。雖然，敝未極而可以救藥者，未見其可畏也。敝而至於見其可畏，則恐無所用其畏也已。爲人君者，鑑光之言，其可謀之不臧也哉？

○程顥曰：爲惡之人未嘗知有思，有思則爲善矣。思至於再則已審，三則惑矣。

臣若水通曰：孔子稱「學而不思則罔」，故曰：「思者，聖功之本。」思之於人也大矣。故凡天下之爲惡者，弗思爾。思之、思之，又從而思之，思之不通，鬼神將通之。非鬼神之力，乃精誠之極也。雖然，君子可思也，不可過也。如其過也，弊斯至矣。此季文子所以不見與於孔子歟。今之學者，必思無邪而後可也。

○國朝洪武甲辰四月，上謂徐達等曰：「人之行事固欲盡善，然一時智慮有未

周，及既行之後，思之有未盡善，亟欲更之，已無及矣。與其追悔於既往，曷若致謹於其初？大抵更涉世故則智明，久歷患難則慮周。近日紀綱法度粗若有緒，其間有未盡善者，諸公宜執正論，亟爲更張，庶幾上下之間，各得其便。苟有不善，豈徒予之過，亦汝等之責也。」

臣若水通曰：我皇祖諭侍臣及此，即君子作事謀始之心也。始者，念之方萌，易之所謂深與幾也。謀者，心之妙用，易之極與研也。惟能極深研幾，則由中達外，天理充融，智慮洞徹，自能通天下之志，而成天下之務。至於過舉而能悔之、更之者，鮮矣。理苟未明於初，而欲智慮周悉於後，胡可得哉？皇祖極研幾之神，而猶欲群臣輔之，其靡盈之盛節矣乎！

○洪武元年四月，皇祖命工畫古孝行及身所經歷艱難起家戰伐之事爲圖，以示子孫。謂侍臣曰：「朕家本業農，祖父皆長者，世承忠厚，積善餘慶，以及於朕。今圖此者，使後世觀之，知王業艱難也。」起居注〔四〕詹同等頓首曰：「陛下昭德垂訓，莫此爲切。」太祖曰：「富貴易驕，艱難易忽，久遠易忘。後世子孫生長深宮，惟見富貴，習於奢侈，不知祖宗積累之難，故示之以此，使朝夕覽觀，庶有所警也。」

臣若水通曰：夫立教者言不如意，意不如象，圖所以示象也。觀其象，則意得而言忘矣。我太祖高皇帝建極之初，思亂亡恒起於安寧也，遂命工畫古孝行及艱難戰伐之事爲圖，以傳子孫，俾之朝夕觀覽。蓋其意不以開萬世帝王之業爲難，而以保萬世帝王之業爲貴，可謂貽謀之遠者矣。故後世子孫處富貴而不驕，享治平於不替，良以遺訓之具在也。伏惟皇上時加觀覽，警於心，謹於身，勤於政，以能保帝業於無疆，則天下幸甚！

〇洪武十二年，上與翰林待制吴沈論持身保業之道。上曰：「人當無所不謹。事雖微而必慮，行雖小而必防。不慮於微，終貽大禍；不防於小，終虧大德。謹小行而無已者，則可以成大善；忽細事而不戒者，則必成大惡。常人且然，況人君乎！」沈對曰：「聖慮及此，誠社稷永安之道。」上曰：「安生於危，危生於安。安而不慮則能致危，危而克慮則能致安。安危治亂，在於能謹與否爾。」

臣若水通曰：人君保業之道，在於持身。持身之功，在於慎獨。皇祖所謂微與小，即獨也，一念之方萌也。於此而慮，則察之精矣；於此而防，則守之密矣。慮且防，則遏其欲而存其理矣。由是微而顯、小而大，皆大理流行，成天下之善治，獲社稷之久安矣。反是，所謂禍與危豈能免哉？皇祖諭侍臣及此，得慮微防小之要，而知安危倚伏之機也邪。人君處富貴宴安

之餘，忽畧於微小多矣。苟欲無惡於志，尚當以皇祖之言爲法。

校記：

〔一〕「滎成伯」，原作「榮成伯」，據左傳改。

〔二〕「救」，原作「故」，據嘉靖本改。

〔三〕「由」，原作「田」，據嘉靖本改。

〔四〕「注」，原作「建」，據嘉靖本改。

聖學格物通卷之七

感應上

○易中孚：九二，鳴鶴在陰，其子和之。我有好爵，吾與爾靡之。

臣若水通曰：此中孚卦九二之爻辭。陰，幽隱之處也。靡，作縻，慕悅之意也。九陽剛，二中位，以剛德而居中位，與九五剛中相應，故有鶴鳴子和、我爵爾靡之象。蓋二臣而五君也，君臣感通之道，誠而已矣。誠者，心之實理，上下同然者也。故彼感此應，有不期然而然者。若不誠則心貳，心貳則勢離，亂之所由生也。上下一於誠，則上下交而其志同，如腹心手足之一體矣。以之作事，何事不成乎？然則君臣相與感應之際，可不誠哉！

○咸彖：天地感而萬物化生，聖人感人心而天下和平。觀其所感，而天地萬物之情可見矣！

臣若水通曰：天地之與萬物一氣也，故天地之氣相感，則太和絪緼而化育成矣。聖人之與萬民一心也，故聖人感之以吾心之理，則丕應徯志而和平致矣。天地以氣，聖人以心，其所以感應者，理一而已。理一即性一，性一即情一。情不可見，以其所感而見之爾。故天地、聖人之感人物而無不應者，以其情性之同也。故即其所感觀之，天地萬物之情見矣。人君能得人心同然之理，有感而必通矣，天下其有不和平者乎？故不必求之天下之人心，而求之吾心焉可也。

○咸大象曰：山上有澤，咸。君子以虛受人。

臣若水通曰：澤雖在下，而性好潤；山雖在上，而土性疏通受潤。二物之氣相感通，有以虛受人之象。君子觀此象，而虛其中以受於人。虛中者，心無一物也。心無一物，則誠矣。故咸，感也。不從心，以無心而感物，則物無不應矣。是故感通也者，心之神也。虛也者，感通之本也。天理也，非以虛受，以吾心之理相受也。

○書虞書大禹謨：禹曰：「惠迪吉，從逆凶，惟影響。」

臣若水通曰：此大禹陳謨於舜之言也。惠迪從逆，猶曰順善從惡也。禹言吉凶之於善惡，猶影響之於形聲，天道人事感應之速如此。漢儒董仲舒亦曰：「臣觀天人相與之際甚可畏」，亦此意也。爲人君者，一念之發即有感召，可不慎乎！

○大禹謨：三旬，苗民逆命。益贊于禹曰：「惟德動天，無遠弗屆。滿招損，謙

受益，時乃天道。帝初于歷山，往于田，日號泣于旻天，于父母，負罪引慝。祗載見瞽瞍，夔夔齊慄，瞽瞍亦允若。至誠感神，矧茲有苗。」禹拜昌言曰：「俞！」班師振旅。帝乃誕敷文德，舞干羽于兩階，七旬，有苗格。

臣若水通曰：十日爲旬。逆命，謂不服征也。贊，佐也。屆，至也。帝，舜也。仁覆閔下謂之旻天。日，非一日也。祗，敬；載，事也。齊，莊敬；慄，戰懼；夔夔，莊敬戰懼之容也。允，信；若，順也。誠，感物曰誠。班，還；振，整也。誕，大也。文德，文命德教也。干，楯；羽，翳；皆舞者所執也。兩階，東西階也。格，至也。益從禹出征，以苗負固未可威服，故贊佐於禹。以爲惟有動天之德者，必能感通之遠，而無所不至。蓋欲禹還兵而增脩其德也。乃舉天道，以爲滿則損、謙則益，欲其法天道以益德也。又舉人事，言舜耕歷山，往田之時，日號呼旻天，以不順父母之故，自負其罪，以自引其慝，不敢以爲父母之罪慝，敬其子職之事。以見瞽瞍，夔夔齊慄，敬畏小心，而盡於事親者如此。故舜以誠孝感格，雖瞽瞍頑愚，亦且信順之而底豫焉。然非特人事爲然也，又推極至誠之道，以爲神明亦且感格焉。夫以天道既如彼，而以人事神明又如此，而況於苗民乎？於是大禹乃還師振旅，帝舜乃大脩文命德教，七旬而有苗來格也。夫天道至遠也，瞽瞍至頑也，鬼神至幽也，苗民至難化也，而一念脩德，足以感格之者何邪？蓋天地人鬼之理一而已矣。故一念之邪正，天地鬼神莫不鑒之，愚民莫不知之。然則人

君念慮，可不敬謹於獨乎？

○夏書禹貢：祇台德先，不距朕行。

臣若水通曰：台，我也，以禹而言。距，違也。史臣紀禹平水土、定土賦、建諸侯之外，又有敬德之化以先天下，則天下自不能違越禹之所行也。蓋聖人過化存神，感應之妙有如此者，亦在乎一心之微爾。人君欲致天下之化者，當自敬德始焉。

○商書伊訓：古有夏先后，方懋厥德，罔有天災。山川鬼神，亦莫不寧，暨鳥獸魚鼈咸若。

臣若水通曰：此伊尹告太甲之言。有夏先后，謂禹也。懋，勉也。方，且也。暨，及也。咸，皆也。若，順其性也。言夏禹進德之功，亹亹未已，上天無有災異，山峙川流，鬼神享祀，無有不安寧者，至於鳥獸魚鼈之微，無不順其性也。由此觀之，罔有天災，亦莫不寧者，其天地位乎。鳥獸魚鼈咸若者，其萬物育乎。蓋禹德既脩，則以吾心之中和，召天地萬物之中和，感應之速有如此者。後世人主，以敬爲無益，謂天不足畏，無怪其災眚迭至，而覆亡相尋也歟！

○太甲：先王子惠困窮，民服厥命，罔有不悅。並其有邦厥鄰，乃曰：「徯我后，后來無罰。」

臣若水通曰：此伊尹告太甲之言也。言先王於困窮之民，若己子而惠愛之。惠之若子，則心之愛者誠矣。未有誠而不動者也，故民服從其命，而無不心悦。至其鄰有邦之民，莫不以湯爲我君而待其來，若來則我無罪矣。夫民悦於服命，而鄰國之民不君其君，反以湯爲其君而待其來。人民之向背無他，一心之感應爾矣。然則爲人君者，可不慎所以感之者乎！

○咸有一德：非天私我有商，惟天佑于一德；非商求于下民，惟民歸于一德。

臣若水通曰：此伊尹告太甲之言也。言天之佑商，非天私我商也。天之所佑者，在一德爾。商之得民，非商求于民也。民之所歸者，在一德爾。一德者，純一之德，即天理也。夫人心有一毫私意之雜，則天理息矣。不雜則不息，不息則一。故天與民歸，非歸商也，歸一德也。蓋一德者，天民一者也。人君具此一德，而上下應之者何邪？以一體故也。故人君者一念一，則天人合，一念二三，則天人離。天人相與之際，可不畏哉！

○周書無逸：君子所其無逸。

臣若水通曰：此周公作無逸以戒成王篇中語也。蔡沈曰：「所，猶處所也。君子以無逸爲所，動静食息無不在是焉，作輟則非所謂所矣。」臣謂以無逸爲所，則隨處隨時有兢兢業業之念，人心不死而天理常存矣。人君居至尊之位，多縱驕逸，以至安其危、利其災、樂其所以亡者，皆坐此爾。周公「無逸」之一言，真可爲萬世人君燕安痌疾之藥石也歟！

○詩大雅文王：穆穆文王，於緝熙敬止。假哉天命。

臣若水通曰：穆穆，深遠之意。於，嘆美辭。緝，續。熙，明也。止，語辭。假，大也。此詩言穆穆之文王，嘆其繼續光明而能敬止，以膺受天命之大如此，有以見天人之一氣也。氣一則理一矣，理一則心一矣，心一則其感應之機一矣。是故維天之命，於穆不已，此天之所以爲天也。文王之德，緝熙敬止，純亦不已，則其心即天心，理即天理，氣即天氣，實與之吻合無間也，感應之理有不期而然者矣。苟敬德弗脩，徒以籲天求應，至於封禪禱祀，以徼福利，特褻天爾。後之人主，知天人之一理，可不敬德，以爲祈天永命之本乎。

○周頌烈文：無競維人，四方其訓之；不顯維德，百辟其刑之。

臣若水通曰：無競者，聖人無心之感也；不顯者，聖人至德之淵深也。訓、刑，皆法之之意。夫天下之大，感應而已矣；感應之道，自然而已矣。自然者，無心者也，不顯者也。天地之常，普萬物而無心，故不言而四時行焉，百物生焉，而物之應者勃然矣。聖人之常，順萬事而無情，故無競而四方訓，不顯而百辟刑，人之應者翕然矣。此無他，無心之感，不言之化，其理同則機之自然者不容已爾。故人主不患天下之不應，惟患其無所以感之者爾。

○春秋桓公元年：秋，大水。

臣若水通曰：宋儒胡安國謂：「大水者，陰逆而與怨氣并之所致也。桓行逆德，致陰沴宜

矣。」臣謂桓之弑逆，起於一念之不善，而上天陰沴之應，其速如此，其可畏哉。然則爲善者感動於天，其機亦當如此矣。人君戒懼慎獨，以養其中和之德，致之於國家天下，則天地之位、萬物之育，亦其理勢之必然也。道豈遠乎哉？功豈難乎哉？在一念之微爾。

○成公元年：無冰。

臣若水通曰：宋儒胡安國謂：「寒極而無冰者，常燠也。洪範傳曰：『豫恒燠若。』此政事舒緩，紀綱縱弛之象。成公幼弱，政在三家，公室不張，其象已見。故當涸陰沍寒，而常燠應之。」臣謂天道之陽舒陰慘，人君之仁育義正，天人未始不相通也。成公幼弱，縱臣失政，亦猶天之陰陽易位，故宜寒而燠，此感彼應，捷於影響。有天下者，能審其感應之機，五服不濫，五刑不弛，則陰陽合德而慘舒同運矣。

○禮記檀弓：魯人有周豐也者，哀公執摯請見之，而曰「不可」。公曰：「我其已夫？」使人問焉，曰：「有虞氏未施信於民而民信之，夏后氏未施敬於民而民敬之，何施而得斯於民也？」對曰：「墟墓之間，未施哀於民而民哀；社稷宗廟之中，未施敬於民而民敬。殷人作誓而民始畔，周人作會而民始疑。苟無禮義忠信誠愨之心以涖之，雖固結之，民其不解乎？」

臣若水通曰：敬、信、禮、義、誠、慤，人之心不假外而有者也。其感其應，不假物而然者也。故不言之信，無心之感，天下之至感至信也。君天下者躬脩其德，見而民莫不敬，言而民莫不信，行而民莫不説，以純王之心，成純王之治，有不難矣。何也？以其先得民心之所同然者也。

○樂記曰：人心之動，物使之然也。感於物而動，故形於聲。聲相應，故生〔一〕變。變成，方謂之音。

臣若水通曰：寂然不動，心之本體也。感物而動，心之應用也。心之感應，故不能無聲。聲之感應，故不能無音。宫、商、角、徵、羽之相還，清、濁、高、下之定位成焉。故音之起，由人心生也。是故先王慎所以感之者。

○樂記曰：是故其哀心感者，其聲噍以殺；其樂心感者，其聲嘽以緩；其喜心感者，其聲發以散；其怒心感者，其聲粗以厲；其敬心感者，其聲直以廉；其愛心感者，其聲和以柔。六者非性也，感於物而後動。

臣若水通曰：噍者，竭而無澤也。殺者，減而不隆也。嘽者，闡而無餘也。緩謂紆而不迫也，發者生而不窮也，散者施而無積也，直者無委曲也，廉者有分辨也，和不乖也，柔致順也，

皆聲之應也。哀、樂、喜、怒、敬、愛，皆心之感也。夫聲者心之宣也，有是心則有是聲。故聲音之道，誠之不可掩也，是故可以知感應之道矣。爲人君者，可不正其心以爲感應之本乎？

○樂記曰：夫民有血氣心知之性，而無哀樂喜怒之常。應感起物而動，然後心術形焉。

臣若水通曰：有血氣心知之性，無哀樂喜怒之常，本其未發者也。感物而動，本其已發者也。故感於可矜而有惻隱之心，感於可怒而有羞惡之心，感於交際而有辭讓之心，感於得失而有是非之心，斯真心矣。故無惻隱、羞惡、辭讓、是非之心者，非人也。君子觀其感通之幾，而聖學可至矣。

○禮記孔子閒居曰：清明在躬，志氣如神。嗜欲將至，有開必先。天降時雨，山川出雲。

臣若水通曰：聖人與天地如人之一身，無不相通，其痛癢忻戚，無不相應者。清明則心無私欲，至虚而靈。故志氣如神，而足以前知。是故凡所願欲之事將至，必先有以開發其朕兆者。猶天將降雨，山川爲之先出雲。聖人一心之感應，亦如是而已。爲人君者，可不清心凝神，以爲感應之本乎？

〇論語曰：上好禮，則民莫敢不敬；上好義，則民莫敢不服；上好信，則民莫敢不用情。

臣若水通曰：甚矣！上下感應之速也，其機使之然爾。曷謂機？理一而已矣。理也者，人心之所同然，而上下達之者也。禮、義、信，人心天理同然之機也。故上有好，下必有甚焉者，各以其類而應焉。如志氣之相感，一體之貫通也。非夫聖賢之心學足以通天下之志者，其孰能與於斯？

〇孟子曰：以力服人者，非心服也，力不贍也；以德服人者，中心悅而誠服也，如七十子之服孔子也。詩云：「自西自東，自南自北，無思不服。」此之謂也。

臣若水通曰：王霸之辨，如玉之與石。然究其本，則德與力、誠與僞而已矣。蓋王道則本之德而由於誠，伯功則本之力而出於僞。以力服人，則無以得其心。己以僞感，人以僞應也。以德服人，則得其心。己以誠感，人以誠應也。故五伯莫盛於桓、文，姑以其執轅濤塗、侵曹伐衛之事，而視夫成湯之興東征而西怨，文王之作大畏而小懷，其人心之服與不服，爲何如哉！雖然，先儒程顥曰：「有天德便可語王道。」又曰：「其要只在謹獨。」究其德力、誠僞之分，則又係於人君一念之微爾。君天下者有志於王道，盍亦反其本矣。

○中庸：其次致曲，曲能有誠。誠則形，形則著，著則明，明則動，動則變，變則化。唯天下至誠爲能化。

臣若水通曰：中庸此章，言自至誠以下者，當用力以求至於誠也。蓋天理根於人心，雖昏愚之極，天理猶有以時發見者。孟子所謂「四端」，此所謂「曲」也。人能因其天理微處擴而充之，以至其極，則無小大，充萬殊之善，協于克一也。是亦無異於至誠矣。由是而形，則睟面盎背；由是而著，則暢於四支；由是而明，則發於事業；由是而動，則四方風動；由是而變，則人皆舍舊從新；由是而化，則人各反其真而不復舊，而天下化成矣。夫誠也者，譬之樹木之根也，而形著明動變化，則譬之樹木之有枝榦花實，而生生不息焉。一氣之感應也，至此則中和極致，而位育兩全，有本者如是也。人君欲感人心而化成天下者，盍於致曲求之。

○左傳隱公三〔二〕年：鄭武公、莊公爲平王卿士。王貳于虢，鄭伯怨王。王曰「無之」。故周、鄭交質。王子狐爲質於鄭，鄭公子忽爲質於周。王崩，周人將畀〔三〕虢公政。四月，鄭祭足帥師取温之麥。秋，又取成周之禾。周、鄭交惡。君子曰：信不由中，質無益也。明恕而行，要之以禮，雖無有質，誰能間之？苟有明信，澗、谿、沼、沚之毛，蘋、蘩、薀、藻之菜，筐、筥、錡、釜之器，潢、汙、行潦之水，

可薦於鬼神，可羞於王公。而況君子結二國之信，行之以禮，又焉用質？風有采蘩、采蘋，雅有行葦、洞〔四〕酌，昭忠信也。

臣若水通曰：天下之禍，莫大於間。間則疑，疑則僭，僭則亂矣。是故間者，聖王之所必去者也。平王既任鄭伯父子爲卿士，而欲貳於虢，則是君間其臣也。鄭伯怨王，則是臣間其君也。君臣相間，天理滅矣。間而不已，至於交質；又不已，至於交惡。史從而書之，若固然者，則冠履倒置，天地反易，一時之化，人心盡死，而九法盡斁矣。蓋由平王一念之貳之感應也。平王暗弱，不足論也。鄭伯父子有緇衣之賢者，然且至於是，鄭之得罪也，不尤大歟。

○左傳僖公二十五年：冬，晉侯圍原。命三日之糧，原不降，命去之。諜出，曰：「原將降矣。」軍吏曰：「請待之。」公曰：「信，國之寶也，民之所庇也。得原失信，何以庇之，所亡滋多。」退一舍而原降。

臣若水通曰：晉文公守伐原之信，誠矣乎？曰：誠與僞，不容以髮者也。易之革曰「巳日乃孚」，革而孚者也。其曰「未占有孚」，孚而革者也。誠豈可以聲音笑貌爲之哉。文公之伐原也，刻日持糧而克。諜降，退舍而待，觀其進退，同一貪取之心也，其誠邪？僞邪？夫惟大易之咸，聖人之感天下以無心也。

○周語：内史興曰：「禮，所以觀忠、信、仁、義也。忠所以分也，仁所以行也，信所以守也，義所以節也。忠分則均，仁行則報，信守則固，義節則度。分均無怨，行報無匱，守固不偷，節度不攜。若民不怨而財不匱，令不偷而動不攜，其何事不濟！」又曰：「樹於有禮，艾人必豐。」

臣若水通曰：忠分則均者，謂心中不偏，故處物得其平也。攜，離也。樹，種也。艾，報也。豐，厚也。禮者，天理之形體也。忠、信、仁、義，禮之本也。忠分、仁行、信守、義節，上之所以感人者誠矣。無怨、無匱、不偷、不攜，下之所以應上者至矣。故曰：禮以觀德，德以卜世，晋侯之郊勞恭命，則其興可以必矣。况天子有天下之大，其可不以忠信仁義存心，以禮自守，以濟豐亨豫大之福哉？易曰「視履考祥」，此之謂也。

校記：

〔一〕「生」，原作「主」，據嘉靖本及禮記改。
〔二〕「三」，原作「元」，據左傳改。
〔三〕「界」，原作「界」，據左傳改。
〔四〕「洞」，原作「洞」，據嘉靖本及詩經改。

聖學格物通卷之八

感應下

○漢淮陽王更始二年，大司馬劉秀至滹沱河。候吏還白：「河水流澌，無船，不可濟。」秀使王霸往視之。霸恐驚衆，欲且前，阻水還，即詭曰：「冰堅可渡。」官屬皆喜。秀笑曰：「候吏果妄語也。」遂前。比至河，河冰亦合，乃令王霸護渡，未畢數騎而冰解。

臣若水通曰：冰合之説，先儒陳傅良論之詳矣。大抵以人君不可恃其或然之數，而忽其必然之理。或然之數者天也，必然之理者人也。天意之不集，人事或可以自盡。幸乎天而人不繼之，鮮有不敗事者矣。是固然。臣竊以爲人心與天相通，故匹夫匹婦之志，可以動天地，

況人君爲天之元子乎。故一念之誠，天必歸之；一念之惡，天必背之。書曰：「惠迪吉，從逆凶，惟影響。」觀光武冰合之應可信矣，而況聖學格天之誠乎。人君一念之微，實感應之主，不可不慎也。

○東漢光武建武三年，馮異攻赤眉，大破之。帝降璽書勞異，方論功賞，以答大勳。赤眉餘衆，東向宜陽。帝親勒六軍，嚴陣以待之。赤眉驚震，遣劉恭乞降。曰：「盆子將百萬衆降，陛下何以待之？」帝曰：「待汝以不死爾。」丙午，盆子及丞相徐宣以下三十餘人肉袒[一]降，上所得傳國璽綬。赤眉衆尚十餘萬人，帝令縣廚皆賜食。明旦，大陳兵馬臨雒水，令盆子君臣列而觀之。帝謂樊崇等曰：「得無悔降乎？朕遣卿歸營，勒兵鳴鼓相攻，決其勝負，不欲强相服也。」徐宣等叩頭曰：「臣等出長安東都門，君臣計議歸命聖德。百姓可與樂成，難與圖始，故不告衆爾。今日得降，猶去虎口、歸慈母，誠歡誠喜，無所恨也。」帝曰：「卿所謂鐵中錚錚、傭中佼佼者也。」

臣若水通曰：王者感人以誠，人亦以誠應之。盆子君臣乞降，皆光武推赤心至誠之感自然之應。故曰：至誠而不動者，未之有也。然則人君欲服人心而安天下者，尚監之哉。

○晉武帝泰始四年，南郡民聞羊祜卒，爲之罷市，巷哭聲相接，吴守邊將士亦爲之泣。祜好遊峴山，襄陽人建碑立廟於其地，歲時祭祀。望其碑者無不流涕，因謂之「墮淚碑」。

臣若水通曰：治民之道，與其繩之以威，孰若懷之以仁；與其人望威而畏之，孰若人慕信而歸之也。觀羊祜、杜預，皆晉室之望，同守襄陽者也。一則身沒澤存，遺墮淚之碑；一則身死名滅，無遺愛之流。則義仁恩威之入人，蓋可見矣。凡爲人上者，其知所擇哉。

○齊明帝建武三年，魏孝文帝以久旱，自癸未不食至於乙酉。群臣皆詣中書省請見，帝在崇虚樓遣舍人辭焉，且問來故。豫州刺史王肅對曰：「今四郊雨〔已〕〔二〕霑洽，獨京城微少。細民未乏一餐，而陛下輟膳三日。臣下惶惶，無復情地。」帝使舍人應之曰：「朕不食數日，猶無所感。比來中外貴賤，皆言四郊有雨，朕疑其欲見寬勉，未必有實，方將遣使視之。果如所言，即當進膳。如其不然，朕何以生爲？當以身爲萬民塞咎爾。」是夕大雨。

臣若水通曰：民者，天之心也。敬其民，所以敬乎天也。孝文值旱，躬自悼責，其與雲漢憂旱、成湯責躬，其心何以異？是夕大雨，天監其衷也。嗚呼，夷狄猶有謹戒格天之主，況華夏

之大君，爲天之宗子，繼天體元者，可以玩天災而不之省哉？

○唐太宗貞觀元年，帝與侍臣論周、秦脩短。蕭瑀對曰：「紂爲無道，武王征之；周及六國無罪，始皇滅之。得天下雖同，失人心則異。」帝曰：「公知其一，未知其二。周得天下，增脩仁義；秦得天下，遂尚詐力。此脩短之所以殊也。蓋取之或可以逆得，而守之不可以不順。」瑀謝不及。

臣若水通曰：周、秦國祚之脩短，誠與僞之感應也。誠則爲仁義，僞則爲詐力。書曰：「天壽平格，多歷年所。」又曰：「惟不敬厥德，乃早墜厥命。」豈非天命之脩短，乃其自爲之感應也邪？太宗仁義詐力之説是矣，乃又謂可以逆取，而不可不順守，不知同心同德之誓，順天應人之舉，始終何莫而非順哉。太宗逆取順守之言固爲失，而蕭瑀得天下則同之説，亦未爲得也。蓋唐之君臣皆未覩於感應之道，此唐之治所以雜於夷且霸也。

○唐太宗貞觀二年，夏四月，畿内有蝗。上入苑中，見蝗，掇數枚，祝之曰：「民以穀爲命，而汝食之，寧食吾之肺腸。」舉手欲吞之。左右諫曰：「惡物或成疾。」上曰：「朕爲民受災，何疾之避。」遂吞之。是歲，蝗不爲災。

臣若水通曰：天、人，一也。感應之理，相爲流通，固其宜矣。唐太宗爲民吞蝗，而蝗不爲

災，豈蝗固有情邪？蓋一念之誠，上格于天，以及草木昆蟲，無不感應。何也？蓋天人之氣，其體本一爾。噫，一念之感，而一事之應如此，況人君之心學能致中和者邪。

○唐太宗貞觀十一年，魏徵上疏，以爲：「文子曰：『同言而信，信在言前；同令而行，誠在令外。』自王道休明，十有餘年，然而德化未洽者，由待下之情未盡誠信故也。」

臣若水通曰：誠信、感通，莫大於言行，不可以僞爲也。唐太宗之納諫，使出於誠，則與成湯從諫之心同，三王之治不足爲也，而有不盡然者。魏徵述文子之言，以諷太宗，可謂切中其病矣。然而聖賢誠敬之學，雖徵與帝俱未之講也。太宗雖志於周官之法，徵雖能直諫，皆不識君臣之道，文、武、周、召固如是哉？故君相以講學爲本。

○唐高宗總章元年四月，彗星見於五車。帝避正殿，減常膳，撤樂。許敬宗等奏請復常。曰：「彗星見東北，高麗將滅之兆也。」帝曰：「朕之不德，謫見于天，豈可歸咎小夷。且高麗百姓猶朕之百姓也。」不許。戊辰，彗星滅。

臣若水通曰：天垂象，見吉凶。仁愛，人君之至也。故古之人君，以象異不見爲天忘予。許敬宗於彗之見，乃諂言歸之高麗，可謂愛君乎？得非欺君乎？乃逢君之惡，大罪人也。高宗

獨能出一善言，彗亦隨滅，其即宋景有君人之言，而退熒惑者矣。感應之理，安可誣也？然其所謂不德，又有大於此者。而戕殺忠良，馴致大禍，是天亦有以應之也。天命何常，爲人君者宜畏天之威，而不可少忽也。

○唐代宗廣德元年，郭子儀讓回紇曰：「汝有大功於唐，唐之報汝亦不薄，奈何負約，深入吾地，侵逼畿縣，棄前功，結怨仇，背恩德而助叛臣，何其愚也。且懷恩叛君棄母，於汝國何有？今吾挺身而來，聽汝執我殺之。我之將士，必致死與汝戰矣。」藥葛羅曰：「吾爲懷恩所誤，負公誠深，豈肯與公戰乎？今請爲公盡力，擊吐蕃以謝過。」

臣若水通曰：天理之在人心，無間於華夷，遠近一也。故感之而無不應者，此心此理同也。郭令公單騎見虜，一言而回紇驚服，且爲出力擊吐蕃以謝過。書曰「至誠感神，矧茲有苗」，豈不信乎。使代宗挈國權兵柄而付之，太宗之業，可不戰而復矣。惜乎其不能也。

○唐代宗廣德元年，柳伉上疏曰：「犬戎犯關度隴，不血刃而入京師，劫宮闈，焚陵寢，武士無一人力戰者，此將帥叛陛下也。陛下疏元功、委近習，日引月長，以成大禍，群臣無一人犯顏回慮者，此公卿叛陛下也。陛下始出都，百姓填然奪府

庫、相殺戮，此三輔叛陛下也。召諸道兵盡四十日，無隻輪入關，此四方叛陛下也。内外離叛，陛下以今日之勢爲安邪？危邪？若以爲危，豈得高枕，不爲天下討罪人乎？臣聞良醫療疾，當病飲藥，藥不當病，猶無益也。陛下視今日之病，何繇至此乎？必欲存宗廟社稷，獨斬元振首，馳告天下。悉出内使隸諸州，持神策兵付大臣，然後削尊號，下詔引咎曰：『天下其許朕自新改過，宜即募士西赴朝廷。若以朕惡不悛，則帝王大器，敢妨聖賢？其聽天下所往。』如此而兵不至、人不感、天下不服，臣請闔門寸斬，以謝陛下。」

臣若水通曰：至誠而不動者，未之有也。誠信之在人，雖販夫賤役，猶不可一日無，而況君臣之大義乎。使代宗能用柳伉之言，下詔引咎，布誠信於天下，則人心響應，大業不足復矣。知不出此，而坐視程元振之誤國，至流離而不悔，況望其有所感於天下乎。孟子曰：「安其危，利其災，樂其所以亡，不仁而可與言，則何亡國敗家之有？」

○唐德宗建中四年十一月，陸贄上疏曰：「唯信與誠有補無失，一不誠則心莫之保，一不信則言莫之行。陛下所謂失於誠信以致患害者，臣竊以斯言爲過矣。」又曰：「馭之以智則人詐，示之以疑則人偷。上行之則下從之，上施之則下報

之。若誠不盡於己而望盡於人，衆必怠而不從矣。不誠於前而曰誠於後，衆必疑而不信矣。是知誠信之道不可斯須而去身。願陛下慎守而行之有加，恐非所以爲悔者也。」

臣若水通曰：孟軻有言：「至誠而不動者，未之有也。不誠未有能動者也。」誠也者，達上下、通人己、合前後，而一之者也。故感應之妙，有不期然矣。人君特患未誠爾，烏有誠而不能感人者哉？德宗反謂失於誠信以致患害，何其謬邪。陸贄因言規正，可謂引君當道，志於仁者矣。惜乎德宗以不誠之資而不能從，是無怪乎其有天下不能一朝居也，噫！

〇德宗興元元年，帝問陸贄：「近有卑官自山北來者，率非良士。有邢建者，論説賊勢，語最張皇。察其事情，頗似窺覘。今已於一所安置。如此之類，更有數人，若不追尋，恐成姦計。卿試思之，如何爲便？」贄上奏，以爲今盜據宮闕，有冒險遠來赴行在者，當量加恩賞，豈得復猜慮拘囚？其畧曰：「以一人之聽覽，而欲窮宇宙之變態；以一人之防慮，而欲勝億兆之姦欺，役智彌精，失道彌遠。」又曰：「虛懷待人，人亦思附；任數御物，物終不親。情思附則感而悦之，雖寇讐化爲心膂矣。意不親則懼而阻之，雖骨肉結爲讐慝矣。」又曰：「陛下智出庶

物，有輕待人臣之心；思周萬機，有獨御區宇之意；謀呑衆略，有過慎之防；明照群情，有先事之察；嚴束百辟，有任刑致理之規；威制四方，有以力勝殘之志。由是才能者怨於不任，忠藎者憂於見疑，著勳業者懼於不容，懷反側者迫於見討，馴致離叛，搆成禍災。」

臣若水通曰：人君代天理物，則當以天爲心。天普萬物而無情，豈嘗以猜察爲明者哉？古之人君，以無情御物而不疑者，合之於天也。卒之天下莫敢不用情而不疑其上，其感應之機則然也。德宗情忌，經多難而猶不自省，向微陸贄因事規諫，而罪己之詔猶在人心，豈能不失舊物邪？嗚呼，此人主之心，所以當慎其所感也。

○唐德宗貞元元年八月，贄又曰：「陛下懷悔過之深誠，降非常之大號，所在宣敭之際，聞者莫不流涕。假王叛渙之夫，削僞號以請罪；觀釁首鼠之將，一純誠以效勤。」

臣若水通曰：悔過一詔，而人之響應如此，則誠之足以感人，而前謂推誠以致患害，誤矣。使德宗由此善端擴而充之，雖成湯之改過不吝何加焉？四海不足保矣。此心不繼，失之於安樂之時，而唐之業遂不競。孟子曰：「不能充之，不足以保妻子。」豈不信乎！

○唐憲宗元和四年春三月乙酉，上以久旱，欲降德音。翰林學士李絳、白居易上言，以爲欲令實惠及人，無如減其租税。又言宫人驅使之餘，其數猶廣，事宜省費，物貴徇情。又請禁諸道横斂以充進奉。又言嶺南、黔中、福建風俗，多掠良人，賣爲奴婢，乞嚴禁止。閏三月己酉降制，放天下繫囚，蠲租税，出宫人，絶進奉，禁掠賣，皆如二人之請。己未，雨降。表賀曰：「乃知憂先於事，故能無憂。事至而憂，無救於事。」

臣若水通曰：天人之際，至不遠也，惟一誠足以通之。人君之心，上與天通，所行出於至誠，則有以格天矣。憲宗降詔，而久旱乃雨，天人相與，豈可誣哉？故曰：言行，君子之所以動天地，可不慎乎！

○唐昭宗天復元年六月癸亥，韓偓對曰：「夫帝王之道，當以重厚鎮之，公正御之。至於瑣細機巧，此機生則彼機應矣，終不能成大功。所謂理絲而棼之者也。況今朝廷之權散在四方，苟能先收此權，則事無不可爲者矣。」上深以爲然。

臣若水通曰：君臣上下，其感應之機，捷於影響。上以誠感之，則下以誠應之。上下一出於誠，然而不王者，未之有也。上以機巧馭之，則下亦以機巧應之。上下一於機巧，然而不亡

者，未之有也。爲人君者，烏可不誠其意，慎其所以感天下者，而顧以機巧爲哉？

○後周世宗顯德三年，山南東道節度使、守太尉兼中書令安審琦，鎮襄州十餘年，至是入朝，除守太師，遣還鎮。既行，上問宰相：「卿曹送之乎？」對曰：「送至城南，審琦深感聖恩。」上曰：「近朝多不以誠信待諸侯，諸侯雖有欲效忠節者，其道無由。王者但能無失其信，何患諸侯不歸心哉。」

臣若水通曰：誠信之道，無感不通者也。夫惟信及豚魚，而況於人乎。世宗欲以誠信而待諸侯，庶幾乎知感通之理矣，其亦賢矣哉！

○劉向說苑：齊大旱，景公召群臣問曰：「天不雨久矣，民且有饑色。寡人欲祠靈山、河伯，可乎？」晏子曰：「不可。君誠避宮殿，暴露，與靈山、河伯共憂，其幸而雨乎。」於是景公出野，暴露三日，天果大雨，民盡得種樹。

臣若水通曰：人之所爲美惡，與天地流通而相爲感應者何也？其氣同也。景公匪純德之主也，行晏子之言，而致感應之速，若人之呼吸者何與？蓋一念之誠，固已通於天矣。況人君能脩其德，由一念之微，擴而充之，以至乎極，則和氣絪緼，充塞無間，固不特弭變而已。致中和，天地位焉，萬物育焉，不能不有望於今日。

○班固白虎通曰：王者承統理，調和陰陽。陰陽和，萬物序，休氣充塞，故符瑞並臻，皆應德而至。

臣若水通曰：書曰：「惟德動天，無遠弗届。」蓋天人一體也，感應之機捷於影響，可不畏哉。是故人君務脩德，致中和，位天地，育萬物，而符瑞固所不論也。

○宋太宗淳化二年，旱，蝗甚，禱雩無應。帝手詔宰相曰：「朕將自焚，以答天譴。」翌日大雨，蝗盡死。

臣若水通曰：湯大旱，以身爲犧牲，六事自責。太宗詔宰相，欲將自焚以答天譴，庶幾近是乎，可謂以誠應天矣。翌日大雨，蝗盡死，其感應之理，豈可誣哉？使太宗繼此一念之誠而擴充之，則仁義不可勝用，而成湯格天之功業不難致矣。惜乎其未講於成湯懋敬厥德、日新又新之學，而徒有一念之誠、一事之感也已。孟子曰：「苟能充之，則足以保四海；不能充之，不足以保妻子。」此太宗之所以止於太宗也歟。後之人主欲追三代之治者，無他，因善端之萌而培養之，以達於天下爾。

○宋真宗祥符九年，李〔三〕迪言：「陛下土木之役過甚，蝗旱之災殆天意以警陛下也。」帝然之。至是，詔禁樂、罷秋宴，督諸路捕蝗。遂罷營造，禁天下貢瑞物，詔

民能振貧者官之。未幾得雨，青州飛蝗多赴海死。

臣若水通曰：天下之事，未有不用民力而爲之者也。故土木兵甲之役興，奇物淫技之事至，而民力有所不堪矣。民力不堪，則怨咨競起。怨咨日起，則人和日乖，而天地太和日傷，此水旱災異之所由以致也。真宗禁樂、罷宴、息營造、却貢瑞，而雨降蝗死，豈偶然之故哉？然則人主可不謹於一念感應之微乎？

○宋神宗熙寧七年，詔求直言。夏四月，權罷新法。自去秋七月不雨，至夏四月。帝憂形於色，欲盡罷法度之不善者。王安石曰：「水旱常數，堯、湯所不免。但當脩人事以應之。」帝曰：「朕所以恐懼者，正爲人事之未脩爾。今取免行錢太重，人情咨怨，自近臣以至后族，無不言其害者。」馮京曰：「臣亦聞之。」安石曰：「士大夫不逞者以京爲歸，故京獨聞此言。」翰林學士韓維言：「陛下損膳避殿，行故事爾，恐不足以應天變。當痛自責己，廣求直言。」帝命維草詔行之。監安上門鄭俠爲流民圖以上，帝反覆觀圖，寢不能寐。遂命開封免行錢，三司察市易，司農發常平倉，三衛具熙河所用兵，青苗、免役權息追呼，方田、保甲並罷，凡十有八事。民間歡呼相賀。是日果大雨，遠近沾洽。

臣若水通曰：安石此對，欺君之罪不能掩矣。而乃云人事未脩，不知所謂未脩之人事，孰有大於新法者？是又欺天、欺人矣。神宗感久旱之災，憂形於色，又能知人事之未脩，即爲權罷新法，可謂應天以實矣。宜其民間呼賀，大雨沾洽，感應如是之速也。安石謂天變不足憂、人言不足恤者，其亦可謂小人無忌憚之尤者歟。後之人君有臣如安石，當迸諸四夷，不與同中國可也。神宗知安石之誤國，而不能誅之，惜哉。

○宋儒程顥曰：聖人責己感也處多，責人應也處少。

臣若水通曰：感而後有應，未有不感而應者也。是以聖人不責之人而責諸己，盡其所以感之者而已矣。

○程頤曰：天地之間，只有一個感與應而已矣，更有甚事？

臣若水通曰：感應之道廣矣哉！其觀於天地鬼神之屈伸也，日月之弦望也，晝夜之相代也，寒暑之往來也。其於物也亦然，鶴鳴而子和，鍾動而谷應也。其於人也亦然，人心之寂感也，動静之無端也，聞言而沛然也，至誠之動物也。是故一感應而天下之道備矣。噫，君子之學，其可忽於吾心之感應也哉？

○張栻與曾節夫撫幹書有云：此間土剛而農惰，自前月二十八、九有雨，至今近

旬，已嘗祈求。舊例祈禱無義理，盡削之，只到社壇、風雲雷雨師壇，及於湘南樓望拜堯山、灕江，遣官寮奉祝板瘞山間及投江中。今日五更登湘南樓，雷雹倏興，下樓雨已下，須臾大集滂沛，過午方止，庭下水深數尺，四郊盡徧。

臣若水通曰：書稱望于山川，則山川之神信有之矣。然而苟無其誠，則無其神矣，而望其感應也，不亦難乎！是以張栻一禱於社稷風雲雷雨之壇，而雨澤遂至於滂沛。何者？由有其誠也。故凡後之有事於神者，其可不知其感通之本哉？

○宋和靖處士尹焞每赴經筵前夕，必沐浴、更衣、設香案，以來日所當講書置案上，朝服再拜，拈香又再拜，齊于燕室，初夜乃寢，次日入侍講筵。學者問焉，曰：「必欲以所言感悟君父，安得不盡敬？人君其尊如天，必須盡己之誠意。」

臣若水通曰：人臣感君之道，誠敬爲之本，託辭氣而達之者也，感之不在辭氣也。故在易之咸，「咸其輔頰舌，騰口説也」，以之感人亦已淺矣，而況感君、感天乎。惟有誠敬爲之本，然則辭氣容貌之間，無非誠敬之發，自足以格君心之非，而感悟之者深矣。後之進講於君者，酒讌縱欲自若，至乃善其辭説於君父之前，苟應故事。下以是感上，上以是應下。其視尹焞每經筵而必致其誠也何如？爲人臣者，不能脩德積誠以自盡，而往往尤之君，何哉？

○真德秀曰：人主之心，與天地相爲流通。而善惡吉凶之符，甚於影響。

臣若水通曰：人主，天地之子也；天地，人主之父母也。父母之於子，其心非有二也。故人君居其室，而發一念之善焉，則吉必應之，況其大者乎！人主居其室，而發一念之不善焉，則凶必應之，況其大者乎！書曰：「作善降之百祥，作不善降之百殃。」以言其一心之感應也，可不慎乎？伏惟聖明凝神體察，則天人協應，福祥駢臻，天下幸甚。

○國朝丙午八月壬子，上命博士許存仁進講經史。存仁講尚書洪範篇，至休徵咎徵之應，上因語之曰：「天道微妙難知，人事感通易見。天人一理，必以類應稽之。往昔君能脩德，則七政順度，雨暘應期，災害不生。不能脩德，則三辰失行，旱潦不時，災異迭見，其應如響。箕子以是告武王，以爲君人者之儆戒。今宜體此，下脩人事，上合天道。然豈特爲人上者當勉，爲人臣者亦當脩省，以輔其君。上下交脩，斯爲格天之本。」

臣若水通曰：天人相與之際，至不誣也。何者？天人一心也，心一則理一也。人君苟能體認天人理一之實，涵養以至之，則肅乂哲謀聖之善在我，而天之雨暘燠寒風之時，其應也如響矣。反是，則天理滅而狂僭豫急蒙之惡至，而雨暘燠寒風之恒，其應也亦如響矣。天人感通

之速如此，其幾在於脩德，而脩德不外乎一心爾。皇祖深知休徵咎徵之應，繫於君德之脩否，不惟有得箕子之旨，抑以見天人相與之心一也。至諭講官以君臣交脩之義，尤爲切要。蓋格天之本雖在君心，而沃心之道又在臣職也。仰惟聖明繼天體元，可不法皇祖交脩之學乎？

○洪武三年夏，久不雨。上謂中書省臣曰：「今仲夏不雨，實爲農憂。禱祠之事，禮所不廢。朕已擇明日詣山川壇，躬爲禱之。爾中書各官，其代告諸祠。」且命皇后與諸妃執爨爲昔日農家之食，令皇太子、諸王供饋于齊所。至是日四鼓，上素服草履，徒步出詣山川壇，設藁席，露坐，晝曝于日，頃刻不移。夜卧于地，衣不解帶。皇太子捧榼，進蔬食雜麻麥菽粟。凡三日，既而大雨，四郊霑足。

臣若水通曰：古今天人，其心一而已矣。皇祖禱于山川之心，即成湯禱于桑林之心也。齊心三日，大雨，四郊霑足，即自責未已，大雨數千里之應也。所以然者，理一而已，誠一而已。皇祖致齊山川，素服菲食，坐露曝日，步卧靡寧。皇眷内外罔不同心，爨饋于齊所。蓋與剪爪斷髮，素車白馬，身嬰白茅，以爲犧牲者，異世而同心。是心即天心也，其應之速也宜哉。

○洪武十四年，聖祖命今後祭祀以文職長官通行三獻禮，武官不與祭。禮部臣言：「官有職掌，禮貴誠一。古之刑官尚不使與祭，而況兵又爲刑之大者乎。」

臣若水通曰：此聖祖命禮臣祭祀之制，而禮臣對之之言也。夫先王制祭禮，所以達誠意而行鬼神也。故兵、刑不祭，所以致齊一也。意弗一，鬼神弗格，而感應之道微矣。書曰：「夙夜惟寅，直哉惟清。」蓋責直清於禮官，所以主敬致一而已，其可以二三乎哉？

校記：

〔一〕「祖」，原作「祖」，據嘉靖本改。

〔二〕「已」，據嘉靖本補。

〔三〕「李」，原作「季」，據嘉靖本補。

聖學格物通卷之九

儆戒一

○易乾：九三，君子終日乾乾，夕惕若，厲[一]无咎。

臣若水通曰：九三以陽剛居正，故有能乾乾之象。乾乾，健而不息之意，敬也。終日而敬，體天理也。至夕而惕若，則敬之不息也。敬也者，存吾心天理之本體也。一息有間，則天理滅矣。道不可須臾離也，敬亦不可須臾忘也。敬則心存而理得，順理則裕也，雖危何咎焉。

傳曰：「君子終日對越在天。」其乾乾之謂邪。

○既濟象曰：水在火上，既濟。君子以思患而豫防之。

臣若水通曰：天下之濟，莫大於交通。坎水在離火之上，上潤下，下炎上，陰陽之氣交通，故有既濟之象。時之既濟，若治平而無復爲矣。然亂常生於治，思患也者，患其亂之生於治，

圖之於無形也。防諸己者，嗜欲也；防諸人者，奸佞也；防諸外患者，醜虜也；防諸紀綱法度者，僭竊而廢弛也。凡踰越於天理之外者，皆患也，皆豫防之也。身心爲尤切矣。邵雍曰：「防乎其防，邦家之昌。」其永既濟之盛於無窮也乎。

○繫辭：子曰：「危者安其位者也，亡者保其存者也，亂者有其治者也。是故君子安而不忘危，存而不忘亡，治而不忘亂。是以身安而國家可保也。」易曰：「其亡其亡，繫于苞桑。」

臣若水通曰：危者以危爲心也，亡者以亡爲心也，亂者以亂爲心也。非深憂過計也，所以存警戒也。警戒存而保存治安，警戒之所致也。人君於安存久治之日，存危亂喪亡之戒，則驕奢淫慾不生，故君德脩而王政舉矣，安富尊榮之福臻矣。有國家者，宜慎之。

○震象曰：洊雷，震。君子以恐懼脩省。

臣若水通曰：震，一陽生於二陰之下，動而上者，故爲震。其象爲雷重震，故有洊雷之象。雷之聲洊〔二〕而重，乃天之威也。天無心，而人心則因天怒而警省，人心與天一者也。不恐懼脩省，則與天不相似而棄天矣。君子事天者也，恐懼以自持，思省其過而改之，存心養性以事天也，致中和以位天地也，天人交應之理也。孔子迅雷風烈必變，與天一矣。爲天之元子者，

可不知乎？

○虞書大禹謨：益曰：「吁！戒哉！儆戒無虞，罔失法度。罔遊于逸，罔淫于樂。任賢勿貳，去邪勿疑。疑謀勿成，百志惟熙。罔違道以干百姓之譽，罔咈百姓以從己之欲。無怠無荒，四夷來王。」

臣若水通曰：此乃伯益廣大禹克艱惠迪之謨於帝舜之前，「罔失法度」以下皆儆戒之意。虞，慮也。罔，勿也。法度，法則、制度也。淫，過也。謀，圖爲也。咈，逆也。九州之外世一見曰王。百志，猶易所謂百慮。益言當四方無可慮之時，人心易懈，故當儆戒也。此時法度易至縱弛，故戒其罔失。此時逸樂易至縱恣，故戒其遊淫。此時任賢易以小人間之，故戒其勿貳。此時去邪必不能果斷，故戒其勿疑。此時圖爲或行其疑，故戒其勿成。凡若此者，則百慮熙明方寸之間，光輝明白，心正身脩，義理昭著。而於違道干譽，咈人從欲之私，皆能禁絕。朝夕戒懼，無怠於心，無荒於事，則治道益隆，四夷之遠，莫不歸往矣。夫四夷之歸，由於無怠荒，無怠荒由於儆戒。其始起於一念之微，其效感化乎四夷之遠。爲人君者，可不知所務乎？

○虞書：禹戒舜曰：「無若丹朱傲，惟慢遊是好。傲虐是作，罔晝夜頟頟。罔水行舟，朋淫于家，用殄厥世。」

臣若水通曰：此乃禹戒帝舜之言。朱，堯之子名。丹，朱所封國名也。頟頟，不休息之狀。罔水行舟，如奡盪舟之類。朋淫于家者，朋比小人而淫亂於家也。丹朱不肖，堯以天下與舜，故曰殄世。禹戒於帝舜曰：無若丹朱之傲，好慢遊，作傲虐。蓋丹朱頟頟然晝夜不少休息，無水而行舟，朋比而淫亂，以自滅其世也。夫舜，大聖人也，不爲慢遊傲虐，豈惟禹知之，雖愚人亦當知之。然惟聖罔念作狂，況處崇高之位，易至傲逸，使一念之邪生，則此一念便是慢遊，便是傲虐，便與丹朱無異矣。故人君當防微杜漸，日以莊敬自强然後可也。

〇夏書五子之歌曰：訓有之：内作色荒，外作禽荒。甘酒嗜音，峻宇雕墻。有一於此，未或不亡。

臣若水通曰：此亦五子述禹之訓，以戒太康之意。色荒，惑嬖寵也。禽荒，耽遊畋[三]也。荒者迷亂之謂。甘、嗜，皆無厭也。峻，高大也。宇，棟宇也。雕，繪飾也。言六者有其一，皆足以致滅亡也。禹之訓昭明如此，太康乃不念祖訓，而盤遊于有洛之表，十旬不反，安得不致有窮后羿之距而自取滅亡乎？臣愚謂此六者乃庸君世主之所必犯，有一亦足以亡國，不必六者之兼備矣。後之人君欲守祖宗之大業，當以禹之訓自省，而以太康之禍爲戒。

〇胤征[四]：先王克謹天戒，臣人克有常憲，百官修輔，厥后惟明明。

臣若水通曰：此乃胤侯述先王君臣儆戒之意。天戒如日蝕災異之類，天所以警動開發人

主者也。董仲舒謂：「天心仁愛人君，故以災異警動之。」即此也。胤侯誓師，言先王嚴於事天，見天戒則恐懼脩省，克自抑畏以致謹於上。而一時臣人百工又能戒謹常法，各自脩省以輔於下。由是，君德益以脩明，而災變不爲之損矣。故曰「厥后惟明明」。觀堯舜有九年之水，成湯有七年之旱，而無損於至德者，何邪？蓋由其存兢業敕天之心，反躬自責之誠故也。夫天居高聽卑，至不可欺也。後之人君，遇上天之戒，可不以誠心脩省，而徒以文應天乎？

○商書仲虺之誥：欽崇天道，永保天命。

臣若水通曰：此仲虺以天命勸勉成湯也。欽崇者，恭敬奉承之意。殖有禮，覆昏暴，福善禍淫，天之道也。恭敬奉承乎天之道，則能敬天矣。敬天，則與天合德，天命歸之，故能永保其天命而不替矣。爲人君者，喜怒刑賞之間，可不以欽崇爲心乎？

○伊訓：制官刑，儆于有位。曰：敢有恒舞于宫，酣歌于室，時謂巫風；敢有殉于貨色，恒于遊畋，時謂淫風；敢有侮聖言，逆忠直，遠耆德，比頑童，時謂亂風。惟兹三風十愆，卿士有一于身，家必喪；邦君有一于身，國必亡。臣下不匡，其刑墨，具訓于蒙士。

臣若水通曰：此伊尹述成湯儆戒之政令，以訓太甲也。制，立也。官刑，官府之刑也。墨

者，墨刑也。匡，正也。三風，綱也。十愆，目也。卿士諸侯，十有其一，已喪其家，亡其國矣。臣下而不能匡正其君，則以墨刑加之。童蒙始學之士，則詳悉以是告之，欲其入官而知所以正諫也。夫人心惟危，道心惟微，一不儆戒，則怠忽之心生，人欲肆而天理滅矣。夫天理存亡之幾，安危治亂之決，係於一念之微爾，可不謹乎？

○商書太甲：先王顧諟天之明命，以承上下神祇、社稷、宗廟，罔不祗肅。

臣若水通曰：此伊尹告太甲以成湯之敬天者，欲其法之也。顧者，常目在之也。諟，古是字。明命者，上天顯然之理，而命之我者也，即天理是也。承者，奉也。上下神祇，天神、地祇也。祇，敬也。肅，畏也。伊尹言成湯察見天理，動靜食息常目在之焉。故於奉祀天地、神祇、社稷、宗廟之時，無不敬肅也。蓋天理無時無處不在，此特其著見之大者爾。其所謂顧諟，即孔子所謂「立則見其參於前，在輿則見其倚於衡」也。如此則其心誠敬，可以交於神明。是故祭天地則能敬天地，祭社稷宗廟則能敬社稷宗廟，蓋罔不祗肅，即顧諟之心發之爾。人君爲天地、社稷、宗廟、百神之主，其可不敬天明命，以爲感格之本乎？

○商書太甲：惟天無親，克敬惟親。

臣若水通曰：此亦伊尹告太甲之言也。伊尹言上天無常親，能敬者則親之。人君動靜語默，不使一毫之慢，則能敬矣。敬則德與天合，天豈有不親之乎？

○商書咸有一德曰：嗚呼！天難諶，命靡常。常厥德，保厥位。厥德靡常，九有以亡。

臣若水通曰：此伊尹將歸，而告太甲之言也。嗚呼，嘆辭。諶，信也。靡，不也。九有，九州也。嘆息而言天之難信，以其命之或去或留，而不常也。然天命雖不常，惟德是與。君德有常，則天命亦常，而保厥位矣。君德不常，則天命亦去，雖九州之廣，亦以亡矣。然則人君可不脩德以永天命，保其位於無窮乎？

○周書旅獒：玩人喪德，玩物喪志。

臣若水通曰：此召公因西旅貢獒而戒武王之言也。德者，己之所得也。志者，心之所之也。玩者，狎慢怠忽之意。言玩人則以驕而滅敬，故喪德。玩物則以慾而勝剛，故喪志。夫人怠忽之心生，則狎慢之念起。至於玩人、玩物，而喪其德與志矣，可不戒哉？

○周書召誥曰：嗚呼！皇天上帝，改厥元子兹大國殷之命，惟王受命。無疆惟休，亦無疆惟恤。嗚呼！曷其奈何弗敬。

臣若水通曰：此召公託周公達成王之言也。皇，大也。以天之主宰而言，謂之帝。休，美也。恤，憂也。言皇天上帝既立商，受爲天子矣，以其惡而改之，故大國殷之命亦從而改焉。

夫元子不可改而天改之，大國之命未易亡而天亡之。皇天上帝，其命之不可恃如此。今王受命，固有無窮之美，然亦有無窮之憂。於是嘆息言王「曷其奈何弗敬乎」，蓋深言不可以弗敬也。夫敬肆在於一念邪正之間，而存亡關於天命人心之大。有天下者，可不惕然起敬乎？

○召誥：我不敢知曰，有夏服天命，惟有歷年。我不敢知曰，不其延。惟不敬厥德，乃早墜厥命。我不敢知曰，有殷受天命，惟有歷年。我不敢知曰，不其延。惟不敬厥德，乃早墜厥命。

臣若水通曰：此亦召公告成王之言也。歷年，永年也。延，長也。德者，心之理。敬者，德之聚也。言夏、商歷年長短，皆不敢知。我所知者，惟不敬則德不脩，德不脩則天命去矣。故曰：「早墜厥命。」然則後之人君，欲永命而歷年者，可不敬德乎？

○召誥：王敬作所，不可不敬德。

臣若水通曰：此召公告成王之言也。敬者，程顥云主一之謂。所，處所也。敬者心之本體，德者心之天理也。王能以敬爲所，則動靜語默、出入起居，心無往而不一，而德存矣。謂之處所者，乃出入起居之地。以敬作處所，則是常戒慎恐懼而不能須臾離矣。程顥曰：「天地設位，而易行乎其中，只是敬也。敬則無間斷。」故纔間斷，則非僻之心入，而本心之德亡矣。況

君德不立，何以爲化服臣民之本？故又曰：「不可不敬德。」所以致丁寧之意也。爲人君者，可不敬以立德，爲萬化之本乎？

○多方：惟聖罔念作狂，惟狂克念作聖。

臣若水通曰：此周公傳成王之言，以告多方也。聖者，通明之稱。狂者，愚惑之謂。念者，警惺之謂。言聖而罔念之時，則失其本心而爲狂矣；愚而能念之時，則得其本心而爲聖矣。作狂、作聖，在於一念存亡之間，可不謹乎？

○周官：若昔大猷，制治于未亂，保邦于未危。

臣若水通曰：此成王訓百官之言也。言亂不生於亂而生於治，未亂而爲制治之策，則亂可弭；危不起於危而起於安，未危而爲保邦之計，則危可免。若至危亂之時，則緩不逮事，噬臍何及？此古昔聖王大道之世，治不忘亂，安不忘危，而制治保邦之心，常拳拳於無事之時也。有天下者，所當知焉。

○周官：居寵思危，罔不惟畏，弗畏入畏。

臣若水通曰：此亦成王訓迪百官之言也。言居寵盛者，則思危辱。蓋盛則必衰，滿則招損，天之道也。當無不致其祇畏，苟不知祇畏，則驕侈之心生，亡身滅族之禍至，入于可畏之中矣。可不以盛滿爲儆戒乎？人君之愛臣下，亦不宜以寵利處之，乃所以保全之也。

○詩豳風鴟鴞：迨天之未陰雨，徹彼桑土，綢繆牖户。今此下民，或敢侮予？

臣若水通曰：此詩，周公因三叔流言，成王疑之，故自陳其儆戒豫防之意。託鳥言，於天未陰雨之時，取桑根之土，纏綿堅固其巢之牖户，思患豫防如此。今此衆鳥，孰有因陰雨之至，而覆巢取卵者乎？以比國家於禍亂未萌之先，及時而豫爲之備，則禍亂不能爲之患。周公爲此詩，自陳其忠誠備患之悃，以冀王之悟也。嗚呼，以公之忠聖儆戒豫防如此，而猶不免流言之禍，而成王之疑，必待公作詩以自明，如此成王亦非明哲之主矣。使無周公之聖，自忘儆戒之心，而天不動威，則王終不悟，周之爲周，未可知也。嗚呼，危哉。後之人君，又當以爲儆戒。

○齊風：鷄既鳴矣，朝既盈矣。匪鷄則鳴，蒼蠅之聲。

臣若水通曰：鷄鳴，乃古之賢妃御於其君，夙興儆戒於將旦之時，必告君以鷄既鳴，而候朝之臣已盈滿矣。然而匪鷄鳴也，乃蒼蠅之聲，而惕然若鷄鳴爾。夫以蒼蠅爲鷄鳴，則警惕之心不溺宴欲，如此可謂賢矣。夫虛靈不昧，心之本體，豈待人而後能之也？氣習物欲蔽之，則本體昏塞，迷而不知返，天理滅矣。故人君者，外有師傅弼正之臣，内有妃嬪僕從之賢，無非欲以警省其良心，開發其聰明，則人心不死而天理長存矣。夫惟有味爽丕顯之聖學，則乾剛不息，而内外將化之矣。是又不待儆戒而存者也。

○春秋隱公五年：春，公觀魚于棠。

臣若水通曰：傳有之，「天理人欲，同行異情」，顧其心之邪正爾。苟所好者正，則見魚之躍淵，悟道體之活潑。見魚之洋洋，則曰吾民之樂生得如是乎？見魚之圉圉，則曰吾民之困亦如此乎？隨處知警，容亦何妨。若以爲樂，則戕心之斧斤也。隱公爲政，春不省耕，而恣情縱欲，慢遊于棠，觀魚爲樂，以蕩其心，其能知警戒者寡矣，天理之存者寡矣。向使克自惕厲，體認天理，則與天地萬物同體，何者非樂，奚必於魚邪？而乃玩物喪志，未見其能樂也。人君欲樂物之樂，不若能樂民之樂。

○宣公八年：楚人滅舒蓼。

臣若水通曰：楚人滅舒蓼，何以書？志警也。何警也？楚疆舒蓼，及滑汭，盟吴越，將爲中國憂也。夫中國不貴其無四夷之虞，惟患其無四夷之警。無四夷之虞者，弛德忘備，安而不安也；有四夷之警者，思患固封，危而不危也。知危而危者，危可使平；知安而安者，易可使傾。此舒蓼之滅，春秋書之以爲經世者之一警云。

○禮記曲禮曰：敖不可長，欲不可從，志不可滿，樂不可極。賢者狎而敬之，畏而愛之。愛而知其惡，憎而知其善。積而能散，安安而能遷。臨財毋苟得，臨難毋苟免。狠毋求勝，分毋求多。

臣若水通曰：人心之動，幾也。幾也者，理欲之分，而善惡之原也。君子知其幾而謹焉，故能領惡而全好也。是故長敖者賊也，從欲者荒也，志滿者驕也，樂極者淫也。若是者欲之熾，而惡幾之成也，故在遠之而已矣。狎而敬，敬所忽也；畏而愛，愛所嚴也。愛憎、好惡，不失其正也。施仁徙義，必得其道也。若是者理之充，而善幾之成也，故在爲之而已矣。毋苟得，所以取義也；毋苟免，所以求仁也；毋求勝，所以養讓也；毋求多，所以養廉也。若是者去人欲而存天理，領惡而全好者，故在謹之而已矣。然所以遠之、爲之、謹之者，敬也。敬也者，人心之所以不死，天理之所以長存也。易曰：「君子終日乾乾，夕惕若。」人主可不知乎？

○曲禮曰：歲凶，年穀不登。君膳不祭肺，馬不食穀。馳道不除，祭事不縣，大夫不食粱，士飲酒不樂。

臣若水通曰：此言凶荒之變，君臣自貶損，以憂民也。肺者，周人所重，食必先祭，不祭示不殺牲爲盛饌也。馬不食穀，不以粟秣之也。馳道，天子所行之路。不除，不敢勞人人也。祭事必縣鍾鼓，不縣言不敢作也。夫國以民爲本，民以食爲天。歲凶，年穀不登，則民無以爲生，災異莫此爲甚。君臣與民一體者也，於飲食祭饗之供，無不裁抑，所以致憂恤於民，而祈之於天也。乃若遇此而恬不知脩省，則棄天矣。棄天者，天亦棄之。爲人君者，可不儆戒乎？

○玉藻曰：卒食，玄端而居。動則左史書之，言則右史書之，御瞽幾聲之上下。

年不順成，則天子素服，乘素車，食無樂。

臣若水通曰：玄端者，幽陰之色，宴息向晦之服也。玄端而居者，貴幽靜以養其心也。史書言動者，察身之得失也。瞽幾聲上下者，察政之得失也。年不順成，縞素無樂者，察天時之得失以罪己也。察焉則知所警，知警則無怠荒，而政治行矣。

○少儀曰：執虛如執盈，入虛如有人。

臣若水通曰：敬者，心之本體也。心無時而不在，則敬亦無時而可忽。手執虛器，如捧盈焉，身入虛室，如有人焉，言人心無一時而可忽也。語曰：「執圭，鞠躬如也，如不勝。」詩曰：「相在爾室，尚不愧于屋漏。」其斯之謂乎！人君能存此敬，則推其執虛之心，而執天下之大柄，可以不下移矣。推其入虛之心，則於深宮永巷，儼乎法家拂士之在前，敵國外患之將至矣。臣於此不勝拳拳。

○表記：子曰：「君子莊敬日强，安肆日偷。君子不以一日使其躬儳焉，如不終日。」

臣若水通曰：莊者，嚴於心；敬者，一於心。莊敬，則神完而氣固，故日强。安肆，則神散而氣昏，故日偷。儳者，參錯之意。內不莊敬，則心不專一，而其身參錯不齊，如不能終日矣。

况人君以一心應天下之變，以一身臨天下之上，苟不莊敬而日偷焉，雖有天下，不能一朝居也，豈不可戒哉！

○周禮春官：保章氏掌天星，以志日月星辰之變動，以觀天下之遷，辨其吉凶。以星土辨九州之地，所封封域，皆有分星，以觀妖祥。以十有二歲之相，觀天下之妖祥。以五雲之物，辨吉凶、水旱降豐荒之祲象。以十有二風，察天地之和，命乖別之妖祥。凡此五物者，以詔救政，訪序事。

臣若水通曰：天人、上下，一氣感應者也。其兆有五，所以致警戒之道也。故天有日月星辰之變動，人有吉凶之變遷也。天地有星辰封域之分野，人有妖祥值遇之感應也。時有十有二歲之相，人有先見之妖祥也。天有五雲之物色，人有水旱豐荒之祲氛也。天有十二風之和戾，人有乖別之妖祥也。此謂之五物。五物者，天、地、人相與流通者也。達上下而一之者，在君身。君身不脩，何以反凶爲吉、化妖爲祥、轉荒爲豐哉？故洪範以人應天，而取必於五事，故曰「詔救政」，謂上告于君，不徒告也，稽君身無不脩，以弭其變也。又曰「訪序事」，謂下謀於臣，不徒謀也，稽臣職無不盡，以相夫君也。如是則君臣儆戒克謹，于天政無不舉，而祥瑞至矣。

○大卜：以邦事作龜之八命：一曰征，二曰象，三曰與，四曰謀，五曰果，六曰至，七曰雨，八曰瘳。以八命者贊三兆、三易、三夢之占，以觀國家之吉凶，以詔救政。

臣若水通曰：大卜灼龜而命之有八者何也？以盡天下之變也。曰征者何也？卜行師之勝負也。曰象者何也？卜天象之妖祥也。曰與者何也？卜與人共事之成否也。曰謀者何也？卜謀事與人之得失也。曰果者何也？卜事之成與否也。曰至者何也？卜人之至與否也。曰雨者何也？卜時之陰晴也。曰瘳者何也？卜疾之進退也。是故欲有卜焉，以此而命于龜也。卜之龜，筮之蓍，考之夢，則國家之或吉或凶，可以前知矣。果凶咎歟，不可坐待其變，而必進告於君，使之恐懼脩省，而祈之於天也。故曰：「以觀國家之吉凶，以詔救政。」故爲君者，幸毋曰「天變不足畏」可焉。

校記：

〔一〕「厲」，原作「勵」，據周易改。

〔二〕「洊」，原作「洧」，據嘉靖本改。

〔三〕「畋」，原作「畧」，據嘉靖本改。

〔四〕「胤征」上，嘉靖本有「夏書」二字。

聖學格物通卷之十

儆戒二

○孝經曰：在上不驕，高而不危，制節謹度，滿而不溢。高而不危，所以長守貴也；滿而不溢，所以長守富也。富貴不離其身，然後能保其社稷，而和其民人。

臣若水通曰：書云「貴不期驕，禄不期侈」。此處富貴者所以不可不儆戒也。能儆戒則高而不危、滿而不溢，然後富貴可保，社稷可安，而人民可和矣。爲人君處富貴之極者，可不戒乎？

○論語：子之所慎：齊、戰、疾。

臣若水通曰：此門人記孔子所謹之大事也。然而聖人憂勤惕厲之心，何所往而不謹哉。學者於身心體認之功，固當終日乾乾焉可也。先儒曰：「天位惟艱，一念不謹，或以貽四海之

憂；一日不謹，或以致千百年之患。」此尤有天下國家者所當深念云。

○子曰：學如不及，猶恐失之。

臣若水通曰：所不及與失之者，皆謂道，即天理是也。蓋學貴乎有恐失之心，而後有日新之功。不日進者必日退，理固無中立者。故自脩者必能時時省察，其功之進既如有所不及矣，而其心之切猶恐其或失乎前功焉。則天理常存而日新又新，人欲無得而間之矣，聖賢地位何患不能到哉？否則或作或輟，終不足以進於道矣。堯舜之兢兢業業，文王之望道未見，皆爲此爾。

○子曰：出門如見大賓，使民如承大祭。

臣若水通曰：如見、如承，敬之至也。夫敬，德之聚也。能隨處警省而體認焉，則天理存而仁不外是矣。故程顥曰：「夫子言仁，只說出門如見大賓，使民如承大祭。看其氣象，便須心廣體胖，動容周旋中禮。唯謹獨，便是守之之法。」學者其可不究心乎？

○孔子曰：如知爲君之難也，不幾乎一言而興邦乎！

臣若水通曰：有知難之心，則不難矣，所謂圖難於其易也。禹之告舜曰：「后克艱厥后。」夫子之告定公曰：「爲君難。」意蓋出於此也。夫舜，大聖也，猶相與儆戒如此。此古之聖王不以天位爲易居，而必求盡乎君道。故能使四方風動，萬國咸寧，可不儆戒哉。否則易心乘之，

天理已失，荒淫暴虐將無所不至，幾何而不至於喪邦也哉？

○孔子曰：君子有三畏：畏天命，畏大人，畏聖人之言。

臣若水通曰：天命，即天理也。於此畏之，則必戒慎乎其所不睹，恐懼乎其所不聞。盡心知性而知天，存心養性以事天者，豈容有一毫之不至哉。大人、聖言，皆天命之所當畏者。惟隨處而加體認之功，則隨在而致其謹畏矣。雖然，君子能畏乎此，則有以得乎天命，至於心廣體胖，則又有可樂者存焉。小人不知天命而不畏，至於從欲而危，則豈勝其戚戚之憂哉？故欲得君子之樂者，當先存君子之畏。

○孟子曰：禹惡旨酒，而好善言。湯執中，立賢無方。文王視民如傷，望道而未之見。武王不泄邇，不忘遠。周公思兼三王，以施四事。其有不合者，仰而思之，夜以繼日。幸而得之，坐以待旦。

臣若水通曰：觀此，可以見群聖人之學矣。夫聖人之學，心而已矣。群聖之所以爲聖者，亦惟憂勤惕厲之心，須臾不敢自逸而已矣。夫理無定在，惟敬則常存；心具生意，惟勤則不死。人心不死，則天理常存矣。故曰堯舜也只是兢兢業業過了一生。若夫怠惰荒寧者，人欲肆而天理亡矣，豈不大可哀哉。噫，敬怠之間，聖狂由判，此志聖學者所當自勵云。

○中庸：道也者，不可須臾離也。可離非道也。是故君子戒慎乎其所不睹，恐懼乎其所不聞。

臣若水通曰：此所謂道兼體用，理一分殊而言也。以其原於性命，故不可離。戒慎，不怠之謂。恐懼，不忘之謂。不可睹、不可聞者，道之體，即謂無聲無臭者也。二「其所」字，皆有所指。孔子曰：「正明目而視之，不可得而見也；傾耳而聽之，不可得而聞也。」君子察識乎此，敬以存之，則有以養其中，中立而和出焉。則所謂大本達道，一以貫之，推而達之，天地可位，萬物可育，而學之能事畢矣。易傳曰：「易簡而天下之理得，天下之理得，而成位乎其中矣。」人君爲天地人物之主，可不致力於此乎？

○左傳成公七年：春，吴伐郯，郯成。季文子曰：「中國不振旅，蠻夷入伐，而莫之或恤，無弔者也。詩曰：『不弔昊天，亂靡有定。』其此之謂乎。有上不弔，其誰不受亂？吾亡無日矣。」君子曰：「知懼如是，斯不亡矣。」

臣若水通曰：蠻夷内侵，上無弔亂，舉世不憂，而惟季文子憂之，庶亦知警矣。獨不思所以弔亂之方乎？在昔治至堯舜極矣，禹之戒舜猶曰「無怠無荒，四夷來王」。春秋盟主，不知有上，徒以怠荒趣之，是亦亂而已。以亂弔亂，其何紀極，幾何而不淪胥爲夷狄也邪？中國有

道，守在四夷，端有望于今日。

○國語周語：召公曰：「天子聽政，使公卿至於列士獻詩，瞽獻典，史獻書，師箴，瞍賦，矇誦，百工諫，庶人傳語，近臣盡規，親戚補察，瞽史教誨，耆艾脩之，而後王斟酌焉。是以事行而不悖。」

臣若水通曰：召公，穆公虎也。典，樂典也。史，外史也。師，小師也。賦，公卿列士所獻詩也。誦，謂箴諫之語也。近臣，謂驂僕之屬也。補，補過也。察，察政也。夫公聽則明，偏聽則昏，故君失之者臣得之，父失之者子得之。書曰：「匹夫匹婦不獲自盡，人主罔與成厥功。」言當悉有衆善也。厲王徒得衛巫以監謗，是自蔽其耳目而塞其聽明也。爲人君者，可不以召公之言而自儆乎？

○周語：單襄公曰：「昔先王之教，茂帥其德也，猶恐隕越。」

臣若水通曰：單襄公，王卿士單朝也。茂，勉也。帥，循也。勉循其德，尤恐隕越，戒慎之至也。況不循德者，可不恐懼乎？陳靈公罔念妃匹，而率其卿佐以淫於夏氏，朝有政弗卹，門有賓弗禮，怠棄孰甚焉，其顛隕死亡無日，宜哉。此深可爲爲人上者之戒。

○魯語：公父文伯之母曰：「天子大采朝日，與三公九卿祖識地德。日中考政，

與百官之政事，師尹惟旅牧相，宣序民事。少采夕月，與太史、司載糾虔天刑。日入監九御，使潔奉禘、郊之粢盛，而後即安。諸侯朝脩天子之禁令〔一〕，晝考其國職，夕省其典刑，夜儆百工，使無慆淫，而後即安。卿大夫朝考其職，晝講其庶政，夕序其業，夜庀其家事，而後即安。士朝而受業，晝而講貫，夕而習復，夜而計過無憾，而後即安。自庶人以下，明而動，晦而休，無日以怠。」

臣若水通曰：文伯，魯大夫公父穆伯之子公父歜也。母，穆伯之妻敬姜也。禮，天子以春分朝日，示有尊也。大采，袞織也。祖，習也。地德，所以廣生。師尹，大夫官也，掌以善詔王。惟，陳也。旅，衆士也。牧，州牧也。相，國相也。皆百官政事之所及也。夕月，以秋分。糾，共也。刑，法也。少采，黼衣也。載，天文也。九御，九嬪之官，主粢盛、祭服者。即，就也。怠，慢也。憾，恨也。凡若此者，皆憂勤惕厲之意。易曰「君子安不忘危」，所以昭聖功也。故天子至貴，不廢宵旰之勞，朝脩陽政，夕治陰教，日中序外事，日入課内績，是以身安而化成也。一或不儆，而怠勝敬焉。丹書凶危之戒，可不鑒哉？斯理也，自天子至於士庶，一也。

○晉語：趙襄子曰：「吾聞之，德不純而福禄並至，謂之幸。夫幸非福。非德不

當䧹，䧹不爲幸。」

臣若水通曰：襄子，晋正卿簡子之子無卹也。純，壹也。德不能服人，必致寇，故非福也。當，猶任也。䧹，和也。言唯有德者任以福禄，爲和樂也。能和樂，則不爲幸也。趙襄子德不足以來遠，而卒有伐翟之勝，臨飯色恐，亦足以見其幸致之福不足樂也。然其論福德之言，亦庶乎知儆戒者歟。後之爲人君上者，其毋以幸致之福自安也哉。

○晋語：士蔿曰：「戒莫如豫，豫而後給。」

臣若水通曰：士蔿，晋大夫劉累之後，隰叔之子子輿也。豫，備也。給，及也。言先有備，而後可以及事。若夫後時而戒，則緩不及事矣。商銘有之：「嗛嗛之德，不足就也。嗛嗛之食，不足狃也。」故君子作事謀始，斯永終譽。若驪姬棄天違人，迂求賈怨，以是承君之恩，是謂不豫。不豫則不給，不給則後悔無及矣。詩曰：「其何能淑，載胥及溺。」語曰：「人無遠慮，必有近憂。」此之謂也。爲人君者，其可以溺於目前之欲，而貽不及之禍乎。惟聖明深思而豫戒之，以成聖德，幸甚。

○晋語：范文子曰：「吾聞古之王者，政德既成，又聽於民。於是乎使工誦諫於朝，在列者獻詩，使勿兜。風聽臚言於市，辨妖祥於謠，考百事於朝，問謗譽於

路，有邪而正之，盡戒之術也。」

臣若水通曰：文子，范燮也。工，矇瞍也。列，位也。兜，惑也。風，采也。臚，傳也。妖，惡也。祥，善也。行歌曰謡。術，道也。夫士資諍友，繩愆違也；君資諍臣，防驕寵也。故大禹設鞀，周公握髮，恒慮昌言之不聞。蓋人之心有所儆則覺，覺則善心生；無所儆則昏，昏則邪心生。大聖且不忘箴戒，況中人乎。文子言考德必於觀民，審政存乎風聽，以盡儆戒之術，真可謂至言歟。使趙武聞言而信，則晉之三耻豈必遑之鄢陵哉？甚矣，儆戒之術，爲人主者不可不深致意也。

○晉語：范文子曰：「唯聖人能無外患，又無内憂。距非聖人，必偏而後可。偏而在外，猶可救也。疾自中起，是難。」

臣若水通曰：偏，猶言有一也。在外，外有患也。聖人之心，純乎天理，兢兢業業，故不待外患之警，而自泰然，故無内憂也。若非聖人，則必有外患之警而後能脩省，故内憂不作也。范文子重有感於鄢陵之役，以爲去外患孰若存之，而爲内恐懼脩省之地也。孟子曰：「無敵國外患者，國恒亡。然後知生於憂患，而死於安樂也。」爲人君者，其可不因外患而自警乎？

○晉語：知國曰：「夫君子能勤小物，故無大患。」

臣若水通曰：知國，晋大夫知氏之族也。物，事也。夫莫大之禍，起於須臾之不忍。故一念不謹，或以貽四海之憂；一日不謹，或以致千百年之患。君子惟其慮也遠，故邇亦不泄；惟憂也人，故細行是矜。襄子好大喜盈，自謂八柄由己，豈知晋陽之難，基於藍臺之宴乎。夫然後知知國之言，真藥石也。有國有家者，爲深長之慮，其可以不謹於近小乎？

○楚語：昔衛武公年數九十有五矣，猶箴儆於國曰：「自卿以下，至於師、長、士，苟在朝者，無謂我老耄而舍我，必恭恪於朝，朝夕以交戒我；聞一二之言，必誦志而納之，以訓道我。在輿有旅賁之規，位宁有官師之典，倚几有誦訓之諫，居寢有贄御之箴，臨事有瞽史之道，宴居有師工之誦。史不失書，矇不失誦，以訓御之。」於是乎作懿戒以自儆也。

臣若水通曰：武公，衛僖公之子，共伯之弟武公和也。箴，刺也。儆，戒也。長，大夫。士，衆上也。規，規諫也。旅賁，勇力之士，掌執戈盾，夾車而趨，車止則持輪。中庭之左右謂之位，門屏之間謂之宁。師，長也。典，常也。誦訓，工師所誦之諫，書之於几也。事，謂戎與祀也。瞽，樂太師，掌詔吉凶。史，太史也，掌詔禮事。師，樂師工。瞽，矇也。誦，謂箴諫也。懿，即詩大雅抑之篇也。衛武公年將盈百，而不忘規戒之辭，其惕厲之心如此，此天理之所以

長存而爲大賢也歟。此所以爲有斐君子，而民之不能忘也。彼子亹以老耄遠謗，得非武公之罪人歟。後之爲人君者，其尚以武公爲法，以子亹爲戒。

○漢文帝後元年詔曰：「間者數年不登，又有水旱疾疫之災，朕甚憂之。愚而不明，未達其咎。意者朕之政有所失，而行有過與？乃天道有不順，地利或不得，人事多失和，鬼神廢不享與？何以致此？將百官之奉養或廢，無用之事或多與？何其民食之寡乏也？夫度田非益寡，而計民未加益，以口量地，其於古猶有餘，而食之甚不足者，其咎安在？無乃百姓之從事於末，以害農者蕃，爲酒醪以靡穀者多，六畜之食焉者衆與？細大之義，吾未得其中。其與丞相、列侯、二千石、博士議之，有可以佐百姓者，率意遠思，無有所隱。」

臣若水通曰：九年之水，堯曰洪水警予；七年之旱，湯以六事自責。自古帝王，未嘗不以儆戒而興治也。堯、湯大聖，且猶儆戒，而況其下者乎。漢之文帝此詔，其亦庶幾近之矣。然儆戒與不儆戒，乃聖愚之所以分，而治亂之所以起，係於一念之微爾。王安石乃曰「天變不足畏」者，豈非長君之惡乎。

○漢武帝征和四年詔，深陳既往之悔，曰：「有司奏請，遠田輪臺，欲起亭隧，是

擾勞天下，非所以優民也，朕不忍聞。當今務在禁苛暴，止擅賦，力本農，脩馬復令以補缺，毋乏武備而已。」由是不復出軍，而封田千秋爲富民侯，以明休息，富養民也。

臣若水通曰：胡寅稱人莫難於知過，莫難於悔過，莫甚難於改過。迷而不知者，天下皆是也。知而悔者，百有一人焉。悔而改者，千萬人有一人焉。自力學反躬之士，尚鮮不吝之功，何況人主而能改，可謂明也已矣，可爲帝王處仁遷義之法，秦穆公不得專美於前矣。臣竊謂人主知改與否，乃在一念之通塞，覺與不覺之間爾。故曰，無輪臺一詔，漢幾不免爲秦矣，危哉。

○晉惠帝太安元年，侍中嵇紹上疏曰：「存不忘亡，易之善戒也。臣願陛下無忘金墉，大司馬無忘潁上，大將軍無忘黄橋，則禍亂之萌，無由而兆矣。」

臣若水通曰：懲既往之愆，則思將來之善，而後愆可免矣。嵇紹之言忠矣，惜未有遷善之路，上無以開昏愚之君，下無以塞驕横之門，時不知納而從之，而亂亡隨至，夫豈不宜哉。

○晉元帝太興元年十一月乙卯，日夜出，高三丈。庚申，詔群公卿士各言得失。御史中丞熊遠上疏曰：「胡賊猾夏，梓宫未還，不遣軍進討，一失也；群官不以

讎賊未報爲耻，二失也；當官者以治事爲俗吏，奉法爲苛刻，盡禮爲諂諛，從容爲高妙，放蕩爲達士，驕蹇爲簡雅，三失也。萬機未整，風俗僞薄，安得朝有辯争之臣，士無禄仕之志乎？且又舉賢不出世族，用法不及權貴，是以才不濟務，姦無所懲。若此道不改，求以救亂，難矣。」

臣若水通曰：日，陽精也，君象也。日明于晝，照臨下土，猶君主中國，統御萬方也。日出于夜，則晝夜反易，陽失其所以爲陽，君失其所以爲君，天地古今之大變，非常者也。熊遠三失之説，豈足以盡其咎哉？天地反覆，華夷紊亂，冠履倒置，曠古所無之禍者矣。而一時君臣於此而不知儆，烏乎能儆？

○晋成帝咸康七年，劉翔疾江南士大夫以驕奢酣縱相尚，嘗因朝貴宴集，謂何充等曰：「四海板蕩，奄踰三紀，宗社爲墟，黎民塗炭，斯乃廟堂焦慮之時，忠臣畢命之秋也。而諸君宴安江沱，肆情縱欲，以奢靡爲榮，以傲誕爲賢，謇諤之言不聞，征伐之功不立，將何以尊主濟民乎？」充等甚慙。

臣若水通曰：晋室播遷，雖王、謝諸人，皆以江左爲安者，無懲戒前愆之心也。飲酒盤遊，豈有中原之思、生民之念乎？劉翔，使臣也，懇懇以生民、宗社爲言，所以愧晋庭諸臣多矣。

○晉穆帝升平五年，范甯好儒學、性質直，常謂王弼、何晏之罪深於桀紂。或以爲貶之太過，甯曰：「王、何蔑棄典文，幽沈仁義，游辭浮説，波蕩後生，使搢紳之徒翻然改轍，以至禮壞樂崩，中原傾覆，遺風餘俗，至今爲患。桀紂縱暴一時，適足以喪身覆國爲後世戒，豈能迴百姓之視聽哉？故吾以爲一世之禍輕，歷代之患重；自喪之惡小，迷衆之罪大也。」

臣若水通曰：虐政之害人也淺而近，邪道之害正也遠而深。故虐政使人知警，邪道使人心肆。范甯之論王弼、何晏，似過而不過也。然而學術者，政事之本，故孟子論詖淫邪遁生於其心，害於其政，發於其政，害於其事，則夫桀紂之虐政亦王、何之流弊也。後之人君主正學之權者，可不有戒於斯乎？

○王猛病中上疏秦王堅曰：「夫善作者不必善成，善始者不必善終。是以古先哲王，知功業之不易，戰戰兢兢，如臨深谷。伏惟追蹤前聖，天下幸甚。」

臣若水通曰：人之心，儆與肆而已矣。儆則爲戰兢臨谷之心，以保有大業；肆則爲投鞭斷流之志，而大業以亡。夫然後知王猛之言爲藥石也。

○晉秘書侍郎趙整作酒德之歌，曰：「地列酒泉，天垂酒池。杜康妙識，儀狄先

知。紂喪殷邦，桀傾夏國。由此言之，前危後則。」苻堅大悦，命整書之，以爲酒戒。

臣若水通曰：大禹，聖人也，而惡旨酒。一念好惡，天理人欲興喪於此焉分。喪德喪邦，酒誥盡之矣。趙整之言婉而能警，其古之善諷諫者歟。

○晉〔孝〕[二]武帝太元十四年，徐邈與范甯書曰：「自古以來，欲爲左右耳目，無非小人。皆先因小忠而成其大不忠，先藉小信而成其大不信。遂使讒諂並進，善惡倒置，可不戒哉。」

臣若水通曰：語云：「大奸似忠，大詐似信。」自古有之矣。至於讒諂並進，善惡倒置，而禍亂由之，是誠不可不戒也。戒之何如？學而已矣。學則本心明而是非不忒，不學則本體昧而何以鑑人？爲人君者，尚知所本哉。

○晉恭帝元熙元年，凉公歆用刑過嚴，又好治宫室。從事中郎張顯上疏，以爲：「凉土三分，勢不支久。兼并之本，在於務農。懷遠之略，莫如寬簡。今入歲以來，陰陽失序，風雨乖和，是宜減膳徹懸，側身脩道，而更繁刑峻瀍，繕築不止，殆非所以致興隆也。昔文王以百里而興，二世以四海而滅。前車之軌，得失昭然。」

臣若水通曰：人君之有失德，人諫不及，乃有天譴，所以致儆戒也。涼歆嚴刑重役，天垂戒於上，臣進諫於下，而不之悟，卒以亡國殺身。噫，可畏哉。

校記：

〔一〕「禁令」，嘉靖本作「業命」。

〔二〕據資治通鑑晋紀，此事在東晋孝武帝太元十四年，故補「孝」字。

聖學格物通卷之十一

儆戒三

○唐太宗貞觀二年二月，上謂侍臣曰：「人言天子至尊，無所畏憚，朕則不然。上畏皇天之監臨，下憚群臣之瞻仰，兢兢業業，猶恐不合天意，未副人望。」魏徵曰：「此誠致治之要，願陛下慎終如始，則善矣。」

臣若水通曰：唐太宗不敢自恃其尊，而畏天憚臣，可謂能自儆矣。然而愆度敗禮，乃有爲庸人之所不爲，何也？不察天理之正爾。天理不察而外施仁義，徒用智以服人，卒成霸功，尚望其上合天心，下副人望邪？魏徵之徒，初無格君之學，而徒以繩愆補過爲能，其視商周一德之君臣何如也？

○唐太宗貞觀二年四月，突厥頡利可汗請入朝。帝謂侍臣曰：「曏者突厥之彊，

控弦百萬，憑陵中夏，用是驕恣，以失其民。今自請入朝，非困窮肯如是乎？朕聞之，且喜且懼。何則？突厥衰則邊境安矣，故喜。然朕或失道，他日亦將如突厥，能無懼乎？卿等宜不惜苦諫，以輔朕之不逮也。」

臣若水通曰：易曰：「其亡其亡，繫于苞桑。」書曰：「無怠無荒，四夷來王。」言不可不戒也。人主有儆戒之心，固足以進德業而保大位矣。太宗貞觀之初，中國乂安，突厥入朝，乃曰：「朕或失道，他日亦將如突厥。」得而不忘喪，安而不忘危，推是心也，何所不至？然貞觀之美雖庶幾成康，而無學問擴充之道，所以漸不克終也。故儆戒善矣，擴充要焉。

○唐太宗貞觀五年，康國求内附。帝曰：「前代帝王好招來絶域，以求服遠之名，無益於用而靡弊百姓。今康國内附，倘有急難，於義不得不救。師行萬里，豈不疲勞百姓，以取虚名，朕不爲也。」遂不受。魏徵曰：「内外治安，臣不以爲喜，唯喜陛下居安思危爾。」

臣若水通曰：古之明君，治而不忘亂，安而不忘危，所以存儆戒也。太宗因康國來附，深懷勞民之慮而絶之，其亦近是乎。雖然，他或以兵克而郡縣之者，豈今乃悔心之萌乎，抑亦未能充其類也乎？

○唐太宗貞觀十一年三月庚子，上宴洛陽宮西苑，泛積翠池，顧謂侍臣曰：「煬帝作此宮苑，結怨於民，今悉爲我有。正由宇文述、虞世基、裴蘊之徒，内爲諂諛，外蔽聰明故也，可不戒哉？」

臣若水通曰：鑑善不如鑑惡，以其懲戒之心切也。鑑惡之心不切，則其爲善之志不勇矣。故觀其宮室，則思峻雕之戒；觀其臺榭，則思瓊瑶之戒。然而不善者，未之有也。詩曰：「殷鑑不遠，在夏后之世。」其太宗之於煬帝之謂乎。

○唐太宗貞觀十一年，魏徵上疏曰：「且以隋之府庫、倉廩、户口、甲兵之盛考之，今日安得擬倫？然隋以富彊動之而危，我以寡弱静之而安，安危之理，皎然在目。昔隋之未亂也，自謂必無亂；其未亡也，自謂必無亡。故賦役無窮，征伐不息，以至禍將及身，而尚未之寤也。夫鑑形莫如止水，鑑敗莫如亡國。伏願取鑑於隋，去奢從約，親忠遠佞，以當今之無事，行疇昔之恭儉，則盡善盡美，固無得而稱焉。夫取之實難，守之甚易，陛下能得其所難，豈不能保其所易乎？」

臣若水通曰：人之常情，無所懲於前，則亦無所戒於後。故太宗恭儉之心，以懲創於隋亂之初也。漸不克終之咎，以自滿於貞觀之後也。後之人君，又宜鑑戒於斯云。

○唐太宗貞觀十二年，上問侍臣曰：「創業與守成孰難？」房玄齡曰：「草昧之初，與群雄並起，角力而後臣之，創業難矣。」魏徵曰：「自古帝王莫不得之於艱難，失之於安逸，守成難矣。」上曰：「玄齡與吾共取天下，出百死得一生，故知創業之難。徵與吾共安天下，常恐驕奢生於富貴，禍亂生於所忽，故知守成之難。然創業之難既已往矣，守成之難方當與諸公慎之。」

臣若水通曰：創業實難，守成不易，二者一道也。故人主常念創業之難，則思守成之道矣，二者並行而不悖可也。書曰：「慎厥終，惟其始。」願治之君，其留意焉。

○唐太宗貞觀十五年，上謂侍臣曰：「朕有二喜一懼。比年豐稔，長安斗粟直三四錢，一喜也；北虜久服，邊鄙無虞，二喜也。治安則驕侈易生，驕侈則危亡立至，此一懼也。古人儆戒無虞，正以此爾。」

臣若水通曰：堯舜之間，治化極矣，而猶曰儆戒無虞。推而至於無怠無荒，四夷來王，充此念爾。太宗以二喜不忘一懼，得非唐虞儆戒之意乎。然而君臣無精一之學，故徒有一念之善，而不能擴而充之，此所以雖一致貞觀之治，而漸不克終。後之人君有志圖治，而不講於聖學者，又當儆戒於斯焉。

○唐高宗永淳元年七月，監察御史裏行李善感諫曰：「陛下封泰山，告太平，致群瑞，與三皇、五帝比隆矣。數年以來，菽粟不稔，餓殍相望，四夷交侵，兵車歲駕。陛下宜恭默思道，以禳災譴。乃更廣營宮室，勞役不休，天下莫不失望。臣忝備國家耳目，竊以此爲憂也。」

臣若水通曰：記有之：「致中和，天地位焉，萬物育焉。」時和歲豐，民物安阜，然後祥瑞可致。彼高宗宜因荒歉兵侵之災，恐懼脩省可也，而乃封泰山、五嶽，勞民興役，可謂無忌憚者矣。中外以言爲諱者幾二十年，而李善感獨能直諫，人皆有鳳鳴朝陽之稱。而高宗不知悔悟，後世聽言之君，尚鑒之哉。

○唐則天垂拱元年秋九月己巳，雍州言新豐縣東南有山踊出，改新豐爲慶山縣，四方畢稱賀。江陵人俞文俊上書言：「天氣不和而寒暑併，人氣不和而疣贅生，地氣不和而塠阜出。今陛下以女主處陽位，反易剛柔，故地氣塞隔，而山變爲災。陛下謂之慶山，臣以爲非慶也。臣愚以爲宜側身脩德，以答天譴，不然殃禍至矣，可不儆哉。」

臣若水通曰：夫地，陰道也，臣道也，女道也。地而出山，武氏以臣妾主天下，陰陽反易之

徵也。武氏不知儆，所謂利其災矣。舉朝四方不能言，而反賀焉。號爲慶山，所謂矯誣上帝者歟。文俊布衣能言之，一時之臣又寧不厚顔乎？

○唐玄宗開元二年，張廷珪等皆上疏，以爲：「上春秋鼎盛，宜崇經術、邇端士、尚樸素，深以悦鄭聲、好遊獵爲戒。」上雖不能用，咸嘉賞之。

臣若水通曰：天理人欲，不容並立。經術、端士、樸素崇，而鄭聲、遊獵之事遠矣。玄宗即位再期，更置左右教坊以教俗樂，又選樂工，自教法曲於梨園。又選妓女，置宜春院於西内。其溺意於淫聲艷色甚矣。張廷珪等上疏，以爲宜崇經術、邇端士、尚樸素，深以悦鄭聲、好遊獵爲戒，其遏人欲以存天理之意亦切矣。惜乎體認天理之學不講，而徒經術、端士、樸素之崇，無克復之本，至使天理不足以勝人欲，如以一杯水救一車薪之火。晚年霓裳羽衣之好，又益甚焉。吁，可鑒哉。

○唐肅宗至德二載，李泌曰：「建寧、廣平之事，臣所以言之者，非咎既往，乃欲使陛下慎將來爾。昔天后有四子，長曰太子弘，天后方圖稱制，惡其聰明，酖殺之，立次子雍王賢。賢内憂懼，作黄臺瓜辭，冀以感悟天后。天后不聽，賢卒死於黔中。其辭曰：『種瓜黄臺下，瓜熟子離離。一摘使瓜好，再摘使瓜稀。三摘

猶爲可，四摘抱蔓歸。』今陛下已一摘矣，慎勿再摘。」上愕然曰：「安有是哉？卿録是辭，朕當書紳。」對曰：「陛下但識諸心以自儆，何必形於外也？」

臣若水通曰：詩主文而譎諫，言之者無罪，聞之者知所戒。李泌述雍王黄臺瓜辭以告肅宗，而肅宗惕然知戒矣。帝欲書諸紳，泌以不若識諸心，將順其美矣。廣平王之功不危，而良娣之忌譖不行，有以也。夫泌歷事肅代德三朝，皆能言人所不能言，皆藥石也。果能從其言而識之於心，豈非國家之福哉？

○唐憲宗元和七年春三月丙戌，上御延英殿。李吉甫言：「天下已太平，陛下宜爲樂。」李絳曰：「漢文帝時兵〔一〕木無刃，家給人足，賈誼猶以爲厝火積薪之下，不可謂安。今法令所不能制者，河南、北五十餘州。犬戎腥羶，近接涇、隴，烽火屢驚。加之水旱時作，倉廩空虚，此正陛下宵衣旰食之時，豈得謂之太平，遽爲樂哉？」

臣若水通曰：佞臣惟恐君不樂，忠臣惟恐君不憂。樂則肆，肆則慢天忽民而可憂者至矣。憂則敬，敬則畏天卹民而可樂者至矣。觀諸吉甫與絳之言，而忠佞見矣。幸憲宗之明，有以别白之也。嗚呼，後之人君於臣下之言，尚毋喜其徇己而惡其逆己也哉。

○唐宣宗大中七年冬十二月，左補闕趙璘請罷來年元會，止御宣政。上以問宰

相，對曰：「元會大禮，不可罷，況天下無事。」上曰：「近華州奏有賊光火劫下邽，關中少雪，皆朕之憂，何謂無事？雖宣政亦不御也。」

臣若水通曰：鎮撫百姓，燮理陰陽，此宰相事也。賊劫下邽，關中少雪，而宰相以爲無事，可宴樂，是佞臣也。宜以上方劍斷其頭，以示中外。宣宗知其說之非，而以爲憂，亦可謂知所儆戒者矣。惜其不能正佞臣之罪，而旌趙璘之忠，與不知儆戒者同爾。唐之不競，有以也夫。

○後唐明宗長興三年冬十月壬申，大理少卿康澄上書曰：「國家有不足懼者五，有深可畏者六。陰陽不調不足懼，三辰失行不足懼，小人訛言不足懼，山崩川涸不足懼，蟊賊傷稼不足懼。賢人藏匿深可畏，四民〔二〕遷業深可畏，上下相徇深可畏，廉耻道消深可畏，毀譽亂真深可畏，直言蔑聞深可畏。不足懼者，願陛下存而勿論；深可畏者，願陛下脩而靡忒。」優詔獎之。

臣若水通曰：天人，一也。天變之不測，由人事之不順也。人君所懼者天爾，誠知所以懼天變，則知所以脩人事矣。人事脩，則天變消矣。康澄直言人事之不順爲可畏，而曰天變不足懼，冀以勸其君脩人事之實，而不知又啓其君忽天變之心，非所以論天人之理也。

○劉向說苑曰：福者禍之門也，是者非之尊也，治者亂之先也。事無終始，而患

不及者，未之聞也。〔三〕

臣若水通曰：福者禍之伏也，是者非之始也，治者亂之起也。是故君子福而不忘禍，是而不忘非，治而不忘亂，憂勤惕厲之心未嘗一日而少懈也。然不知所謹，則患不旋踵矣。益曰「儆戒無虞」，君天下者可不念歟？

○劉向曰：福生於微，禍生於忽。日夜憂懼，惟恐不足。

臣若水通曰：天人有交勝之理，禍福有倚伏之機。何也？其所由來者漸矣。不知其萌而謹之，則福將日替，而禍將日熾矣，可不畏也？惟能反之於心，而乾乾以終日，則人可勝天，禍可使福。故曰禍福無門，惟人所召。禍福無不自己求之者，惟明主獨觀禍福之原，而謹之於豫可也。

○劉向曰：楚莊王曰：「明主有三懼：一曰處尊位而恐不聞其過，二曰得意而恐驕，三曰聞至言而恐不能行。」

臣若水通曰：益陳儆戒之道，而歸之無怠無荒。蓋處尊位未至於過也，而恐過者存焉；得意未至於驕也，而恐驕者存焉；聞至言未至於不能行也，而恐不能行者存焉。故或須臾儆戒之不存，則是怠荒之所由起也。楚莊王其知儆戒之道乎！人君知此三者，則必觸類知儆而

無怠荒焉，庶乎免矣。

○班固白虎通曰：天所以有災變何？所以譴告人君，覺悟其行，欲令改過脩德，深思慮也。

臣若水通曰：人君之於天，如子之於父母，不可不識父母之心也。天心仁愛人君，人君貴識天心而已。苟能識之，災變雖洊見，而儆戒之心彌篤。如父母怒，不悦而撻之流血，起敬起孝，安有父母之心不可回者乎？子不改，故父之心斯不得而不逐之矣。君不悔過，則上天斯絶之矣，有國者儆之戒之哉。

○韓文〔四〕：韓愈守戒曰：詩曰「大邦維翰」。書曰「以蕃王室」。諸侯之於天子，不惟守土地、奉職貢而已，固將有以翰蕃之也。今人有宅於山者，知猛獸之爲害，則必高其柴椵而外施陷穽以待之。宅於都者，知穿窬之爲盗，則必峻其垣牆而内固扃鑰以防之。此埜人鄙夫之所及，非有過人之智而後能也。今之通都大邑，介於崛强之間，而不知爲之備。噫，亦惑矣！野人鄙夫能之，而王公大人反不能焉，豈材力爲有不足歟？蓋以謂不足爲而不爲爾。天下之禍，莫大於不足爲，材力不足者次之。不足爲者敵至而不知，材力不足者先事於思，則其禍也有

間矣。彼之崛强者，帶甲荷戈，不知其多少，其綿地則千里，而與我壤地相錯，無有丘陵、江河、洞庭、孟門之關，其間又自知其不得與天下齒，朝夕舉踵引頸，冀天下之有事，以乘吾之便。此其暴於猛獸穿窬也甚矣。嗚呼，胡知而不爲之備乎哉？賁育之不戒，童子之不抗；魯鷄之不期，蜀鷄之不支。今夫鹿之於豹，非不巍然大矣，然而卒爲之擒〔五〕者，爪牙之材不同，猛怯之資殊也。曰：然則如之何而備之？曰：在得人。

臣若水通曰：韓愈守戒之言，其知道乎！原患之成而起於無畏，要治之本以歸于得人。夫無畏則肆，肆則不豫，開敵之隙，固其自爲之爾。惟畏則心存，心存則慮審，得人而備，自有不容已焉者。畏之所生也，則又得人者之本也。是故安危之道豈遠乎哉，畏肆之間而已矣。夷狄之馭，崛强之防，天子、諸侯其道一也。古之人安不忘危，治不忘亂，有備故無患也，而況危亂之秋乎？若愈之言，可以爲萬世人君告也。

校記：

〔一〕「兵」下原有「不血」二字，難通。按「兵木無刃」典出漢書東方朔傳，且資治通鑑唐紀録李絳

語亦作「兵木無刃」，故知「不血」二字衍。今刪。

〔二〕「民」，原作「夷」，據嘉靖本改。

〔三〕本條以下，嘉靖本收入卷十二。

〔四〕嘉靖本無「韓文」二字。

〔五〕「擒」，原作「禽」，據嘉靖本改。

聖學格物通卷之十二

儆戒四

○宋徽宗建中靖國元年春正月朔，是夕有赤氣起東北，亘西南，中函白氣。將散，復有黑祲在旁。右正言任伯雨言：「正歲之始，而赤氣起於暮夜之幽。日爲陽，夜爲陰；東南爲陽，西北爲陰；朝廷爲陽，宮禁爲陰；中國爲陽，夷狄爲陰；君子爲陽，小人爲陰。此宮禁陰謀、下干上、夷狄竊發之證也。天心仁愛，以災異爲警戒。願陛下進忠良、絀邪佞、正名分，亟使小人無得生干上之心，則災異可變爲休祥矣。」

臣若水通曰：任伯雨因天變，以君子、小人、宮庭、中國、夷狄，分別陰陽，使徽宗知警。所

以扶陽抑陰，使君子進、小人退，正宫闈以正朝廷，中國治而夷狄可攘矣，何天變之不可弭哉？惜乎徽宗不足以語此，後之人君尚宜鑑諸。

○宋徽宗崇寧五年正月，詔求直言，毁黨人碑，復謫者仕籍。帝以星變避殿損膳。劉逵請碎元祐黨人碑，寬上書邪籍之禁。帝從之，夜半遣黄門至朝堂毁碑。翼日，蔡京見之，厲聲曰：「石可毁，名不可滅也。」尋以太白晝見，命除黨人一切之禁，權罷方田諸法，及諸州歲貢供奉物，詔崇寧以來左降者，無問存殁，稍復其官，盡還諸徙者。

臣若水通曰：徽宗以星變毁黨人碑，而弛其禁，還諸謫徙者，盡復其官，罷新法，停歲貢，可謂應天以實者矣。後之人君，止於避殿減膳，欲以行故事而消天變，不亦難乎！夫天居高聽卑，不容以僞者也，豈可以聲音笑貌爲之哉？

○宋高宗建炎三年六月，大霖雨，詔郎官以上言闕政。中丞張守上疏曰：「陛下處宫室之安，則思二帝、母后穹廬毳幕之居；享膳羞之奉，則思二帝、母后羶肉酪漿之味；服細煖之衣，則思二帝、母后窮邊絶塞之寒苦；操予奪之柄，則思二帝、母后語言動作受制於人；享嬪御之適，則思二帝、母后誰爲之使令；對臣下

之朝，則思二帝、母后誰爲之尊禮。思之又思，兢兢栗栗，聖心不倦，而天不爲之助順者，萬無是理也。今罪己之詔數下，而天未悔禍，實有所未至爾。」

臣若水通曰：大霖雨，陰甚之象也。夷狄犯中國，小人陷君子，臣下蒙君上，皆其應也。高宗不思二帝、母后窮苦，受制于夷，而去邪用賢，以大恢復，事之闕孰有大於此者哉？張守之言，可謂因事儆戒，急先務者矣。

○宋高宗建炎三年六月，大霖雨。詔郎官以上言闕政，罷王安石配享神宗廟庭。時久雨恒陰，呂頤浩、張浚皆謝罪求去。詔郎官以上言闕政，司勳員外郎趙鼎上疏曰：「自熙寧間王安石用事，變祖宗之法而民〔一〕始病。假闢國之謀，造生邊患；興理財之政，窮困民力；設虛無之學，敗壞人才。至崇寧初，蔡京託紹述之名，盡祖安石之政。凡今日之患，始于安石，成於蔡京。今安石猶配享神宗，而京之黨未除，時政之闕，莫大于此。」帝從之，遂罷安石配享。尋下詔以四失罪己：「一曰昧經邦之大畧，二曰昧戡難之遠圖，三曰無綏人之德，四曰失馭臣之柄，仍榜朝堂，使知朕悔過之意。」

臣若水通曰：王安石欺君誤國，幾危社稷宗廟，神宗之罪人也。乃以配享神宗，天地神人

豈可欺邪？其爲此舉者，是又罪人之罪人也。高宗感大雨，遂因趙鼎之言而罷其配享，且有罪己悔過之詔，可謂能畏天之威矣。宋之社稷宗廟不至危亡者，其賴有此乎。故人君不可不常存警戒之心。

○宋寧宗嘉定五年秋八月，雷雨，太廟屋壞。權直學士院真德秀上疏曰：「臣博觀經籍史傳所志，自非甚無道之世，未聞震霆之警及於宗廟者。魯之展氏，人臣爾，己卯之異，春秋猶謹書之。蓋震霆者，上天至怒之威；宗廟者，國家至嚴之地。以至怒之威，而加諸至嚴之地，其爲可畏也明矣。古先哲王遇非常之變異，則必應之以非常之德政，未嘗僅舉故事而已。今日避殿損膳之外，咸無聞焉。或者固已妄議，陛下務爲應天之文，而不究其實矣。臣願陛下内揆之一身，外察諸庶政，勉進君德，毋以豢養安逸爲心，博通下情，深求致異召和之本，庶幾善祥日應，咎徵日消矣。」

臣若水通曰：天人，一氣也。如父母之於子，喘息呼吸無不相通。故人君之於天地，如長子之於父母，一氣相通。天喜亦喜，天怒亦怒。故恐懼之心，每感於上天譴怒之時，豈僞爲之哉？孔子迅雷風烈必變，爲是故也。風霆雷電，天怒之尤彰著者也。而加於太廟，天怒之尤彰

著而切近者也。德秀之言可謂至矣，惜乎未聞寧宗因此而有警悟也。後之人君，當知父母宗子之義，斯可以克謹天戒矣。

○寧宗嘉定十五年，蒙古鐵木真入西域，屠蔑里城，滅回回國，大掠忻都而還。蒙古主遂進次于忻都國鐵門關，侍衛見一獸，鹿形馬尾，綠色而獨角，能爲人言，謂之曰：「汝君宜早回。」蒙古主怪之，以問耶律楚材，對曰：「此獸名角端，解四夷語，是惡殺之象。今大軍征西已四年，蓋上天惡殺，遣之告陛下。願承天心，宥此數國人命，寔無疆之福。」蒙古遂大掠忻都而還。

臣若水通曰：天地之大德曰生，人君之大德曰仁。故人君者，體天地好生之心，以仁天下者也。耶律楚材稱一時之傑，平日不能輔養君德，引君當道以志於仁。及鐵木真屠城滅國，而乃假角端以懼之，尚大掠忻都而還，猶爲用夏變夷乎。

○宋理宗寶祐三年春正月，起居郎牟子才上疏言：「元夜張燈侈靡，娼優下賤，奇技獻笑，媟汙清禁，上累聖德。今震霆示威，願聖明覺悟，天意可回。」帝納其言。

臣若水通曰：人主有所警，則惕厲之心生；無所警，則逸豫之心勝。此天理人欲相勝之

幾，而國家安危治亂之決也。元夕張燈侈靡，奇技雜進快心，人主之逸樂也。牟子才因迅雷進諫，使理宗惕厲之心勝其逸豫之私，由是而遏人欲、存天理，德可成矣。弼正之士，敕天之言，人主可不常聞乎。

〇元成宗大德七年，地震，平陽、太原尤甚。村堡移徙，地裂成渠，壞廬舍萬八百區，人民壓死不可勝計。詔問致災之由，齊履謙言：「地爲陰而主静，妻道、臣道、子道也。三者失其道，則地爲之不寧。弭之之道，大臣當反躬責己，去專制之威，以答天變，不可徒爲祈禳也。」時帝[二]寢疾，宰臣及中宫專政，故履謙言及之。

臣若水通曰：成宗末年，朝廷之政内決于宫闈，外委于權幸。履謙之言天道，人事之對證矣，尚何必他求所以致之之由哉？若夫弭之之道，在獨斷以收中外之柄，以剛制柔，以陽御陰，立君道以應天德，建中和之極，其感應之機，雖位天地、育萬物可也。後之有天下之任者，所當知焉。

〇元仁宗皇慶二年，彗見紫微垣，敕，丞相阿散等以星變乞避位。帝曰：「此朕之愆，豈卿等所致？其復乃職。苟政有過差，勿憚于改，而凡可以安百姓者，當悉言之。」因赦免各路差税有差。

臣若水通曰：宰相輔人君，論道經邦，燮理陰陽。陰陽不和，星象垂變，君相之責也。彗見紫微垣，所以示譴於君相，切近災者也。丞相阿散引咎避位，仁宗負愆大赦，可謂克謹天戒，克有常憲者矣。不意元以夷狄之俗，其君臣之交儆有如此者。後之堂堂中國遇災異，爲宰相者恬然不求策免，爲人君者以文應天，晏然不知責己，獨不愧於斯人哉？

○宋儒張載西銘曰：不愧屋漏爲無忝，存心養性爲匪懈。

臣若水通曰：不愧、匪懈，君子終日乾乾之心，所以存心養性也。故君子之學，存儆戒之心，隨處體認，是之謂不懈。不懈則不愧，而心性以存，而無忝所生矣。無忝所生，則事天之功至矣。體乾父坤母之所生而全歸者，其在於學乎。此又爲大君宗子所宜致力焉者也。

○程頤代作應詔上神宗書云：人君因億兆以爲尊，其撫之治之之道，當盡其至誠惻怛之心，視之如傷，動敢不慎？兢兢然惟恐一政之不順於天，一事之不合於理，如此王者之公心也。若乃恃所據之勢，肆求欲之心，以嚴法令、舉條綱爲可喜，以富國家、强兵甲爲自得，鋭於作爲，快於自任，貪惑至於如此，迷錯豈能自知。若是者，以天下狥其私欲者也。勤身勞力適足以致負敗，夙興夜寐適足以招後悔，以是而致善治者，未之聞也。顧陛下内省於心，有近於是者乎？

臣若水通曰：程頤此言儆戒之意備矣。惜乎神宗溺心於功利而不知省，使天祚宋，唯其言而從之，兢兢業業，自持吾見，萬姓咸和，庶物咸若，可致之祥將至矣。

○程顥曰：聖人在上，無雹。雖有不爲災。

臣若水通曰：雹者，陰陽相搏，不和之氣也。聖人極中和之至也，故無之。雖有之，不爲災，是反災爲祥也。聖人，即天也。蔡沈曰：「一成于數，天地不能易，能易之者人也。」易曰：「君子以恐懼脩省。」君人者，其毋自荒于佚樂也哉。

○問：「春秋書日食如何？」程頤曰：「日食有定數，聖人必書者。蓋欲人君因此恐懼脩省，如治世而有天變則不能爲災，亂世則爲災矣。人氣血盛，雖遇寒暑邪穢，不能爲害，其氣血衰則爲害必矣。」

臣若水通曰：日蝕雖有定數，然亦有當蝕不蝕者矣。人君之於天，一體者也，如子之於父母者也。豈有父母有變，而子不動心者乎？豈有大變而人君不恤者乎？春秋書之，明天人感應之理也，明人君事天之道也。

○胡安國曰：克謹天戒，則雖有其象而無其應。弗克畏天災，咎之來必矣。

臣若水通曰：災害之成否，係於人君之一心爾。有反身脩德之誠，則變災爲祥；怠荒弗

悛，則咎禍必至。故曰：禍福無不自己求之者，可不戒哉。

○張載曰：富貴福澤，將厚吾之生也。貧賤憂戚，庸玉汝於成也。

臣若水通曰：儆戒之道二，順與逆而已矣。何謂順？富貴福澤是也，所以奉順於我，厚吾爲善之資也。何爲逆？貧賤憂戚是也，所以拂亂於我，而增益其所不能也。然而富貴福澤之爲儆也，順而難；貧賤憂戚之爲儆也，逆而易。君子之學，體認天理，故能見大，見大則心泰，而富貴貧賤處之一矣。人君處崇高富貴之位，當從事於斯焉。

○楊時述曾文昭公率彭汝礪上疏曰：天菑方作，民食未充，正君臣側身畏懼，憂恤百姓之時，乃相與飲食燕樂，恐無以消復天變，導迎和氣。

臣若水通曰：於此可以覘知宋室之不競矣。唐虞君臣相爲儆戒，宋之時何時哉？天災時見於上，民食大屈於下，脩德以弭患，猶恐其不及也，而乃君臣飲食燕樂，玩之若罔聞知焉，可以爲國乎？後之人君大臣，不可不鑒戒於斯也。

○張栻曰：紹興六年六月，臨安地震。王司諫縉言：「地震駐蹕之所，豈非天心仁愛，著陰盛之戒邪？女子、小人、夷狄、盜賊，皆陰類也。女子、小人則遠之，夷狄、盜賊則備之。恐懼祗畏，以應天心，此先哲王所以中興也。」

臣若水通曰：王縉地震之疏，最爲明白痛切。爲君者聞之，亦可以儆矣。而若罔聞知，至陰類長勝，坤德不寧，小人誤國，是夷狄侵中華，遂於危亡而不可救矣，悲夫！

○張栻曰：人主不可以蒼蒼者便爲天，當求諸視聽言動之間，一念纔是，便是上帝鑒觀。上帝臨汝，簡在帝心。一念纔不是，便是上帝震怒。

臣若水通曰：記云：「人者，天地之心也。」是人即天心也，心即天也。故知天之天者荒，知心之天者王。唯人主知心之天焉，則無往而不知儆，而善心生矣。善心生，則治道成，而天下可保矣。是故人主莫大於自儆。

○國朝洪武元年，太祖高皇帝謂侍臣曰：「朕念創業之艱難，日不暇食，夜不安寢。」侍臣對曰：「陛下日覽萬機，未免有勞聖慮。」上曰：「汝曹不知創業之初，其功實難；守成之後，其事尤難。朕安敢懷宴安而忘艱難哉。」

臣若水通曰：人心之警恒生於所勉，而怠恒生於所忽。故詩曰：「靡不有初，鮮克有終。」其所忽也。夫惟我太祖高皇帝用夏變夷，撥亂反正，雖當四海咸寧之日，而每懷宴安之懼，亦古人安不忘危之意也。聖子神孫得以享悠久之治者，孰非太祖一念憂勤之所致歟。伏惟皇上以祖宗爲法，則帝業萬世無疆矣。

○甲辰三月，江西行省以陳友諒鏤金牀進。太祖皇帝觀之，謂侍臣曰：「此與孟昶七寶溺器何異？以一牀工巧若此，其餘可知。陳氏父子窮奢極靡，焉得不亡。」即命毁之。侍臣曰：「未富而驕，未貴而侈，此所以取敗。」太祖曰：「既富豈可驕乎？既貴豈可侈乎？人有驕侈之心，雖富貴豈能保乎？處富貴者，正當抑奢侈、弘儉約，戒嗜欲，以厭衆心，況窮天下之技巧以爲一己之奉乎？其致亡也宜矣。然此亦足以示戒，覆車之轍，不可蹈也。」

臣若水通曰：驕侈之心，縱欲之萌，危亡之道也。大夫而驕侈，則失其家；諸侯而驕侈，則失其國；天子而驕侈，則失其天下。不可不防之於其始也。我太祖高皇帝因陳氏鏤金之牀，而有驕侈覆轍之戒，蓋有以先見其幾矣。其聰明睿智，豈不高出於千古帝王之上也哉。伏惟聖明念太祖之言，而存儆之意，則社稷大幸。

○洪武十年九月，上謂侍臣曰：「前代庸君暗主，莫不以垂拱無爲藉口，縱恣荒寧，不親政事。殊不知治天下者無逸然後可逸。若以荒寧怠政爲垂拱無爲，帝舜何爲曰耄期倦于勤？大禹何以惜寸陰？文王何以日昃不食？且人君日理萬幾，怠心一生則庶政壅滯，貽患不可勝言。朕即位有年，常以勤勵自勉，達旦即

臨朝，晡時而還宫，夜卧不能安席，披衣而起，或仰觀天象，見一星失次即爲憂惕。或量度民事，有當速行者即次第筆記，待旦發遣。朕非不欲暫安，但祗畏天命，不敢故爾。朕言及此者，但恐群臣以天下無事，便欲逸樂，股肱既惰，元首叢脞，民何所賴。書云：『功崇惟志，業廣惟勤。』爾群臣但能以此爲勉，朕無憂矣。」群臣皆頓首受命。

臣若水通曰：語有之：「燕安鴆毒。」夫燕安，若小事也，而比之鴆毒焉。孟子曰：「生於憂患而死於安樂。」二者之間，生死以之，可不戒哉。太祖皇帝憂勤一念，終始如一。其所以拳拳戒告於群臣者如此，真有以契乎周公無逸之戒矣。臣願聖明以皇祖爲法，終日乾乾，不自暇逸，則萬世社稷之福矣。

○國朝孝慈皇后曰：陛下一念救民之心格于皇天，天命眷之，祖宗佑之。妾何力之有，但願陛下不忘於窮約之時，而儆戒於治安之日。妾亦不忘相從於患難，而謹飭於朝夕。則天地祖宗非惟庇佑於今日，將爲子孫無窮之福。

臣若水通曰：易曰：「危者安其位者也，亡者保其存者也，亂者有其治者也。」自古人君安富尊榮而不知戒，其能免於亂亡者，能幾何哉？是故君子有儆戒之道也。觀我孝慈太皇后之

言，則所以大成内助之功，而培養無疆之業者，端不出於此矣。詩云「子興視夜，明星有爛」，太后以之。宜謹書之，以爲萬世母儀天下者之龜鑑也。

○洪武丁亥，皇上御東閣，御史中丞章溢、學士陶安等侍，因論前代興亡之事。上曰：「喪亂之源，由於驕逸。大抵居高位者易驕，處逸樂者易侈。驕則善言不入而過不聞，侈則善道不立而行不顧。如此者未有不亡。今日聞卿等論此，深有儆於予心。古者今之鑑，豈不信歟。」

臣若水通曰：伏覩皇祖與侍臣論前代興亡之故，即大學「忠信以得之，驕泰以失之」之旨也。道之得失，則天命人心之得失繫焉。人君苟心存天理，主於忠信，以實心行實政，則有安富尊榮之福，此兢惕之所以興也。心苟累於人欲，日〔三〕以驕泰，則生於心，害於政，而有亂亡傾覆之禍。此驕侈之所以亡也。聖子神孫體皇祖之心而監其所監，則可以祈天永命於無窮矣。

○洪武二十八年十一月癸亥，侍臣進講尚書無逸篇。皇祖曰：「自昔有國家者，未有不以勤而興，以逸而廢。勤與逸，理亂盛衰攸係也。人君當常存惕厲，不可少怠，以圖其終。成王之時，天下晏然，周公輔政，乃作是書，反覆開諭，上自天命之精微，下至生民稼穡之艱難，以及閭里小民之怨詛，莫不具載。周公之愛

當令儒臣書于殿壁，朝夕省閱，以爲鑒戒。今日講此，深惟朕心，聞之愈警惕。」

君，先事而慮，其意深矣。朕每讀是篇，必反覆詳味，求古人之用心。

臣若水通曰：無逸一書，周公蓋自其繼日待旦、憂勤惕厲之心發之也。有是心，則天理著見；失是心，則人欲横流。天理著見，則天命歸焉；人欲横流，則人心叛焉。此興亡之所由決也。皇祖開國立極之餘，因進講無逸之書，探周公之心，深體警戒之義，甚盛心也。聖子神孫監于成憲，每於進講之時深存警惕，開心論難，一如聖祖之規，則啓心沃心之學可致，而日不知其盛德大業之成矣。

校記：

〔一〕「民」，原作「氏」，據嘉靖本改。

〔二〕「帝」，原作「常」，據嘉靖本改。

〔三〕「日」，原作「目」，據嘉靖本改。

聖學格物通卷之十三

敬天上

○易益六二：王用享于帝，吉。

臣若水通曰：六二以虛中受益。虛者誠也，祭祀以誠爲享。王者之享帝，萬物本乎天也，所以報本也。虛中則齊一，齊一則誠，誠至則格矣。黍稷非馨，明德惟馨，吉孰大焉。故曰：惟聖人爲能享帝。

○復象曰：雷在地中，復。先王以至日閉關，商旅不行，后不省方。

臣若水通曰：雷在地中，一陽始復之時，生生之機，萬化之本也。弗靜則弗養，弗養則弗固。先王順天道者也，閉關於冬至之日，使商旅不行，后不巡狩也。夫天人一氣也，禁乎人而安靜以養乎天也。養則固，固則生物勃然矣。仁者，天地生物之心，於人則爲陽也。人君致養

於始發，則發之沛然及於四海矣。所以贊化育而配天者也，敬天其至矣。

○書虞書堯典：乃命羲和，欽若昊天。曆象日月星辰，敬授人時。

臣若水通曰：此乃史臣記帝堯敬天勤民之政也。羲氏、和氏主曆象，授時之官也。若，順也。昊天，廣大之天。曆是紀數之書，象是觀天之器，如璣衡之屬是也。日，陽精，一日而繞地一周。月，陰精，一月而與日一會。星者，二十八宿衆星爲經，金木水火土五星爲緯，皆是也。辰，以日月所會分周天之度爲十二次也。人時，謂耕穫之候，凡民事早晚之所關也。夫在天成象，在人爲時。天象各有常度，四時各有常運，不得乖違。人君代天理民者也，非敬則不能順天度以曆象，不順即不敬也。不敬順乎天以曆象，故陰陽不序，而寒暑反易，安能定四時以敬授乎民，使知耕穫之候、人事之序乎？此堯放勳之治首汲汲於此。故聖人先天而天弗違，後天而奉天時，始終一敬爾。爲人君者，奉天理民，可不敬乎！

○舜典：肆類于上帝，禋于六宗，望于山川，偏于群神。

臣若水通曰：此乃帝舜於受終觀象之後，即祭祀上下神祇，所以致誠敬也。肆，遂也。類、禋、望，皆祭名。非常祀而祭告於天，其禮依郊祀爲之，故曰類。上帝，天神也。禋，精意以享之謂。宗，尊也。所尊祭者，其祀有六，謂祭時、祭寒暑、祭日、祭月、祭星、祭水旱是也。山川，名山大川、五嶽四瀆之屬，望而祭之，故曰望。偏，周偏也。群神，謂丘陵墳衍、古昔聖

賢之類是也。人君爲天地百神之主，故舜於受終觀象之後，即祭祀上下神祇，乃攝位之始事也。類禋望徧，其爲祭之名不同，而所以感格之者不越乎此心之誠敬而已。人君祭天地百神，可不致其誠敬乎？

○詩大雅板：敬天之怒，無敢戲豫。敬天之渝，無敢馳驅。昊天曰明，及爾出王。昊天曰旦，及爾游衍。

臣若水通曰：序以此爲凡伯刺厲王之詩。渝，變也。王，往也，言出而有所往也。旦，亦明也。「及爾出王」，言無所往而不與天俱也。「及爾游衍」，言無一游息而不與天俱也。程顥曰：「天人一也，更不分別。」故人性情形體皆天也，喘息呼吸皆天也，飲食起居、命討典禮皆天也。故此詩語敬天曰「昊天曰明，及爾出王」、「昊天曰旦，及爾游衍」，豈人之外別有所謂天者哉。曰「及爾出王」、「游衍」，則我之出王、游衍者，皆天之所爲也。天與人，其氣一也，其心一也，其理一也。苟動靜食息，心有不敬焉，是不敬天矣。人而至於不敬天，是得罪於天也，可不畏哉？

○周頌：敬之敬之，天維顯思，命不易哉。無曰高高在上，陟降厥士，日監在兹。

臣若水通曰：此成王受群臣之戒，而述其戒之之辭。蓋群臣之意，欲王持敬以保天命也。敬者主一之謂，中庸所謂戒慎恐懼也，即天理也。言天理至爲顯著，人君當敬之以顧諟天之明

命也。思，語辭也。不易，言難保也。士，事也。存天理，則天命眷之；失天理，則天命去之。其去就予奪之幾無常，而難保也。是以人君與天其勢雖若懸絶，然事之隱顯、大細、遠邇，天無不陟降而日監視之，人君當無一念而不敬，以合乎天理，則天命歸之矣。然則吾心即天也，有天下者，烏可謂天爲高遠，忽而不敬乎？於戲，天人一理也。伏惟聖明凝神於斯，則敬立而天命自永矣。

〇春秋隱公三年：春，王二月，己巳，日有食之。

臣若水通曰：胡安國曰：「經書日食三十六。行有常度，然每食必書，示後世遇災而懼之意也。」臣謂日者衆陽之宗，人君之象也。食則以陰乘陽，君德蒙蔽之象，故書之將以警懼乎君也。爲人君者，果能欽若昊天，用慎厥身，凡權臣之竊柄、内寵之扇惑、陰崖寒谷之隱情，不得聞於上者，悉旁燭無疆，則更化善治，萬邦惟慶，亦猶日之晦而復明也。故曰：君子之過如日月之食焉，其更也人皆仰之。

〇莊公十一年：秋，宋大水。

臣若水通曰：左傳：「秋，宋大水，公使弔焉，曰：『天作淫雨，害於粢盛，若之何不弔？』對曰：『孤實不敬，天降之災。又以爲君憂，拜命之辱。』臧文仲曰：『宋其興乎！禹、湯罪己，其興也勃焉。桀、紂罪人，其亡也忽焉。且列國有凶稱孤，禮也。言懼而名禮，其庶乎。』既而

聞之曰公子御説之辭也。臧孫達曰：『是宜爲君，有恤民之心。』」臣謂萬物本乎天地，人君者天地人物之宗也。敬天者，人君之所以事天也。宋公感淫雨之變，以不能敬事天地爲罪，引咎責躬，其亦可謂賢矣。

○文公十五年：齊侯侵我西鄙，遂伐曹，入其郛。

臣若水通曰：左傳：「齊侯侵我西鄙，謂諸侯不能救也，遂伐曹，入其郛，討其來朝魯也。季文子曰：『齊侯其不免乎！己則無禮，而討於有禮者，曰：「女何故行禮？」禮以順天，天之道也。己則反天，而又以討人，難以免矣。詩曰：「胡不相畏，不畏于天。」君子之不虐幼賤，畏于天也。在周頌曰：「畏天之威，于時保之。」不畏于天，將何能保？以亂取國，奉禮以守，猶懼不終。多行無禮，弗能在矣。』」臣謂天者，理而已矣。大之字小，小之事大，順天之所爲理而已矣。故湯事葛、文王事昆夷。齊魯，隣國也，懿公不能脩殷聘世朝之禮，又怒曹而伐之，是棄天、褻天矣。棄天，我之罪也；褻天，亦我之罪也。不棄不褻，而畏天樂天，固保國保天下者之責也。

○成公五年：梁山崩。

臣若水通曰：梁山者，韓國之鎮，天下之具瞻也。崩者，紀綱淪替、法度廢弛之象。匪天之警乎一國也，將以警乎天下也。天將以警乎天下，御天下者因之而自警，若成湯六事自責，高宗克正厥事，宣王側身脩行，使三綱不至於淪，九法不至於斁，則梁山之崩，不能爲國家之災

矣。當時君臣無畏天之心，不知出此，惜乎。

○禮記月令曰：「日長至，陰陽爭，死生分。君子齊戒，處必掩身。毋躁，止聲色，毋或進，薄滋味，毋致和，節嗜欲，定心氣，百官靜，事無刑，以定晏陰之所成。」又曰：「日短至，陰陽爭，諸生蕩。君子齊戒，處必掩身。身欲寧，去聲色，禁嗜欲，安形性，事欲靜，以待陰陽之所定。」

臣若水通曰：「靜，事無刑」者，不以陰助陰也。定，猶順也。夫天人一也。人之氣，天之氣也。故陰陽消長之際，君子必謹於身。謹於身，所以事天也。吾身即天也。仲夏日長極矣，陽盡午中，陰眇重淵，故爭焉，於是乎陽死而陰生矣。是以君子齊戒，有五事焉。所以調陽躁而備陰疾也。仲冬日短極矣，陰往而陽來之交也，故爭焉，於是乎萬物之生機動矣。是以君子齊戒，有五事焉。易所謂「先王以至日閉關」，養微陽也。文言曰「後天而奉天時」，此之謂也。

○郊特牲曰：「器用陶匏，以象天地之性也。」又曰：「祭之日，王被衮以象天。」

臣若水通曰：人君事天，莫大乎郊。是故聖人之制郊也，有質以示內心之敬，有文以示外心之勤。器用陶匏以象天地之性者，所以尚質也。祭之日被衮以象天者，所以尚文也。聖人之心，一而已矣，何有內外之別？蓋質以示內，天之性也；文以示外，天之象也，其實一也。故事天者，

因丘以壇，掃地以位，藁秸以席，素車以乘，皆以廣内心之質也。鎮圭以執，繅籍以采，旂龍以章，黄鍾以鈞，皆以廣外心之文也。故曰：事天者，内外合一，情文兼備，然後敬天之事畢矣。

○玉藻曰：若有疾風、迅雷、甚雨，則必變。雖夜必興，衣服冠而坐。

臣若水通曰：君子之事天，如子之事父母。父母怒而不畏者，非孝子也。天怒而不畏者，非仁人也。故疾風、迅雷、甚雨者，天之怒也。晝則必變其容貌，夜則必興，而衣冠所以致敬也。昔者舜於大麓，烈風雷雨弗迷，孔子於迅雷風烈必變，以其敬心存也。後之人君欲事天者，必以存心爲本。

○祭法：燔柴加牲玉于上，欲氣通于天。於泰壇，即圓丘。祭天也；瘞埋於埋牲幣也。太圻，即方丘。祭地也。用騂犢。句。埋少牢羊、豕。於太昭，壇名。祭時也；相近當作祈禳。於坎壇，祭寒暑也；王宫，壇名。祭日也；夜明，祭月之坎。祭月也；幽宗，星之隱也。祭星也；雩宗，求雨之處。祭水旱也；四坎壇，祭四方也。山林、川谷、丘陵，能出雲，爲風雨，見怪物，皆曰神。有天下者祭百神，諸侯在其地則祭之。

臣若水通曰：祭法此言祭天地、六宗、山川群神之禮，敬天之道也。何以爲敬天也？凡地之所載皆天也。是故祭天而燔，尚升，陽也；祭地而瘞，尚降，陰也。然而天地之祀正矣。四

時不忒，則于太昭；寒暑不時，則于坎壇；王者，日之象也，祭日于王宫；夜明，月之坎也，祭月于夜明；幽宗之隱，以祭星也；雩宗之禱，以祭水旱也。然而六宗之祀正矣。祭四方則于坎壇，以至山林、川谷、丘陵，所謂百神者，天子皆得祭之。諸侯在其地則祭之。然而山川、群神之祀正矣。若此者皆天也，氣之所貫，無一而非天也。敬也者，通乎天地而無不貫者也。是故敬則誠，誠則郊而天神格，廟而人鬼享，而敬天之事盡矣。伏惟聖明爲天地神人之主，惟聖敬日躋以盡事天之道，則保佑命之自天，申之於無疆矣。

○祭義：唯聖人爲能饗帝。

臣若水通曰：饗帝，謂祭天也。天人，一理也。聖人之誠，純亦不已，與天一也。與天一故不違，不違故感之而能應。記曰「祭則受福」，又曰「郊則天神格」，匪夫神之格也，精誠之極也。後之人君欲事天者，可不素養其誠敬乎？

○孔子閒居：天無私覆，地無私載，日月無私照。奉斯三者以勞天下，此之謂三無私。

臣若水通曰：易曰「大人者，與天地合其德，與日月合其明」，言其公也。聖人公天下之心，故與之合。是故三王之治天下者，亦惟奉若天道而已。蓋以其至公無私之心，發而爲兼臨溥照之德，而萬物得所。故三光全、寒暑時、天地位、萬物育矣。後之有志于三王之治者，盍于兹乎法焉。

○表記：子言之：「昔三代明王，皆事天地之神明，無非卜筮之用，不敢以其私褻事上帝。」

臣若水通曰：人君無時而非事天也，郊社祭祀，特其事之顯著者爾。是故三王之祀天地，其心足以有享矣，而猶不敢不卜日焉。言無一而不禀之於天地神明，而不敢以己私主之也，不敢褻也。不敢也者〔一〕，敬天之至也。雖然，後之人君之於天，匪徒卜日之爲敬也，當無時而不敬，則無時而非事天，然後謂之敬天焉。

○表記曰：天子親耕，粢盛秬鬯，以事上帝。

臣若水通曰：粢盛，謂黍稷也。秬者，一稃二米，和氣所生者。鬯，鬱金香草。以秬鬯作酒以祭也。以天子之尊，耕非無人也，而必親耕者，以力養也。夫天子者，天之宗子也。天子之事天，猶子之養父母也。舜曰：「我竭力耕田以養父母。」知人子以力養親之道，則知天子親耕之義，乃敬天之至者也。惟聖明其留神焉。

○周禮地官：救日月，則詔王鼓。

臣若水通曰：日月，天之精也。天人一體，欣戚相通者也。日月薄蝕，天之大變，如痛之切身。人君於此，能不動心乎？故詔告之者，欲其恐懼脩省。親伐鼓以救之，所以致敬於天也。

○孟子曰：以大事小者，樂天者也；以小事大者，畏天者也。樂天者保天下，畏天者保其國。

臣若水通曰：天者，理而已矣。大事小，小事大，皆天之所爲，乃天理也。仁智之樂天、畏天，雖有保國、保天下之殊，然而一於敬天矣。詩曰：「敬天之怒，無敢戲豫。敬天之渝，無敢馳驅。」此爲人君者所宜三復以養之於素也。

○左傳僖公三十一年：夏四月，四卜郊，不從，乃免牲，非禮也。猶三望，亦非禮也。禮不卜常祀，而卜其牲、日。牛卜日曰牲，牲成而卜郊，上怠慢也。望，郊之細也。不郊，亦無望可也。

臣若水通曰：四卜，凡四卜也。不從，不吉也。免牲，不郊也。望，謂祭山川也。魯之郊也，其非禮矣，牲成而卜郊，又非禮也。四卜不從，而後止之，又非禮也。不郊而猶三望，又非禮也。是之謂瀆，故瀆禮斯瀆天矣。宜春秋書之以爲人君事天之戒也。

校記：

〔一〕此句下原有「不敢也」三字，應爲衍文，今删。

聖學格物通卷之十四

敬天下

〇漢明帝永平三年秋八月壬申晦，日有食之。詔曰：「昔楚莊無災，以致戒懼；魯哀禍大，天不降譴。今天之動變，儻尚可救。有司勉思厥職，以匡無德。」

臣若水通曰：人恒生於憂患，死於安樂。何也？蓋憂患則敬心生，安樂則怠心生，此死生之辨也。故國有天變之譴，必惕然思敬矣。明帝日食之詔，其知道乎。後之君天下者，幸無忘事天之敬焉。

〇明帝永平八年冬十月壬寅晦，日有食之。既詔群司，勉脩職事，極言無諱。於是在位者皆上封事，各言得失。帝覽章，深自引咎，以所上班示百官。詔曰：

「群僚所言，皆朕之過。民究不能理，吏黠不能禁，而輕用民力，繕脩宫宇，出入無節，喜怒過差。永覽前戒，竦然兢懼。徒恐薄德，久而致怠爾。」

臣若水通曰：明帝因日食求言，反己自責，又恐久而致怠。孔子曰「學如不及，猶恐失之」，明帝有焉，可謂能敬天者矣。永平之政，爲東都首稱，謂不本於是乎。吁，後之人主遇日食，則諉曰：天之常數也，天不可知也。謂之敬天，可乎？

〇晋穆帝永和十二年夏四月，長安大風，發屋拔木。秦宫中驚擾，或稱賊至，宫門晝閉，五日乃止。秦主生推告賊者，刳出其心。左光禄大夫强平諫曰：「天降災異，陛下當愛民事神，緩刑崇德以應之，乃可弭也。」

臣若水通曰：大風拔木，天惡秦主生之暴也。于此恐懼脩省，猶懼弗勝，矧可益加毒虐也邪？然而生遭非刑，死獲惡謚，豈不宜哉？

〇晋穆帝升平二年九月，秦大旱。秦王堅減膳徹樂，命后妃以下悉去羅紈，開山澤之利，公私共之，息兵養民，旱不爲災。

臣若水通曰：苻堅何人也，遇大旱猶能敬天憂民，而旱不爲災，而况天下英明之主，不爲苻堅者乎？

○齊武帝永明元年二月，有司以天文失度請禳之，上曰：「應天以實不以文，我克己求治，思隆惠政。若災眚在我，禳之何益？」

臣若水通曰：語云「獲罪於天，無所禱也」。孔子曰：「丘之禱久矣。」故天文失度，非禳可免者，一時有司皆鄙夫也。武帝克己隆政以應天，其庶幾乎。

○隋文帝開皇九年，朝野皆稱封禪。秋七月丙午，詔曰：「豈可以薄德而封名山，用虚言而干上帝。非朕攸聞，而今而後言及封禪，宜即禁絶。」

臣若水通曰：封禪者，其昉於秦之侈心乎！聖王致中和、位天地、育萬物，功德莫大焉，未聞有封禪之事也。内以自欺，外以欺人，下以欺山川，上以欺天。書曰「矯誣上帝」，此之謂也。至有爲天書符命、以亂天下，皆充此心而已。觀隋文帝却群臣之言，其亦賢矣哉。

○唐高祖武德九年十二月，前幽州記室、直中書省張蘊古上大寶箴，其畧曰：「聖人受命，拯溺亨屯。故以一人治天下，不以天下奉一人。」

臣若水通曰：書云：「惟天惠民，惟辟奉天。」故人君之道，在體天之心而已矣。能體天心，則以一人治天下，而所以富壽安逸之者無不至矣。是之謂事天，是之謂仁人，是之謂天之孝子。爲人君者，可不務乎？

○唐宣宗大中元年二月癸未，上以旱故，減膳徹樂，出宮女，縱鷹隼，止營繕，命中書侍郎、同平章事盧商，與御史中丞封敖，疏理京城繫囚。大理卿馬植奏稱：「盧商等務行寬宥，凡抵極法，一切免死。彼官典犯贓及故殺人，平日大赦所不免，今因疏理而原之，使貪吏無所懲畏，死者銜冤無告。恐非所以消旱災、致和氣也。昔周饑，克殷而年豐；衛旱，討邢而雨降。是則誅罪戮姦，式合天意，雪冤決滯，乃副聖心也。乞再加裁定。」詔兩省五品以上議之。

臣若水通曰：人君奉若天道，春生秋殺，仁育義正，行天之理而已矣。馬植所言，欲誅罪戮姦，雪冤決滯，庶乎合天心矣。宣宗尚何疑議之也哉？

○後梁均王龍德元年秋七月，吳徐溫勸吳王祀南郊。或曰：「禮樂未備，且唐祀南郊，其費巨萬金，未能辦也。」溫曰：「安有王者而不事天乎？吾聞事天貴誠，多費何爲？唐每郊祀，啓南門，灌其樞，用脂百斛，此乃季世奢泰之弊，又安足法乎？」

臣若水通曰：饗帝貴誠。苟誠矣，雖二簋可也。徐溫庶乎知先王制禮之意矣。外此而惟求侈泰之務焉，是褻天矣，可謂之能事天乎？

○後漢隱帝乾佑三年閏五月，宫中數有怪。癸巳，大風發屋拔木，吹擲門扉起十餘步而落，震死者六七人，水深平地尺餘。帝召司天監趙延乂，問以禳祈之術。對曰：「臣之業在天文時日，禳祈非所習也。然王者欲弭災異，莫如脩德。」延乂歸，帝遣中使問如何爲脩德。延乂對：「請讀貞觀政要而灋之。」

臣若水通曰：延乂所謂「弭災莫如脩德」，是矣，而謂「請讀貞觀政要而灋之」，恐非弭災之急務也。蓋脩德莫先於誠敬，使延乂能知先王敬德祈天之學，由一心以達之政事之間，無往而不敬焉，則事天之道盡而天意可回矣。惜乎延乂不足以及此。

○賈誼新書曰：晉文公出畋，前驅還白：「前有大蛇，高若堤，横道而處。」文公曰：「還車而歸。」其御曰：「請以從吾者攻之。」文公曰：「我有失行，而天招以戒。我若攻之，是逆天命也。」乃歸，齋宿而請於廟。

臣若水通曰：招，作昭，言天明示以戒也。文公出畋，人欲也。因大蛇而知天之戒，則天理矣，是之謂敬天。故五罪陳，蛇魚爛，而成霸業，天人之際如此夫。

○劉向説苑：齊桓公問管仲曰：「王者何貴？」曰：「貴天。」桓公仰而視天。管仲曰：「所謂天者，非蒼蒼莽莽之天也。君人者以百姓爲天。百姓與之則安，輔

之則强，非之則危，背之則亡。詩云：『人而無良，相怨一方。』」

臣若水通曰：皋陶云：「天聰明自我民聰明，天明畏自我民明威。達于上下，敬哉有土。」故善觀天者，觀諸民心而已矣。管仲之言，誠不誣也。古有畏民之君，是以無可畏之民。君人者，顧諟天之明命，則動罔非天。一念之微，惠及天下，則上天之所謂聰明、明威，不必求之民心，而在吾之心矣。

○班固白虎通曰：冬至，所以休兵、不舉事、閉關、商旅不行何？此日陽氣微弱，王者承天理物，故率天下静，不復行役，扶助微氣，成萬物也。

臣若水通曰：人之喘息呼吸通乎天。人之氣，即天之氣也。冬至不動兵、不舉事、禁商旅，所以養微陽也，敬天之至也。然則後世事日多，欲日熾，得無損天地之氣乎？

○宋欽宗靖康元年六月，天狗星隕，彗出紫微垣，長數丈，北拂帝座，掃文昌。大臣有謂此乃夷狄將衰，非中國憂也。提舉醴泉觀譚世勣面奏：「垂象可畏。當脩德以應天，不宜惑其諛説。」詔除民間疾苦十七事。

臣若水通曰：天民一理，而德者所以感格天人上下之幾也。故敬天之實在恤民，恤民之要在脩德。譚世勣之告欽宗以敬天之道，而欽宗能除民間疾苦之事，可謂得敬天之實矣。惜

平脩德之學猶未之聞，是以一時恤民之政雖行，而不知脩德以爲之本爾。書言「咸和萬民在於疾敬德」，豈虛語哉。後之人君，欲敬天勤民，則盍反其本矣。

○宋孝宗乾道七年正月，帝作敬天圖。帝謂輔臣曰：「無逸一篇，享國長久，皆本於寅畏。朕近日取尚書所載敬天事，編爲兩圖，朝夕觀覽，以自警省，名曰敬天圖。」虞允文對云：「惟陛下盡躬行之實，敬畏不已，必有明效大驗。」帝深然之。

臣若水通曰：記曰：「人者天地之心。」人即天也。人君能自敬，即敬天矣，豈求之外邪？天固在我，敬又何形可圖？求之於外，而惟形是圖，此孝宗之所以不競也。虞允文躬行敬畏之言，庶乎知本矣。帝雖然之，果能行之乎？後之人君欲敬天者，當如成湯顧諟天之明命而後可。

○宋儒伊川程頤治平二年應詔上英宗皇帝書曰：臣聞水旱之沴，由陰陽之不和；陰陽不和，繫政事之所致。是以自昔明王或遇災變，則必警懼以省躬之過，思政之闕，廣延衆論，求所以當天心、致和氣，故能消弭變異，長保隆平。

臣若水通曰：語有之：「人定者勝天。」故能易天之成數者人也。堯有九年之水，湯有七年之旱，豈德政有缺，是或常數，而終不能爲災者，堯湯之德政有以勝之也。商王中宗有桑穀

之祥，高宗有雊雉之異。二王增脩德政，王道復興，此已然之大效也。人主之遇災變，其可不思所以消弭之術哉？

○程頤代吕公著應詔上神宗皇帝書曰：伏覩詔敕，以彗出東方，許中外臣僚直言朝廷闕失。臣伏觀前史所載，彗之爲變多矣，鮮有無其應者。蓋上天之意，非徒然也。今陛下既有警畏之心，當思消弭之道。且以今日之變，孰從而來？書曰：「天視自我民視，天聽自我民聽。」豈非政之所致歟？如曰非政之由，則經爲誣矣，臣復何言？詔之所求，亦爲虚設。若以爲政之所致，則改以順天，在陛下而已。

臣若水通曰：傳云：「天之有彗，以除穢也。」又曰：「所以除舊布新也。」人君於此苟能悔過遷善，則可變災而爲福，不然禍將及矣。故晏子曰「可祝而來，可禳而去」也。伏惟聖明或遇此災變，亦嘗凝神自省，思所以除舊布新，以爲消變之本乎。

○朱熹曰：王者知有天而畏之，言行必信，政教必立，喜怒必公，用舍必當，黜陟必明，賞罰必行。

臣若水通曰：人莫不有天也，己即天也。則夫言行政教、喜怒用舍、黜陟賞罰，皆天也，人惟不知具有爾。夫天者，理也。王者知而畏之，則存諸心、施之政、達諸事，無一而非天理矣。

後世庸主則罔知而不畏，是以言行之不信，政教之不立，喜怒之不公，用舍之不當，黜陟之不明，賞罰之不行，而與天相違矣。然則爲人君者，可不知其天以敬之乎？

○五峰[一]胡宏曰：君子畏天命、順天時，故不行驚衆駭俗之事而常中。小人不知天命，以利而動，肆情妄作，故行驚衆駭俗之事，必其無忌憚而然也。

臣若水通曰：天命、天時，一中而已矣。惟君子而知畏之順之焉，故不敢過其中也。小人不知畏而順之，故失其中而過焉。君子小人之分，一念之敬肆也。人主其可不知所以取舍也哉？

○國朝吳元年六月，久旱。皇祖日減[二]膳素食，宫中皆然。既而大雨，群臣請復膳。曰：「亢旱爲災，實吾不德所致。今雖得雨，然苗稼焦損必多，縱自食，奚能甘味？得乎民心則得乎天心，今欲弭天災，但當謹於脩己，誠以愛民，庶可荅天之眷。」乃詔免今年田租。

臣若水通曰：民心即天心也，天心即君心也，故感之而無不應焉。皇祖因旱致齊宫中，其心可謂克謹天戒矣。既而雨應，雖有群臣復膳之請，然猶自責，下免租之詔，一念敬天之誠無息也，何災之不可弭邪？

○洪武元年八月，太祖高皇帝謂中書省臣曰：「近京師火，四方水旱相仍，朕夙

夜不遑寧處。豈刑罰失中，武事未息，徭役屢興，賦斂不時，以致陰陽乖戾而然邪？卿等同國休戚，宜輔朕脩省，以消天譴。」參政傅瓛等對曰：「古人有言，天心仁愛人君，則必出災異以譴告之，使知變自省。人君遇災而能自警懼，則天〔三〕變可弭。今陛下脩德省愆，憂形于〔四〕色，居高聽卑，天實鑒之。顧臣等待罪宰輔，有乖調燮，貽憂聖衷，咎在臣等。」太祖高皇帝曰：「君臣一體，苟知謹懼，天心方回。卿等其盡心力，以匡不逮。」

臣若水通曰：臣伏覩我皇祖因火災水旱，自責省愆。而參政傅瓛引咎調燮，君臣警懼，宛然虞廷敕天之氣象矣。此其所以克協天心，而長保無疆之福者也。伏惟聖明當法皇祖敬天之心，而宰輔諸臣宜法傅瓛調燮之咎，而後君臣克艱，而可變災爲祥矣。

〇洪武四年十月，太祖高皇帝謂中書省臣曰：「祥瑞災異皆上天垂象，然人之常情，聞禎祥則有驕心，聞災異則有懼心。朕嘗命天下勿奏祥瑞，若災異即時報聞。尚慮臣庶罔體朕心，遇災異或匿而不舉，或舉不以實，使朕失致謹天戒之意。中書其行天下，遇有災變，即以實上聞。」

臣若水通曰：末世之君類皆以祥瑞爲喜，觀天馬之歌、神雀之號可見也。至於災異則厭

聞焉，或聞之若罔聞焉者衆矣。我聖祖命天下勿奏祥瑞，若災異即時報聞，而且有欺蔽之慮。非惡祥瑞也，惡其有以開人主之驕心也；非喜災異也，喜其有以起人主之懼心也。是故驕心生則人欲肆，亂之所由成也；懼心生則天理長，治之所由成也。若太祖者，豈非高世之智，爲敬天之至乎！伏惟皇上身體而法行之。

○洪武十二年三月戊辰朔，上御華蓋殿，皇太子侍。上問曰：「比日講習何書？」對曰：「昨看書至商周之際。」上曰：「看書亦知古人爲君之道。」因諭之曰：「君道以事天愛民爲重，其本在敬身。人君一言一行皆通於天、繫於民，必敬以將之，而後所行無不善也。蓋善必天鑒之，不善天亦鑒之。一言而善，四海蒙福；一行不謹，四海罹殃。言行如此，可不敬乎？汝其識之。」

臣若水通曰：臣伏觀皇祖「人君言行皆通於天」之一語，其可謂知道矣。以之諭皇太子，可謂得養太子之本矣。三代之所以有道之長，皆原於此。蓋人主知天之在己，則凡所以敬其身者何所不至乎？則凡所以惠於民者何所不至乎？由是言之，言行不善則逆乎天、殃乎民，而爲禍無窮矣。爲人君者，可不敬乎？

○洪武二十年四月丁卯，上御華蓋殿，侍臣進講，因論人之善惡臧否，亦有不得

其常者。上曰：「爲惡或免於禍，然理無可爲之惡。爲善或未蒙福，然理無不可爲之善。人惟脩其在己者，禍福之來則聽於天。彼爲善而無福，爲惡而無禍者，特時有未至爾。」

臣若水通曰：伊訓曰：「作善降之百祥，作不善降之百殃。」然有不得其常者，或者疑焉。殊不知非不常也，天未定也。皇祖之論，獨歸之理與時焉，夫然後千古之惑可定矣。故自天子以至於庶人，積善而福終不至者，未之有也，積惡而禍終不及者，亦未之有也。

○洪武二十一年四月乙酉，五色雲見。翰林學士劉三吾進曰：「雲，物之祥，徵於治世，舜之時形於詩歌，宋之時以爲賢人之符。此實聖德所致，國家之美慶也。」上曰：「古人有言，天降災祥在德。誠使吾德靡悔，災亦可弭。苟爽其德，雖祥無福。要之國家之慶不專於此也。」

臣若水通曰：聞祥瑞則多喜，聞災異則多懼。多懼則戒慎之念存，多喜則驕泰之心縱矣。皇祖因五色雲見，學士以爲美慶，乃諭之以災祥在德。然則災曰脩德，祥亦曰脩德，一災一祥，皆徵勸成德之具也。惟聖明以法祖敬天爲心，以脩德致治爲本，天下幸甚。

○聖祖改前代司天臺爲欽天監。

臣若水通曰：監名「欽天」，表敬天也。堯典曰「欽若昊天」、「敬授人時」。人君敬以直內，又必齊七政、建五行、定四時，以示天下之臣民，使之知氣候之早晚，時序之後先，以興作寢息焉。蓋先天而天弗違，後天而奉天時，敬天之至也。是故聖祖於是監改前代「司天」曰「欽天」者，其敬授人時，乃所以敬天也。

○諸司職掌：儀部傳制，凡大祀前三日，陳設如常儀，文武官各具朝服，詣丹墀拜位。鍾聲止，儀禮司跪奏請陞殿，樂作。皇帝御華蓋殿，具皮弁服，出升座。樂止，鳴鞭訖，贊四拜，傳制官詣御前跪傳制，由東門出，至傳制位，稱有制，贊跪，宣制云：「洪武某年正月某日，大祀天地於南郊。爾文武百官自某日爲始，致齊三日，當敬慎之。」

臣若水通曰：人君之所敬者，惟天而已爾。於此不用其誠，惡乎用其誠？我聖祖創制立法，凡大祀天地，命百官致齋三日，君臣上下，一於誠敬。聖子神孫，世守以爲家法，可謂盡事天之道矣。

○永樂十一年春正月朔，日有食之。先是，禮部以正旦朝賀宴會上請，太宗皇帝曰：「古者日食，天子素服脩政，用謹天戒。朕既乖於治理，上累三光，而衆陽之宗薄食於元旦，咎孰甚焉爾。文武群臣尚思勉輔朕躬，調燮陰陽，消弭災變，新

正朝賀宴會之禮悉罷之。」

臣若水通曰：新正朝賀宴會，大禮也。我太宗文皇帝因日食之變輒廢之，其自責自艾，而敬天之威者至矣。宜其受天之福，而流慶無疆也。聖子神孫，其可不法祖宗以事天乎？

○天順四年閏十一月十六日，早見月食，欽天監失於推算。英宗皇帝召學士李賢曰：「月食人所共見，乃失推步如此。」因言：「湯序以侍郎掌監，凡有災異隱蔽不言，或天文有變必曲爲解説，甚至書中所載不祥字語多自改削而進，遇天文喜事却詳書以聞。且朝廷正欲知災異以見上天垂戒，庶知脩省。而序乃隱蔽如此，豈臣下盡忠之道？」賢曰：「自古聖帝明王皆畏天變，實同聖意。序若如此，罪可誅也。」於是下序獄，左遷太常少卿。

臣若水通曰：序所謂熒惑主心、矯誣上帝者也，罪莫大焉。我英宗皇帝獨能灼知序之姦，至褫職而不貸，其敬天之心，信乎卓冠群倫矣。

校記：

〔一〕「五峰」，嘉靖本無。

〔二〕「減」，原作「咸」，據嘉靖本改。

〔三〕「天」，原作「于」，據嘉靖本改。

〔四〕「于」，原作「天」，據嘉靖本改。

聖學格物通卷之十五

敬祖考

○易豫象曰：雷出地奮，豫。先王以作樂崇德，殷薦之上帝，以配祖考。

臣若水通曰：此豫卦象辭，言聖人體豫之功用也。殷，盛也。豫卦震在坤上，有「雷出地奮」之象。雷出地則萬物忻育，故有和樂之意。先王體之以作樂崇德，其德盛者其樂盛也。殷薦之上帝，以配祖考，蓋樂主和也、陽也、氣也，達陽和之氣於上帝，以祖考配天，所以通其誠敬也。宜乎上帝時歆，祖考來格矣。聖人體豫之功用大矣哉！然究其本，必聖人和德於中。心和則氣和，氣和則聲和，而天地之和應矣。方今國家百有六十餘年，聖明御極，致治中興，處豫之時，夙夜奮勵，制禮作樂，以盡保豫之道，此其時矣，臣不勝顒望之至。

○萃象曰：王假有廟，致孝享也。

臣若水通曰：此明萃卦象「王假有廟」之旨也。假，至也。致孝享者，即聚己之精神以聚祖考之精神也。夫祖考之於子孫，一氣也，固無時而不聚也。王必假于有廟者何？蓋祖考之精神雖在於廟，而實通乎吾身也。故王者當萃之時，必假有廟，以致孝享。則吾身之精神以在廟而聚，祖考之精神以吾身而聚。庶幾幽明感格，百順攸聚。萃之道，莫大於此矣。雖然，仁孝之心，豈必假廟而後聚哉？故曰：「惟聖人爲能享帝，惟孝子爲能享親。」蓋養之于素爾。

○渙象曰：風行水上，渙。先王以享于帝立廟。

臣若水通曰：此渙卦象辭，言聖人濟渙之道也。夫「風行水上」，有渙散之象，聖人體之以濟渙，固各有道矣。而必先之以享帝立廟者何？蓋萬物本乎上帝，人本乎祖考。上帝之與萬物，祖考之與子孫，其氣一，故其精神一也。然其分則殊，故不能不散渙。苟非有以聚之，二者一渙，天人間矣。故先王濟渙，必先之以此。享于郊，以聚上帝之精神；祭于廟，以聚祖考之精神。故天、神、人、鬼，散而有合，而萬物生生不息矣。濟渙之道，其至矣哉。雖然，必仁孝誠敬之至者，方可以語此，否則中心無合一之理，而欲爲合渙之文，其何以能濟渙乎？

○書周書武成：丁未，祀于周廟。邦甸侯衛，駿奔走，執豆、籩。

臣若水通曰：此周書言武王克商，祭告于祖廟也。邦甸侯衛，皆諸侯之國。駿，疾也。武

王癸巳克商，丁未即率諸侯執豆、籩，駿奔走，以祭告于祖廟，所以致孝享、萃人心、崇大化之本者，莫盛於此舉矣。武王之心豈有他哉，孝思一念，自有不容已爾，此武王之所以爲達孝也。然則有天下者，思祖宗功德之盛，報本追遠之禮，可不重與？

○周書冏命：惟予弗克于德，嗣先人宅丕后，怵惕惟厲，中夜以興，思免厥愆。

○惟予一人無良，實賴左右前後有位之士，匡其不及，繩愆糾謬，格其非心，俾克紹先烈。

臣若水通曰：此周書穆王命伯冏之辭也。穆王始以弗德嗣先人丕后，有夙夜危厲之誠。繼欲羣臣匡輔格非，以紹先烈。夫穆王望伯冏以輔己德，然必以先人先烈爲言者，蓋己德之進否，有係於祖考之隆替。一時尊祖敬宗之心，惻然若不自遑矣。卒之巡遊無度，勞民傷財，敗先王成憲。何其言行先後之不類也？嗚呼，人心惟危，可不畏哉。

○詩大雅思齊：惠于宗公，神罔時怨，神罔時恫。

臣若水通曰：此詩以詠歌文王之德，此曰「惠于宗公，罔時怨恫」者，以言其德能格乎祖考也。惠，順也。宗公，宗廟先公也。恫，痛也。蓋周之先王皆有盛德，使文王厥德弗修，弗克肖于先王，則冥冥之中不免有怨痛矣。惟文王之德克順其心，無怨無恫，所謂惟孝子爲能享親者

此也。肆我祖宗聖德在天，正惟聖明聿修厥德，以慰在天之心，萬世幸甚。

○大雅江漢：告于文人，錫山土田。

臣若水通曰：此詩宣王策命召虎之辭也。夫爵人必於宗廟者，何也？尊祖也。尊祖故不敢專，事死如事生也。故夫人子之於親，生也，出入必告，有事必告，孝敬之至也。況山川爵土皆祖宗功德之所在，乃專以與人而不告，豈事死如生之禮與？故召虎平夷之功，錫之山川土田宜矣，而必告于文人。宣王其知敬祖者歟！中興周道，固其宜矣。後世乃有挾其私恩，專封爵邑，而不告于祖者，其爲不敬祖考孰甚焉？

○周頌我將：儀式刑文王之典，日靖四方。

臣若水通曰：此宗祀文王以配上帝之樂歌。蓋言其法典安民，而知其必享也。儀、式、刑，皆法也。典，即其禮樂制度，所以致治于天下者，皆是也。靖，安也。法典致治，何以知其必享也？蓋願其子孫之法成憲以致治者，祖考之心也。苟弗念厥紹，顛覆典刑，則神靈方且怨憤之矣，安能享其祭乎？故曰「儀式刑文王之典，日靖四方」，則法祖之道備矣，孝子之心盡矣，不待祭而已享矣。故以是知孝子仁人之所以敬其祖考者，固不專於祭享，而在於遵成憲以致治爾。

○春秋文公六年：閏月，不告月，猶朝于廟。十有六年夏五月，公四不視朔。

臣若水通曰：此春秋書魯文公始廢告朔之禮也。夫告朔之禮，行于祖廟，所以重正朔、尊祖考、萃人心、勤政事，一舉而衆善集焉。魯之先公，嗣而行之，無敢廢者。至于文公六年，閏不告月，已有不視朔之漸矣。十有六年夏五月，四不視朔，其尊祖之心已蕩然矣。故春秋兩書其事，以著此禮之廢實始于此，而文公不得辭其無上慢祖之罪矣。

○禮記曲禮：國君下齊牛，式宗廟。

臣若水通曰：宗廟者，祖之神所在，而齊牛又爲祭祖而備者也。國君苟存孝敬之心，則見齊牛過宗廟，敬祖之念油然生矣。其式而下之，蓋出於敬祖之誠而不能已也。夫敬其祖以及其牛，孝敬之至也。後之國君，遇祀事而不敬者，慢祖孰甚焉。

○禮器：太廟之内敬矣！君親牽牲，大夫贊幣而從。君親制祭，夫人薦盎。君親割牲，夫人薦酒。卿、大夫從君，命婦從夫人。洞洞乎其敬也，屬屬乎其忠也，勿勿乎其欲其饗之也。

臣若水通曰：贊，助也。制祭，謂絶肺也。盎者，盛肺之器也。牲，熟體也。太廟之事，惟一敬而已矣。君親牽牲，大夫幣以從，所以迎牲也。君親制祭，夫人薦盎，所以祭肺也。君親割牲，夫人薦酒，所以薦熟也。夫卿大夫從君，命婦從夫人。凡在廟者，罔不洞洞乎其敬之淵

深也，屬屬乎其忠之始終無間也。惟敬以忠，勿勿乎於恍惚幽密之中，而欲其神之饗之也。是敬也，從之者，夫人也，卿大夫也，而主之者君也。故牲曰親牽，祭曰親制，體曰親割，所謂自致者也，夫然後爲敬之至也。

○大傳：人道親親也。親親故尊祖，尊祖故敬宗，敬宗故收族，收族故宗廟嚴，宗廟嚴故重社稷，重社稷故愛百姓，愛百姓故刑罰中，刑罰中故庶民安，庶民安故財用足，財用足故百志成，百志成故禮俗刑，禮俗刑然後樂。

臣若水通曰：宗謂宗子，言爲祭祀之所宗也。此記大傳，明王者親親之效大也。親親何以尊祖？祖者，親之所出也。尊祖何以敬宗？宗者，祖之統也。敬宗何以能收族？族者，宗之屬也。收族何以嚴宗廟？人心萃故宗廟肅也。宗廟嚴何以爲重社稷？社稷受之宗廟者也。重社稷何以愛百姓？百姓社稷之本也。愛百姓刑罰何以中也？庶民何以安也？財用何以足也？百志何以成也？禮俗何以刑也？和樂何以起也？蓋樂生於禮，禮形於志，志集於用，用足於民安，民安於法平，法平於仁民，仁民達於親親。故一親親而尊祖也，敬宗也，收族也，嚴宗廟也，重社稷也，愛百姓也，平刑罰也，足財用、成百志、興禮樂也，而百順萃焉。此之謂理一分殊，物我兩盡。先王繼志述事之大者，莫過於此矣。伏惟聖明體乾父坤母之心，萬物一體之念，以承祖宗休德，以廣先王達孝，萬世幸甚。

○祭法：天下有王，分地建國，置都立邑，設廟祧壇墠而祭之，乃爲親疏多少之數。

臣若水通曰：此言祖祭之禮之義。建國，封諸侯也。置邦立邑，爲卿大夫之采地，及賜士有功者。廟，宗廟也。祧，祧主廟也。築土曰壇，除土曰墠。親疏，昭穆祖考也。多少，七、五、三、二，廟數也。親而徹，倫而有别，先王仁孝之心其達乎。是故王立七廟，三昭、三穆，與太廟而七，皆月祭之。遠廟爲祧，若周之文武，四時祭之。由是去祧爲壇，去壇爲墠，禱則祭之。去墠曰鬼，不之祭矣。諸侯五廟，考、祖、曾祖月祭之，高祖、始祖四時祭之。去祖爲壇，去壇爲墠，禱斯爲祭，去墠不祭矣。大夫三廟，考、祖、曾祖四時祭之，高祖、始祖禱則爲壇，祭之去壇已矣。適士二廟，考、祖已矣，曾祖則禱于壇。官師一廟，祀考也，而祖同焉，去壇已矣。庶士、庶人薦于寢，死不祭矣。嗚呼，兹隆殺之别，而親親之徹也。兹先王仁孝之達也，是故諸侯而上，於親有加焉，所以致崇尊也。大夫以下於親漸減焉，所以卑卑而致崇尊也。故祭于壇墠，附于廟寢，而天下無不祭之四親，夫是之謂隆殺之别，親親之徹。知親親之義而上下達矣，上下達而仁孝同。祖祭之禮，根乎一心，推之準而達之治也，不亦大乎。不明祖祭之禮，而能治天下者，鮮矣。

○祭法：王立七廟，三昭三穆，與太廟而七。一壇一墠。曰「考廟」，考，成也。父有成己之德也。

曰「王考廟」，祖也。曰「皇考廟」，皇，大也。曾祖也。曰「顯考廟」，高祖也。曰「祖考廟」，始祖也。此五者，與文武不遷合爲七也。皆月祭之。每月一祭也。遠廟爲祧，孔氏曰：謂文武在祧，以功德不祧也。有二祧，享嘗乃止。二祧即文武也。文武以功德特留，故不月祭，但四時祭而止。去祧爲壇，去壇爲墠。壇墠，有禱焉祭之，無禱乃止。去墠曰鬼。去者，離遠之義。遠祖藏於祧廟，又於廟外爲壇。遠祖之父則離於壇，則爲墠。禱，祝也。當祭時則出而祭之。若又遠則去墠爲鬼而不祭矣。諸侯立五廟，一壇一墠，曰「考廟」，父也。曰「王考廟」，祖也。曰「皇考廟」，曾祖也。皆月祭之。顯考廟、高祖也。祖考廟，始祖也。享嘗乃止。止享嘗，不月祭也。去祖爲壇，自祖之上無廟，止爲壇。去壇爲墠。祖之父以上又無壇，止爲墠耳。壇墠，有禱焉祭之，無禱乃止。去墠爲鬼。高祖父、祖寄太祖之廟，至祭時則出而祭於壇墠也。大夫立三廟二壇，曰「考廟」，曰「王考廟」，曰「皇考廟」，享嘗乃止。不月祭也。顯考、祖考無廟，有禱焉。爲壇祭之，去壇爲鬼。適士二廟一壇，曰「考廟」，曰「王考廟」，享嘗乃止。皇考曾祖也。無廟，有禱焉。爲壇祭之，去壇爲鬼。官師一廟，曰「考廟」。王考無廟，而祭之。共祭考廟。去王考曾祖也。爲鬼。曾祖以上就廟薦之而已。庶士、庶人無廟，薦於寢。死曰「鬼」。

臣若水通曰：此祭法之文，或者疑焉，其秦漢之間之傳乎。祭者何？繼養也，則凡四代之

親，無不養也。然而有差矣。夫祭者服之，推四代之親無不服，則亦無不祭也。然而有差矣。故自天子、諸侯、大夫、士、庶人，皆宜得祭四親焉。何也？其親同，故其繼養與服之者同也。然而廟制則有差矣。故王七、諸侯五、大夫三、適士二、官師一、庶士庶人無廟而寢，其分殊也。分雖殊而心則一也。盡分者，禮也；盡心者，孝也。故禮曰「祖考同廟」。由是觀之，則天子諸侯分得爲之則異廟，大夫以下至官師，分不得爲之則同廟，禮也。然則貴賤無不祭之親，而其孝同矣。記曰「父母之喪，無貴賤一也」。故得爲而不爲謂之慢，不得爲而爲謂之瀆。瀆與慢，皆弗敬也。弗敬，神弗享。故人之於親，多不盡分者，豈惟不及者之罪，過猶不及。

○祭義：是故君子合諸天道，春禘秋嘗，霜露既降，君子履之，必有悽愴之心，非其寒之謂也。春雨露既濡，君子履之，必有怵惕之心，如將見之。樂以迎來，哀以送往。

臣若水通曰：祭祀之所由生，繼養也，已食之，則時思之矣。時思之，則時養之矣。是故天時感之，而祭祀之禮舉焉。樂以迎來，哀以送往，其心一也。夫君子之心，無時而忘其親也，何待天時之履而後感哉？蓋曰時之變也則感焉，而後祭因之起，非謂至此而後思者也。是故禴于春則祀于夏，可知矣；嘗于秋則烝于冬，可知矣。四時之祭合諸天道，而吾之思見焉，然存之乎心者，則無時而或忘也。嗚呼，思者，祭之本也。無思則無祭，彼夫儀文之托，而思或怠

焉者，其殆生事之疏，而繼養之衰歟，可悲已矣。

○祭義曰：致齊於内，散齊於外。齊之日，思其居處，思其笑語，思其志意，思其所樂，思其所嗜。齊三日，乃見其所爲齊者。祭之日，入室，僾然必有見乎其位；周還出户，肅然必有聞乎其容聲；出户而聽，愾然必有聞乎其歎息之聲。是故先王之孝也，色不忘乎目，聲不絶乎耳，心志嗜欲不忘乎心。致愛則存，致慤則著，著存不忘乎心，夫安得不敬乎。君子生則敬養，死則敬享，思終身弗辱也。

臣若水通曰：致齊者，散齊後三日之齊也。内，謂齊所也。散齊者，致齊前七日之戒，不飲酒茹葷也。外，未就齊所也。齊之日，凡親之身所當思者，無或忘焉。内外致一，齊之至也。見所爲齊，思之至也，是則敬之始也。出入周還，必有見聞乎聲容歎息者，祭如在也，敬之至也。是故先王之孝，致其追念之愛則聲色志欲不忘而存焉。致其想見之慤，則聲容歎息不微而著焉。然而慤也者，愛之所爲也；著也者，存之所爲也。愛則慤，存則著，愛慤無二心，存著無二事。是故孝子之敬，貫始終而一之者也。生則敬養，盡吾愛也；死則敬享，繼吾養也。思終身弗辱焉，終己之身也，敬之至也。然則人子事親之道，可一言而盡者，其敬乎。

○祭義曰：君子有終身之喪，忌日之謂也。

臣若水通曰：忌日，親亡日也。人子於此念親之終，如喪親之日焉，哀之至也。

○祭義：文王之祭也，事死者如事生，思死者如不欲生。忌日必哀，稱諱如見親。祀之忠也，如見親之所愛，如欲色然，其文王歟。

○又曰：仲尼嘗奉薦而進，其親也慤，其行也趨趨以數。

臣若水通曰：堯舜之道，孝弟而已矣。文王、孔子之孝，其堯舜之道乎。夫聖人，人倫之至，萬世帝王之則也。伏惟我聖明以是爲則，日省于心而擴充之，則文王、孔子之孝在我，而堯舜之道盡，人倫之至可建極於天下矣。

○祭義曰：孝子將祭，慮事不可以不豫，比時具物不可以不備，虛中以治之。

臣若水通曰：夫祭有三備焉，豫事者，禮儀之習，所以脩禮也；具物者，器物之陳，所以脩養也；中虛者，齊莊靜一，清明在躬，所以脩心交于神也。三者備而後能享，合外内之道也。

○祭義曰：宮室既脩，墻屋既設，百物既備，夫婦齊戒，沐浴，奉承而進之。洞洞乎，屬屬乎，如弗勝，如將失之，其孝敬之心至也與！薦其薦俎，序其禮樂，備其百官，奉承而進之。於是諭其志意，以其慌惚以與神明交。庶或饗之，庶或饗

之，孝子之志也。

臣若水通曰：當祭之時，致享之道，不可少有不慎焉。宫室、墻屋、百物，所以慎之於物也。夫婦齊戒，所以慎之於心也。沐浴、盛服，所以慎之於體也。洞洞、屬屬，所以慎之於誠也。弗勝、如失，所以慎之於貌也。百官承進，所以慎之於嚴事也。諭其志意，所以慎之於祝告以孝也。恍惚與交欲饗，所以慎之於致養也。夫是之謂備。孝不如是，不可以享，夫禍莫大於不享矣。是故孝子之心，一以貫之，故曰：備，孝之道也。

○祭統：是故天子親耕於南郊，以共齊盛。王后蠶於北郊，以共純服。諸侯耕於東郊，亦以共齊盛。夫人蠶於北郊，以共冕服。天子、諸侯非莫耕也，王后、夫人非莫蠶也。身致其誠信，誠信之謂盡，盡之謂敬，敬盡然後可以事神明。此祭之道也。

臣若水通曰：天子、諸侯之耕，王后、夫人之蠶者，何也？以祭祀也。凡己之身，天地、父母之身也，故竭身以事之，所以致誠信也。粢盛之薦、冕服之飾，所以交于神明者，而莫或親之，則不能身致其誠信，而達敬於神明，則夫唯物之具，豈交神之道乎？夫何後世雖有耕蠶之禮，或視爲故事，草草應文，而誠信莫存？爲之臣者，諂媚以從而不知養其君誠敬之心，天地神

明，其可罔乎？噫，至於犬馬皆能有養，不敬何以饗乎？此可以鑒戒矣。

○祭統：先期旬有一日，宫宰宿夫人，夫人亦散齊七日，致齊三日。君致齊於外，夫人致齊於内，然後會於太廟。君純冕立於阼，夫人副、褘立於東房。君執圭瓚瓚，祼神器，以圭爲柄。祼以瓚酌鬱鬯酒灌地降神也。尸，大宗或夫人有故，大宗攝之。執璋瓚亞祼。以璋爲瓚柄，酌鬱鬯酒以降神。及迎牲，君執紖，牽牲者。卿大夫從，士執芻，藁也，殺牲時用薦之。宗婦同宗之婦。執盎從，夫人薦涚水，明水也，盎齊差清，和以清酒泲之，謂之涚。酌涚，即盎齊，以盎齊加明水。君執鸞刀羞嚌，一朝踐之時，取肝以膋，貫之入室，燎於爐炭，出薦之，一饋熟之時，君執鸞刀，割所羞嚌肺，横切之，使不絶，奠于俎上，尸嚌之。夫人薦豆。此之謂夫婦親也。

臣若水通曰：夫婦兼祭，象陰陽之行乎變化也。兼祭則兼致其齊，兼齊則兼執其事。是故親執則鸞刀羞齊不敢以假者，不敢以尊處也。親薦則涚水則豆不敢以假者，不敢以貴加也。親莫大焉，恩莫重焉，君夫人雖尊且貴，亦不過夫人之子之婦焉爾。父子之道，無所逃於天地之間，而豈尊貴之所能敵哉？嗚呼，此義不明，先王之孝不盡傳于天下也久矣。語以子弟之職，則若耻其卑賤而失其尊崇之勢者，爲是心者，豈以父子之道之在天下也有二乎哉？可以深思矣。

〇周禮天官：中春，詔后帥外、内命婦，始蠶于北郊，以爲祭服。

臣若水通曰：中春，蠶桑盛時也。北郊，陰方且潔地也。以時蠶桑于此以爲祭服，必后帥命婦親爲之者。禮曰：「王后、夫人，非莫蠶也。」身致其誠信是也，敬祖考之至矣。

〇春官：以肆獻祼享先王，以饋食享先王，以祠春享先王，以禴夏享先王，以嘗秋享先王，以烝冬享先王。

臣若水通曰：曰肆、曰獻、曰祼者，五年之禘。曰饋食者，三年之祫。夫禘之以五年，而又祫之以三年，其義周矣。而四時之享，獨非仁人孝子之心歟？故祠者祠也，春物初生，以祠爲主，故以祠而享乎先王。禴者薄也，夏物未成，其意尚薄，故以禴而享乎先王。嘗者食也，秋物漸成，其味可食，故以嘗而享乎先王。烝者衆也，冬物畢藏，可陳者衆，故以烝而享乎先王。是故四時之享異，而孝子之誠一也。非天下之至仁，其孰能與於此？

〇漢靈帝熹平元年春正月，車駕上原陵，司徒掾陳留蔡邕曰：「吾聞古不墓祭，朝廷有上陵之禮，始謂可損。今見威儀，察其本意，乃知孝明皇帝至孝惻隱，不易奪也。禮有煩而不可省者，此之謂也。」

臣若水通曰：古不墓祭，未備禮也。古者不封不樹，何墓祭之有？然而仁人孝子之心，怵

愓悽愴之情，其能已乎？故親之始死，則憑尸〔一〕而哭之，斂則憑棺而哭之，葬則就墓而求焉。凡出於孝心之誠而已，此墓祭之所由起乎？靈帝，昏弱之主也。原陵之上，其良心之不能已矣。向使由此念而擴充之，則仁孝不可勝用，保其社稷以光于四海，豈至亂與亡哉。傳曰：「不能充之，不足以保妻子。」

○晉武帝泰始二年，晉文帝之喪，臣民皆從權制，三日除服。既葬，帝亦除之，然猶素冠蔬食，哀毀如居喪者。後羣臣請易服復膳，詔曰：「每念幽冥而不得終苴絰之禮，以爲沈痛，況當食稻衣錦乎？適足激切其心，非所以相解也。」四年三月，葬文明皇后，有司又奏既虞除衰服。詔曰：「受終身之愛而無數年之報，情所不忍也。」有司固請不已，乃許之。然猶素冠蔬食，以終三年，如文帝之喪。

臣若水通曰：三年之喪，自天子達於庶人，要皆出於人心之所固有者也。後世帝王不能遠追先王之禮，而徒藉口於漢文之陋，食稻衣錦，於心安乎？至於晉武，獨以天性矯而行之，謂非仁孝之發不可也。而有司庸劣，顧乃蹈常安故而不能將順其美，悲乎。

○梁武帝普通七年十一月，丁貴嬪卒，太子水漿不入口。上使謂之曰：「毁不滅性，況我在邪。」乃進粥數合。太子體素肥壯，腰帶十圍，至是減削過半。

臣若水通曰：孝也者，人之良心真切者也。昭明喪母，水漿不入，孝心篤矣。使有伊周爲之師傅，舉先王養太子之道，則商之太甲、周之成王可爲也。惜乎一時之臣無以將順之，而徒區區於文藝之末也。雖然，元服既加之後，懿德彰聞，卒之日朝野惋愕，男女垂泣。嗚呼，使天永其年，國祚其可量哉？

○國朝洪武六年，祖訓録成，於是頒賜諸王，且録于謹身殿東廡、乾清宮東壁，仍令諸王書于王宮正殿内，以時觀省。上因謂侍臣曰：「朕著祖訓録，所以垂訓子孫。朕更歷世故，創業艱難，常慮子孫不知所守，故爲此書。日夜以思，具悉周至，紬繹六年，始克成編。後世子孫守之，則永保天禄。苟作聰明，亂舊章，是違祖訓矣。」侍臣對曰：「自古創業之主，其慮事周詳，立法垂訓，必有典則。若後世子孫不知而輕改，鮮有不敗。故經云：『不愆不忘，率由舊章。』」上曰：「日月之能久照，萬世不改其明；堯舜之道不息，萬世不改其行。三代因時損益者，其小過不及爾。若一代定法具存，不可輕改，故荒墜祖緒，幾於亡夏，顛覆典刑，幾於亡商。後世子孫，當思敬守祖法。」

臣若水通曰：書云：「明明我祖，萬邦之君。有典有則，貽厥子孫。」我皇祖祖訓之著，即

大禹之典則乎。皇祖應天順人，肇造鴻業，大經大法，可以萬世行之而無弊。尤慮世遠紛更，乃以心思之微，著爲一書，以垂訓後昆，誠一代之定法也。嗣皇守之，可以永安宗社；藩王守之，可以長保富貴。然欲法祖在於脩德也，德脩即能敬守祖法，聿追來孝矣。

校記：

〔一〕「尸」，原作「户」，據嘉靖本改。

聖學格物通卷之十六

畏民上

○易屯象曰：以貴下賤，大得民也。

臣若水通曰：陽爲貴，陰爲賤。初九，當屯難之時，以陽而來居陰下，爲以貴下賤之象。如是，則群陰歸從之以濟屯難，故有大得民之象。書曰：「民可近，不可下。」君下視其民而不恤，民斯遠矣。以貴下賤，近民之謂也。故上愛民如子，則民亦愛之如父母矣。非畏民之君，其能然乎？

○虞〔一〕書大禹謨：帝曰：「可愛非君？可畏非民？衆非元后何戴？后非衆罔與守邦？欽哉！慎乃有位，敬脩其可願，四海困窮，天禄永終。」

臣若水通曰：此乃帝舜命大禹之言。元后，大君也。欽，敬。慎，謹也。可願，謂人心所

可願欲之事，謂善也。終，絶也。舜言：可愛非君乎？可畏非民乎？衆非君則何所奉戴，是君誠可愛也；君非民則誰與守邦，是民尤可畏也。其可以不敬乎？人君當謹其所居之地[二]，敬脩其所可願欲者，苟有一毫之不善生於心、害於政，則民不得其所者多矣。四海之民不得其所，至於困窮，則君之天禄一絶而不復續，豈不深可畏哉。此又極言安危存亡之戒，以深警之。雖知其功德之盛必不至此，然猶欲其戰戰兢兢，無敢逸豫，而謹之於毫釐之間，此其所以爲聖人之心也。夫君之與民，義雖相須，而民尤爲重，不可不畏也。人君知其可畏，則能保其可愛，否則可愛者不足恃矣。夫禹以大聖，帝舜所以戒之者如此，況後世之君，其可恃尊位以忽民哉？

○虞書皋陶謨：天聰明自我民聰明，天明畏自我民明威。達于上下，敬哉有土。

臣若水通曰：此皋陶陳謨於舜，欲其敬民也。威，古文作畏。明者顯其善，畏者威其惡。上，天也；下，民也。敬者，心無所慢也。有土，有民社者，謂人君也。皋陶言：所謂天之聰明者，非别有他視聽也，即民之視聽便是天之聰明。所謂天之明畏者，非别有他好惡也，即民之好惡便是天之明畏。所以然者，蓋由天人同氣、上下一理，通達流行，更不分别。故記亦曰：「人者天地之心。」民心所存即天心之所在，故忽乎民即慢乎天也。民若可忽也，天顧可慢乎？有天下民社之寄者，可不知所以敬乎民而敬乎天哉？我朝戒石之詞曰：「下民易虐，上天難

歟。」蓋亦有見於此矣。伏願聖明體皋陶之言，鑑祖宗之戒，敬畏小民，以承天心，幸甚。

〇夏書五子之歌：皇祖有訓：民可近，不可下；民惟邦本，本固邦寧。

臣若水通曰：此五子述禹之訓也。皇，大也。君之與民，以勢而言則尊卑殊分，以情而言則一體相須。故勢疏則離，離則下；情親則合，合則近。言其可親而不可疏之也。且民者國之本，本固而後國安，其可以下之乎？夫惟其勢之不侔，故難親而易疏；惟其情之相須，故可親而不可疏。親則民心歸，歸則共戴而爲人主；疏則民心離，離則孤立而爲匹夫矣。故曰：「民惟邦本。」譬如草木，必先有根而後有榦，而後有枝葉。詩曰：「顛沛之揭，枝葉未有害，本實先撥。殷鑒不遠，在夏后之世。」此之謂也。周書曰：「畏于民嵒。」爲人主者，可不存畏民之心乎？

〇夏書五子之歌：予視天下愚夫愚婦，一能勝予，一人三失。怨豈在明，不見是圖。予臨兆民，凜乎若朽索之馭六馬。爲人上者，奈何不敬？

臣若水通曰：此亦五子歌以警太康之語。予，五子自稱，以寓警太康。「一能勝予」者，謂君失人心則爲獨夫，獨夫則愚夫愚婦皆可以勝我也。「三失」者，言所失者衆也。「怨豈在明，不見是圖」者，民心怨背，豈待其彰著而後知之，當於事幾未形之時而圖之也。朽，腐也。朽索易絶，六馬易驚。以朽索而馭六馬，以喻其民心之難收，爲可畏之甚也。愚夫愚婦，人君孰不

以爲可罔也。然得其心則得天下，失其心則失天下。故黎民咸貳，太康之所以失位也。「一能勝予」之言，豈不可驗？且民心之怨其上，敢怒而不敢言，豈待其昭著而後知之？能於事幾未形之時圖之，則能銷其變亂於未然。若其已成，則噬臍何及？雖悔何追？君人者可不敬畏之哉。五子此言，最爲迫切哀痛。萬世君人者，所宜深玩猛省也。

○商書太甲：民非后，罔克胥匡以生；后非民，罔以辟四方。

臣若水通曰：此伊尹告太甲之言也。后，君也。胥匡，相正也。辟，君也。言民非君則強凌弱，衆暴寡，不能相正以生。君非民則孤立於上，誰與爲君者。言民固不可無君，而君又不可無民，君民一體相須如此。爲人君者，可以不敬其民乎？

○商書太甲：民罔常懷，懷于有仁。

臣若水通曰：此亦伊尹告太甲之言也。言民順之則向，逆之則背，何有常懷，惟有仁者則懷之。蓋仁者心之生理，與物同體，痛癢相關。得乎民心，故民懷之，自有不期然而然者矣。爲人君者，可不體仁以懷天下之民哉？

○周書泰誓：天矜于民，民之所欲，天必從之。

臣若水通曰：此武王誓師之言也。矜，憐也。言天矜憐於民，凡民有所欲，天必從之。如民好善天則福其善，民惡淫天則禍其淫，故民欲亡紂則天意去商也必矣。是故明君不畏方張

之强敵，而畏大可見之民心。民心即天地之心也，其可忽乎？

○周書康誥：恫瘝乃身，敬哉！天畏棐忱，民情大可見，小人難保。往盡乃心，無康好逸豫，乃其乂民。

臣若水通曰：此武王告康叔之言，最切於君道。夫人主不愛其民，皆由視民與吾身有形骸之隔，故痛癢不相關。苟能視民之不安如疾痛之在乃身，則將無所不用其愛矣。此大君宗子之責，聖人一體之仁，誠不可以不敬也。又言天命雖甚可畏，然誠則輔之。民情雖大可〔三〕見，而小民最爲難保。若如恫瘝乃身，則誠矣。將見難保之民可保而可畏之天命亦輔之矣。盡心云者，如上文恫瘝乃身，至誠惻怛而無一毫虚假之謂。自安則不便於民，好逸豫則有妨於政。凡此皆不能盡心，故又繼之曰「無康好逸豫」。爲人君者，先戒逸豫，然後能盡心；能盡心，然後能視民如傷；能視民如傷，然後能保難保之民，而天命歸之矣。可不加之意乎？

○詩唐風揚之水：我聞有命，不敢以告人。

臣若水通曰：此詩見民情之向背不常，可畏也。桓叔將以傾晋，晋人作詩，興起揚之水，而言我亦聞其有命，而不敢以告人也，何哉？蓋以晋微弱而沃盛强，晋人不克胥匡以生，故欲叛而歸之。聞其命而不敢以告者，爲之隱也。爲之隱者，欲其事之必成也。嗚呼，人情至此，

亦其可畏矣。以此觀之，人主有國家者，苟不能及時脩德强仁以庇其人民，惟昏淫自肆，徒以奄奄之氣而欲繫將散之人心，不亦危哉。故叛晋者固國人之罪，而不能强於自治以爲國人之主[四]者，晋侯亦不得辭其責矣。此爲君者之所宜鑒也。

○商頌殷武：天命降監，下民有嚴。不僭不濫，不敢怠遑。命于下國，封建厥福。

臣若水通曰：此詩頌高宗之德，能畏民以受福也。書曰：「天明畏自我民明威。」民之所以可畏者，以其心也。君之所以畏民者，亦以同此心也。五子之歌曰：「予臨兆民，凜乎若朽索之御六馬，爲人上者，奈何弗敬？」此詩言上天監視於下，非有耳目好惡也，蓋以民心即天心，下民則甚可嚴畏也。故高宗則不僭不濫，不敢怠遑。蓋以民雖至愚，心與天通。吾賞或僭，是喜違于民也；吾刑或濫，是怒違于民也；吾怠遑自恣，是欲違于民也。違民心者，民心亦違之。民心違之，即天命違之矣。高宗畏民之心如此，即所以畏天也。故天命于下國而大建其福，天人交相與也。高宗畏民而受福如此，則後之人主忽民自尊，恣其喜怒，妄行賞罰，民將叛之，而天禍至矣。古之聖君不敢侮鰥寡、虐無告，豈非畏天命邪？

○春秋莊公八年：秋，師還。

臣若水通曰：甚哉，莊公之棄其民也。莊公八年春帥師以次郎，夏及齊以圍郕，歷三時而秋始還焉。夫民，吾赤子也，驅之於鋒刃之間，固以置之死地矣。又久之以困苦，是自戕其赤

子也，可謂仁乎？民罔常懷，懷于有仁。使三軍懷不仁之怨，則赤子皆敵國也，一念向背之間爾。可畏非民乎？民可畏而不畏，甚矣，莊公之不仁也。

○僖公二年：冬，十月，不雨。三年，春王正月，不雨。夏，四月不雨。

臣若水通曰：詩稱僖公儉以足用，寬以愛民，務農重穀，則誠賢君也，其有志乎民審矣。穀梁子曰：不雨者，勤雨也。每時而一書〔五〕，閔雨也。閔雨者，有志于民者也。夫國以民爲天，民以食爲天。知天之天者昌，不知天之天者亡。僖公憂民之憂，惟懼民之失其所天，君不能以獨存也，謂非有愛民之心者，能之乎？

○禮記緇衣：子曰：「大人溺於民。夫民閉於人而有鄙心，可敬不可慢，易以溺人。故君子不可以不慎也。」

臣若水通曰：人與天對，天則理，人則欲也。閉於人者，閉塞於人欲也。鄙心者，鄙陋之心也。雖閉而鄙，然至愚而神也，故可以誠敬感。以血氣用事也，故不可以慢易治。君慢而縱欲，而無敬愛之心，斯亂亡繼之矣。故曰：易以溺人也。夫君猶舟也，民猶水也，水能載舟，亦能溺舟。故水可畏也，民尤可畏也。古之君子，所以顧畏于民喦者，其以茲哉。

○緇衣曰：民以君爲心，君以民爲體。心莊則體舒，心肅則容敬。心好之，身必

安之；君好之，民必欲之。心以體全，亦以體傷；君以民存，亦以民亡。

臣若水通曰：宇宙一氣也，君民一體也。故君爲心，民爲體，心與體一也。心莊以肅則容體舒且敬矣，不容間也。故志之所至，氣必至焉，君之所好，民必從焉。心之全非自全也，體全故也。心之傷非自傷也，體傷故也。君之存亡，以民心之存亡也，一體而已矣。知其體一，所以仁也。仁，則民安而君安矣。

○論語：子路問君子。子曰：「脩己以敬。」曰：「如斯而已乎？」曰：「脩己以安人。」曰：「如斯而已乎？」曰：「脩己以安百姓。」

臣若水通曰：夫敬，德之聚也。敬則合内外、該心事、通衆寡，物我兩盡者也。言約而義博，齊家、治國、平天下，盡之矣。故安人、安百姓，不越乎「脩己以敬」之一言而盡之爾。子思曰「君子篤恭而天下平」，其亦有得於此乎！此有人民百姓之寄者之所當知也。

○孟子曰：民爲貴，社稷次之，君爲輕。

臣若水通曰：恒人之情，莫不以君爲貴、民爲輕也。殊不知社稷所以爲民也。君之所以爲君者，以有民也。故無民斯無君矣，無君斯無社稷矣。戰國之君，率禽獸而食人肉，至於争城争地，則糜爛其民而不恤焉。非惟有害於同體之仁，其於固本寧邦之計亦疏矣。孟子之言

雖爲當時發，實爲萬世居民社之寄者告也。

校記：

〔一〕「虞」，嘉靖本無。

〔二〕「地」，嘉靖本作「位」。

〔三〕「可」，原作「何」，據嘉靖本改。

〔四〕「主」，原作「叛」，據嘉靖本改。

〔五〕「每時而一書」，穀梁傳原文作「一時言不雨者」。

聖學格物通卷之十七

畏民下

○左傳文公十三年：邾文公卜遷于繹。史曰：「利於民，而不利於君。」邾子曰：「苟利於民，孤之利也。天生民而樹之君，以利之也。民既利矣，孤必與焉。」左右曰：「命可長也，君何弗爲？」邾子曰：「命在養民。死之短長，時也。民苟利矣，遷也，吉莫如之。」遂遷于繹。

臣若水通曰：遷都，大事也。在書稽諸人神，至再至三而後舉。孟子亦以太王之去岐爲不得已，蓋民不可以輕動。邾文公之遷繹，雖未知其得已與否，觀其稽諸人神者，始欲以民之利爲利，終欲以民之命爲命，其利其命，無非爲民，其仁也夫。彼徒犬羊其民者，烏足以語此？

○國語周語：召公曰：「民之有口也，猶土之有山川也，財用於是乎出；猶其有原隰衍沃也，衣食於是乎生。口之宣言也，善敗於是乎興。行善而備敗，所以阜財用衣食者也。夫民慮之於心而宣之於口，成而行之，胡可壅也？壅其口，其與能幾何？」

臣若水通曰：山川所以宣地氣而出財用，猶口之宣人心而言善敗。廣平曰原，下濕曰隰，下平曰衍，有溉曰沃。善謂民所善者，敗謂民所惡者。阜，厚也。與，語辭。能幾何，言不久也。夫人君考德必聽於民，故百工陳諫，庶人傳語，嘗使之宣其情而勿壅也。厲王乃使衛巫以監謗，是壅民之口，民將叛之，亡無幾矣。爲人君居民之上者，慎勿壅其口以自潰也。

○周語：內史過曰：「不親於民而求用焉，民必違之。」

臣若水通曰：內史，周大夫，過其名。用，用其財力也。人君臣妾兆民，貢賦萬國，以勢視之，何者非其所當用？財者民之心也，失其民則失其心矣，而欲用其財可得乎？傳曰：「有德此有人，有人此有土，有土此有財。」又曰：「未有上好仁而下不好義者也。」是故慈保惠懷，薄斂輕徭，親民之謂也。虢公動匱百姓以逞其違，雖欲利，將焉利哉？內史過謂求用先於親民，此真君天下者所當法。

○周語：單襄公曰：「書曰：『民可近也，而不可上也。』詩曰：『愷悌君子，求福不回。』在禮，敵必三讓。』是則聖人知民之不可加也，故王天下者，必先諸民，然後庇焉，則能長利。」

臣若水通曰：回，邪也。加，猶上也。先諸民，先求民志也。庇，猶蔭也，謂先安民然後自蔭也。長利，長有福利也。夫人君居九重之上，故常有輕視下民之心，則凡縱欲以害民者無不至矣。惟聖人之心能畏于民嵒而不敢忽，故有不可上、不可加之心，則知所以畏矣。傳曰：「得乎丘民而爲天子。」有天下者，可不懼乎。

○漢和帝永和元年春，竇憲將征匈奴。侍御史魯恭上疏曰：「萬民者天之所生，天愛其所生，猶父母愛其子。一物有不得其所，則天氣爲之舛錯，況於人乎。故愛民者必有天報。今始徵發，而大司農調度不足，上下相迫，民間之急亦已甚矣。奈何以一人之計，棄萬人之命，不卹其言乎？」

臣若水通曰：書云：「惟天惠民，惟辟奉天。」故人君者，體上天子惠之意而致之民者也。則夫惠鮮子育如父母之愛子，不傷其力則民心可得，而天意亦可副矣。苟以徵發而傷民之力、棄民之命，其不逆天矣乎？噫，魯恭之言，其可謂知重民者矣。

○唐高祖武德九年九月，上曰：「王者至公無私，故能服天下之心。朕與卿輩日所衣食，皆取諸民者也，故設官分職以爲民也。」

臣若水通曰：君者食民之力，民者賴君之治。君而非民，民而非君，皆不能獨生，是上下相須以爲命者也。然民徒知畏君之勢，而君不知畏民之勢，此所以以私滅公，民心不服而危亡至矣。高祖之言，真可爲萬世人君之戒哉。

○唐太宗貞觀十一年八月，魏徵曰：「臣觀自古以來，百姓愁怨，聚爲盜賊，其國未有不亡者。人主雖欲追改，不能復全。故當脩於可脩之時，不可悔之於已失之後也。蓋幽厲嘗笑桀紂矣，煬帝亦笑周齊矣。不可使後之笑今，如今之笑煬帝也。」

臣若水通曰：書云：「敬脩其可願，四海困窮，天禄永終。」故保天禄在於裕民，裕民在於敬脩可願。可願者，善也，天理也。人君不脩其善端，則天理日滅，縱欲日甚，民生日困，饑寒日迫，愁怨日生，其相去而爲盜也必矣，君位其可保乎？魏徵謂「脩於可脩之時」是矣。獨未聞其引君當道志於仁，以不忍人之心，行不忍人之政爾。爲人君者，尚當正其本焉。

○後梁均王龍德二年十二月，晋王李存勗以魏博觀察判官晋陽張憲兼鎮冀觀察

判官，權鎮州軍府事。魏州稅多逋負，晉王以讓司録濟陰趙季良，季良曰：「殿下何時當平河南？」王怒曰：「汝職在督稅，職之不脩，何敢預我軍事！」季良對曰：「殿下方謀攻取而不愛百姓，一旦百姓離心，恐河北亦非殿下之有，況河南乎？」王悅，謝之。自是重之，每預謀議。

臣若水通曰：孟軻云：「得天下有道，得其民斯得天下矣。得其民有道，得其心斯得民矣。」夫財者民之心，晉王方謀攻取，乃急於征稅，而不愛百姓，是欲用民力而先傷民心也。倒戈之禍，皆鹿臺、鉅橋傷心之民爲之也，可不畏哉。後之爲君者，宜鑒季良之言。

○賈誼新書曰：君子之富貴也，至於子孫而衰，則士民皆曰，何君子之道衰也，數也。不肖暴者禍及其身，則士民皆曰，何天誅之遲也。夫民者，萬世之本也，不可欺。

臣若水通曰：斯民也，三代之所以直道而行也。民之公是公非，其可畏哉。是故君子之澤，没世不忘，何其長也。小人之禍，時日曷喪，何其速也。書曰：「吉人爲善，惟日不足；凶人爲不善，亦惟日不足。」吁，抑孰知惟日不足者，乃自促其禍也邪？

○劉向説苑曰：武王問政於尹逸，曰：「吾何德之行，而民親其上。」對曰：「使

之以時而敬順之，忠而愛之，布令信而不食言。」王曰：「其度安在？」對曰：「如臨深淵，如履薄冰。」王曰：「懼哉。」對曰：「天地之間，四海之内，善之則畜也，不善則仇也。若何其無懼也。」

臣若水通曰：民心之向背，善惡而已矣。所謂善者，敬、忠、信而已矣。所以行敬、忠、信者，臨深履薄之心而已矣。書曰「兢兢業業」，其謂是乎。人君恒存兢業之心，則能敬忠信于天下之民，而民歸之矣。否則民將不背而爲仇乎？宜武王聞之而發懼哉之嘆也歟。

○韓愈曰：財已竭而斂不休，人已窮而賦愈急，其不去爲盜也亦幸矣。

臣若水通曰：民之爲盜，非天性然也，饑寒迫之也。民之饑寒，非自致然也，賦斂剥之也。傳曰：「文王視民如傷。」夫如傷者，如傷己也。書曰：「恫瘝乃身。」使爲人上者視民之饑寒，如疾痛之在身，視民之傷如傷己焉，則必不至於暴斂以自傷痛矣。夫痛癢不相關，謂之不仁也。是故惟仁君然後能畏民矣。

○宋仁宗至和元年春正月，京師疫。内出犀角二，令太醫和藥以療民。其一通天犀也，左右請留供服御。帝曰：「吾豈貴異物而賤百姓哉。」立命碎之。

臣若水通曰：君道以堯舜爲至，治道以唐虞爲至。仁宗立碎通天犀以療民疫，此即宣王

不忍觳觫之心，足以王矣。使當時有能將順其美，推召災之由，而反求致中和之道，則堯舜可爲矣。況天下之疫或有如京師，而通天犀亦不能盡天下之藥劑也邪？遂使帝心以此爲至，左右以此爲難，仁宗之不得爲堯舜者，其無格心之臣矣。

○宋儒程顥嘗言：鄭戩作縣，定民陳氏爲里正。既暮，有姓陳人乞分居，戩立笞之曰：「安有朝定里正，而夕乞分居？」既而察之，乞分居者，非定里正也。今夫赤子未能言，其志意嗜欲人所未知，其母必不能知之，然不至誤認其意者，何也？誠心愛敬而已。若使愛敬其民如其赤子，何錯謬之有？

臣若水通曰：記云：「若保赤子，心誠求之，雖不中，不遠矣。」夫父子之愛，天性也。誠心而愛敬之，則志意嗜欲未有不得者也。若夫喜怒之私先橫於胸中，則刑及無辜而爵及惡德者，將無所不至矣，豈直錯撻人而已哉？此忽民而不知愛敬者之咎也。

○程顥作縣，凡坐處皆書「視民如傷」四字，常曰：「顥常愧此四字。」

臣若水通曰：「視民如傷」，此文王之所以聖也。如傷者，如傷己也。夫視民之傷如傷己焉，一體之仁也，仁之至也。醫書以手足痿痺爲不仁，語曰不仁便是死漢，不知痛癢。痛癢相關，此文王視民如傷之心也。爲人君欲師文王者，當因程顥之言以求惠鮮之仁，則仁不可勝

用矣。

○程頤應詔上英宗皇帝書云：百姓窮蹙，日以加甚，而重斂繁賦，消削之不息。天下户口雖衆，而自足者益寡，司牧者治其事爾，非有師保左右之也。其善惡勤惰、趨利避害，或昧而反之，一從其自然，而困之陷之之道又非一塗。人用無聊，苟度歲月，驅之於治則難格，率之於惡則易摇。民惟邦本，本根如是，邦國奈何？民無生業，困極則慮生，不漸善教，思利而志動，乘間隙則萌姦宄，逼凍餒則爲盜賊。今兹幸無大故，尚爾苟安。設或遇大饑饉，有大勞役，奸雄一呼，所在必應。以今無事之時尚恐力不能制，况勞擾多事之際乎。天下安危，寔係於此。

臣若水通曰：記云：「得衆則得國，失衆則失國。」民猶水也，水能載物，亦能溺物。故君之防民如防水也。防之於未潰也易，防之於既潰也難。語曰：「願主君無得罪於群臣百姓」，其防民之至也夫。

○張栻經筵講畢，復進有云：「天生民以立君，非欲其立乎民之上以自逸也，蓋欲分付天之赤子而爲之主。人主不以此爲職分，以何爲職分？人主不於此存心，於何所存心？若人主之心念念在民，惟恐傷之，則百姓之心自然親附如一

體。若在我者先散了此意思，與之不相管攝，則彼之心亦將泮涣而離矣，可不懼哉。」

臣若水通曰：物我一體，天之道也，故其感應也如響。君之於民也，其心聚則民心亦聚，其心散則民心亦散，所謂至愚而神者也。書曰：「元后作民父母，有父母之心，則無念而不在民，所欲與之聚之，所惡勿施而民焉。有不父母其君者乎？」是故得爲元后者，得父母之道也。得父母之道者，得其民也。得其民者，得其心也。得民心者，得吾之心也。爲大君者，可不念乎？

〇國朝洪武十五年七月庚戌，上謂翰林院學士宋訥曰：「朕每觀尚書至敬授人時，嘗嘆敬天之事，後世中主猶能知之；敬民之事，則鮮有知之者。蓋彼自謂崇高，民皆事我者，分所當然。故威嚴日重而恩撫寖薄。所以然者，只爲視民輕也。視民輕則與己不相干，而畔涣離散。惟能知民與己相資，則必無慢視之弊。故曰：『可愛非君，可畏非民。衆非元后何戴，后非衆罔與守邦。』古之帝王視民何嘗敢輕？故致天下長久者，以此而已。」

臣若水通曰：書云：「撫我則后，虐我則讎。」民以爲讎，則后非其后矣。故得乎丘民爲天

子，失乎丘民爲匹夫。民不亦可重乎？不亦可畏乎？書曰「弗畏入畏」，故在於人君一念之微爾。君心知畏，仁以撫之，則戴之爲君；君心弗畏，不仁以虐之，則叛而爲讐。自古之治亂興亡，未有不在是也。皇祖諭宋訥及此，真知君民一體，而得興邦致治之本，爲萬世之所當法也歟。

○洪武十八年七月，上問近臣：「今天下百姓安否？」左春坊左贊善劉三吾對曰：「賴陛下威德，四方無虞，盜賊屏息，比歲豐登，民皆安樂。」上曰：「天下人民之衆，豈能保其皆安。朕爲天下主，心常在民，惟恐其失所。故每加詢問，未嘗一日忘之。」三吾對曰：「聖心拳拳若此，恩德之及民者深矣。」上曰：「恩德亦非徒然。醫如盧扁，不施藥石，病不自瘳；匠如公輸，不施繩墨，木不自正。君如堯舜，無紀綱法度之施，而但曰恩德，所謂徒善不足以爲政也。」

臣若水通曰：傳云：「聖人既竭心思焉，繼之以不忍人之政，而仁覆天下矣。」皇祖心常在民，每問安否，可謂竭仁心矣。猶欲施於綱紀法度之間，所謂先王有不忍人之心，斯有不忍人之政乎。惜乎當時侍臣不能將順其美，而徒以諛言進也。聖明統理民物，尚當以聖祖之心爲心。

○永樂元年十二月，太宗皇帝宴閒顧問侍臣曰：「今一歲又終，外間軍民安否如何？」對曰：「陛下臨御以來，所施無非仁政。今軍民皆安，正太平無事之時。」曰：「太平豈易言，朕惟遵皇考成憲以爲治，如得雨暘時若，年穀豐登，兵革不興，兆民安樂，朝無奸邪，然後可爲太平無事。」

臣若水通曰：君民一體，民安則君安，民危則君危，其相關有如此者。後世昏主，以秦越視之，不亦異乎。此所以治日少而亂日多也。惟我太宗皇帝，方歲云暮，念及軍民安否，而不敢以太平自居，所謂視民如傷者邪？其仁天下之心，何其至哉。聖子神孫，萬代當鑒也。《書》曰：「欽若先王成烈，以休于前政。」惟聖明留神焉。

聖學格物通卷之十八

正心格

臣若水序曰：正心何以言格物也？程頤曰：「格者，至也。物者，理也。至其理，乃格物也。」至也者，知行並進之功也。於心焉而至之也，至其心之理也。學者讀是編焉而感通吾心之理，念念而知於斯，存存而行於斯，以有諸己，則格物之功庶乎於正心焉盡之矣。

正心上

○易咸：九四，貞吉，悔亡。憧憧往來，朋從爾思。

臣若水通曰：咸也者，感也。咸卦取象諸身，人之於身也，無不兼知，則亦無不兼感也。

九四，心也。心也者，無感不通者也。以陽明居正，故爲貞吉。貞者，心之本體，天理也，感通之道也。以貞而感，則心普萬物而無心，情順萬事而無情，公而溥也。無有不感，則無有不應，吉而悔亡也。悔生於私，心體虛明，憧憧則私矣。物累而不化，將迎而無窮也。感之私而應之者亦私，朋比之從也。故繫辭傳曰：「天下何思何慮。」思慮者，憧憧也。「同歸而殊途，一致而百慮」，一貫之道也，貞也，貞則感而遂通矣。憧憧者，心之不正也。

○同人：文明以健，中正而應，君子正也。唯君子爲能通天下之志。

臣若水通曰：同人者，同於人也。同於人，故能通其志。上乾下離，故有文明剛健之象。五二皆居中位正，故有中正而應君子正道之象。夫文明者虛靈也，剛健者直方也，中正者不偏倚也。同德而應信也，是虛靈方直而不偏心之本體。所謂天理是心也，人人之所同有也。心同則志同，而無不感通矣。蓋君子之心，先得人心之所同然也。故視千萬人之心猶己之心也，以一己之心推之千萬人無間也，所謂「同人于野」是也。人皆有之，特君子不失其正爾。

○晉：六五，悔亡，失得勿恤。往吉，無不利。

臣若水通曰：六五，以陰柔不正宜有悔，以上近剛明，而下皆順從，故悔亡。然其離體高明，以照羣陰，故能去其計功謀利之心，則往吉而無不利也。夫患得患失者，陰邪之人也，私小也，非公正之心也。若夫君子之心，廣大而高明，則失得非所恤矣。以天德而行王道，如天之

覆也，地之載也，功深而恩不露，澤溥而民不知，吉無不利也。非聖人之心廓然大公者，烏足以語此？

○損象曰：山下有澤，損。君子以懲忿窒慾。

臣若水通曰：山下有澤，氣通上潤，有損之象也。君子體此，必損其身心之所當損者，忿與慾是也。忿慾之害心也大矣，必損之而後可以合道。故武王曰「危於忿懥，失道於嗜慾」也。夫天理、人欲，相爲消長，人欲不消則天理不長，懲之窒之，則心之本體復，而天理全矣。懲與窒非强制也，如塞水者窒其源也。常存此心，體認天理，有見則私意退聽矣。不然，愈懲而愈奮，愈窒而愈生，其能免於私欲之害者幾希。

○艮：艮其背，不獲其身；行其庭，不見其人，无咎。

臣若水通曰：艮，止也。背者，一身之止者也。艮之止者，必如背之止，斯爲止之至也。夫性之至善，無間動静。然人心於止之時，則皆至善，天理斯存。動而有不善，而天理滅矣。故君子之學，動静皆定，所謂「艮其背」則止其止矣。然必内外兩忘，人己不見，然後能止。故「不獲其身」，内忘己也；「不見其人」，外忘人也；内外兩忘，則澄然無事矣。夫然後能止。雖然，不獲其身，必獲其理也；不見其人，必見其理也。記曰：「知止而後有定。」定則天理純全，何咎之有？正心之功，此其至矣。

○艮象曰：兼山，艮，君子以思不出其位。

臣若水通曰：艮爲山；重艮，上下皆山，故有兼山之象。君子觀此，求艮止之道，不越於思焉而已爾。思無邪，而後能止「出位之思」，邪思，即不止矣。位者，所處之時、之地、之事也。所思或非其時、非其地、非其事，是出位也；或滯於時、滯於地、滯於事，亦出位也。必無在而無不在，勿助勿忘，然後能中思，是之謂思不出位。夫思者，心之本體也。思不出位，則吾心之本體正而天理見矣。夫思者，聖功之本也，可不慎乎。

○中孚：中孚以利貞，乃應乎天也。

臣若水通曰：天者，天命賦予之本然中正而信也。人之心不中則不正，不正則不信，皆違天也。是故至中而信，則天理流行，故利而貞。正則人道盡矣，盡人道以復乎天道者也，故曰「應天」。所謂全而歸之也，非益之也，不然天予之而我喪之，豈應天乎？此心學之大端也。

○書虞書大禹謨：人心惟危，道心惟微。惟精惟一，允執厥中。

臣若水通曰：此乃帝舜傳授大禹以心學也。心者，人之精神虛靈知覺者也。頃刻之間於軀殼上起念，血氣用事，即謂之人心；頃刻之間於義理上起念，德性用事，即謂之道心。故程顥曰「人心人欲，道心天理」是也。危者，危言、危行之危，言大也。微，猶滅也。惟危、惟微二句相因，說天理人欲不容並立，人欲長一分，則天理消一分。故人心日以長大，則道心日以微滅。精以察

見此理，即學問思辨之事，屬知；一以存養此理，即篤行之事，屬行。知行並進，即執中之功。夫中，即此天理是也。天理則不偏不倚、無過不及，故謂之中。允，信也。執，謂有之於己之意，信有諸己，則與中道而一矣。故曰「惟精惟一，允執厥中」。堯之傳舜，只曰「允執厥中」。知行混合，體用一原，以聖授聖，故不待言功夫也。至是舜傳禹，始有「人心」「道心」、「惟精」「惟一」之説，則又推「執中」之功夫言之。此萬世心學之源，於人君聖學最爲切要。自後言「建中」「建極」，言「博約」「一貫」，言「止至善」「格物」，言「學問」「思辨」「篤行」，言「集義」「養氣」，言「誠」，言「敬」，皆本於此。舍此則人欲横流，天理滅絶，雖有天下，不能以平治矣。惟聖明留意焉。

○商書盤庚：汝猷黜乃心，無傲從康。

臣若水通曰：此盤庚遷都告群臣之言。猷，謀也。黜，去也。無，與毋同。言汝羣臣各謀去汝之私心也，毋得傲上之命，從己之安。傲上從己，皆原於私心之發。故私心亡則心正矣，心正則自無傲上、從康之事矣。此正心處事之要，爲人上者，可不知乎？

○周書蔡仲之命：率自中，無作聰明亂舊章。詳乃視聽，罔以側言改厥度。

臣若水通曰：此成王告蔡仲之言也。率，循也。無，毋同。詳，審也。中者，吾心本體之正，而無過不及者也。舊章者，先王之成法。厥度者，吾身之法度，皆中之所出者。作聰明、聽側言，皆由心之不中不正。心既中正，則自無作聰明、偏視聽之事。遠則舊章，近則吾身，可以

無紛更冒亂之患矣。爲人上者，可不正心以爲萬事之本乎。

○周書周官：作德，心逸日休；作僞，心勞日拙。

臣若水通曰：此成王申戒卿士，持恭儉而處富貴之言也。逸，安也；休，閑靜也。德者，所得之理，心之中正者也。作德則心中自然無所矯戾，故内省不疚，不憂不懼，心常安逸而休休，無入而不自得矣。若有所矯飾而爲，内無恭儉之心，而外爲恭儉之事，是謂作僞。僞則掙護不暇，故心勞。然有諸中、形諸外，自不覺真情之發見矣，故曰「日〔一〕拙」。然則作德作僞，在人所自作爾。此君子正心之學，必貴於謹獨也歟。

○詩曹風鳲鳩：其儀一兮，心如結兮。

臣若水通曰：詩美君子用心純固，而内外合一也。言淑人君子，其見於動作威儀之間者，既一而有常度矣。其儀一，則知其心純全專一而如結矣。蓋和順積中，而英華發外，自有不可掙者矣。夫心無内外者也，故離内以言心，不知心者也；離外以言心，亦不知心者也。惟知合一之道，則何心非事，何事非心；何内非外，何外非内。周敦頤曰：「動而無動，靜而無靜。」程顥曰：「無内外、無將迎，體用一源，顯微無間，心之本體也。」故外則儀一，内則心結，由中達外，其本然者不得而不一也。然則君子事内乎？事外乎？養其中以達諸外，内外合一，吾心正矣。心正而中立焉，中立而和生焉。是謂大本達道，心事一貫，聖學之體用備矣。

○小雅小弁：相彼投兔，尚或先之。行有死人，尚或墐之。君子秉心，維其忍之。

臣若水通曰：天地以生物爲心，人得其生生者以爲心。不忍之心，人孰無之？故人於被逐投人之兔，猶或哀而脱之；於死而暴露之骼，猶或哀而掩之，皆不忍之心發於自然者，不容已爾。幽王何獨無是心乎？乃信讒而逐其子，投兔、死人之不若矣。夫父子之愛，天性也，人之心也。幽王於是乎無人心矣。心非初無也，良由蔽於褒姒之譖。有天下者，秉其不忍之心而擴充之，雖斬一木、殺一獸，非其時不忍也，況於人乎？況於親乎？故曰：「先王有不忍人之心，斯有不忍人之政。」亦惟察識而擴充之爾。

○小雅節南山：式訛爾心，以畜萬邦。

臣若水通曰：式，敬也；訛，變化之意。宋儒朱熹云：「家父自言作爲此誦，以究王政昏亂之所由，冀其改心易慮，以畜養萬邦也。」孟子曰：「人不足與適也，政不足間也，惟大人爲能格君心之非。」蓋以君心者用人行政之本，而萬邦休戚之所關也。故正心變而邪焉則蔽，蔽則正人遠，奸邪秉國，而萬邦蒙其禍矣。邪心變而正焉則明，明則邪人遠，正直秉國，而萬邦蒙其福矣。故喪亂弘多，瘁勞百姓。人皆知尹氏之禍，然豈知王心之蔽爲之乎。家父訛心之説，其殆知大人格心之學乎！惜乎其格之不豫。司馬光所謂治之於著，用力多而功寡矣。臣竊願於聖敬方躋之時，益進夫誠意正心之學，庶聖心益正而聖德益明，則正士滿朝，奸邪遠迹，善政

協于萬邦，社稷生靈之福也，天下幸甚。

○大雅皇矣：帝謂文王，無然畔援，無然歆羨。

臣若水通曰：畔援，言叛此而攀彼。無畔援，則心中正而不私也。歆羨，欣欲愛慕。無歆羨，則剛直而不流也。文王無是二者，故心極其正，而深造乎道也。夫人心至虛，本無一物，本體中正，何嘗有所謂畔援、歆羨哉？有所畔援、歆羨者，皆心與於物者也。心與於物則滯於物，而非本體矣。文王之心廓然大公，物來順應，生殺與奪，一隨物付之而已，初何有與於物哉？無與於物，故無畔援、無歆羨。所謂天地心普萬物而無心，聖人情順萬事而無情者也。情而無情，心之本體正矣，本體正則天理盡矣。天理者，道之極也，故曰「誕先登于岸」。雖然，豈惟文王然哉！千聖一心，萬古一理，人主苟能正心，乾乾不息，廓而清之，神而明之，使一心之中廣大高明，一物無所與焉。大公順應，是亦文王而已矣。

○春秋：隱公元年。

臣若水通曰：此魯惠既没，隱公嗣位之始年也。春秋謂一爲元者何？宋儒胡安國曰：「元即仁也。仁，人心也，所以明君用也。」蓋乾元資始，坤元資生者，天地之用也。人得是元以生。仁也者，心之生理渾然，萬物一體者也。大君者，天地之宗子，而勿忘勿助，正心體元者，所以爲治天下國家之本也。本正則乾坤合德，而百官萬民莫敢不一於正矣。春秋紀元，所

以開萬世心學之源也歟。

○桓公十五年：春二月，天王使家父來求車。

臣若水通曰：春秋書天王使來求車，譏侈心失王度也。夫遣使需索之謂求。命車、命服，天子所以錫於臣下也。桓王，天下之共主，以喪事來求貨財，已爲不可，況車服乎。所以然者，以侈心一動，莫爲防制，顛倒迷惑，冠屨爲之倒置，而王室衰亂，莫能救也。然則心之正、不正，豈小故哉？

○莊公十七年：齊人執鄭詹。

臣若水通曰：春秋〔書〕〔二〕齊人執詹者何？惡齊也。桓爲霸主，宜正己以格物，尊君以率下。而乃以鄭不朝己，擅執其執政，可謂正己以尊君乎？其何以格物而率下也？宜乎春秋責備之也。

○僖公二十八年：衛侯出奔楚。

臣若水通曰：春秋書衛侯出奔楚者何？咎文公也。王者莫大乎存心，存心莫大乎公恕。胡安國曰：「心不外者，乃能統大衆；智不鑿者，乃能處大事。」晉文舉動煩擾，憾衛侯之不禮，拒之於斂盂之盟，則陷於私，鑿其智而心不廣矣。春秋責晉文，以見君人者，當宅心以廣大

高明，而不以私小也。

○宣公四年：春，王正月，公及齊侯平莒及郯。莒人不肯，公伐莒，取向。

臣若水通曰：春秋書齊、魯平莒、郯，何也？譏也。平者，聖人之所貴也，何爲而譏之？非譏其平也，譏其平之不平也。蓋無偏無黨，王道之平平也。以齊、魯而平郯、莒，講信脩睦，將利二國以不争也。然而莒人不肯，則以宣公偏繫於郯，而失平怨之本爾。夫郯、莒微國，不足以當天下之十一，懷私以取平，尚猶不可，況天下乎？故平天下之道，在於絜矩。矩者，吾心之理也。絜者，推吾心以度天下也。好善惡惡，先正吾心之矩，然後推之於天下，而無弗同者矣。故君子貴格物。

○禮記禮運曰：故宗祝在廟，三公在朝，三老在學，王前巫而後史，卜筮、瞽侑皆在左右，王中心無爲也，以守至正。

臣若水通曰：宗祝在廟，以贊禮也；三公在朝，以論道也；三老在學，以示教也。前設巫人，以通鬼神也；後設史官，以紀言動也；設卜筮，以決吉凶也；設瞽侑，以宣歌樂也。大而廟朝，小而左右，罔非正人，所以養吾心之正也。王中心夫何爲哉？守吾心之正而已矣。孔子曰：「無爲而治者，其舜也與？夫何爲哉？恭己正南面而已。」夫人心本正也，而有不正者，人

爲害之也。得人以輔之，而已無所爲焉，則心之本體正矣。

○玉藻曰：古之君子必佩玉，右徵、角，左宫、羽，趨以采齊，行以肆夏，周旋中規，折旋中矩。進則揖之，退則揚之，然後玉鏘鳴也。故君子在車則聞鸞、和之聲，行則鳴佩玉，是以非辟之心無自入也。

臣若水通曰：徵、角，陽也，而右佩，陰中陽也。宫、羽，陰也，而左佩，陽中陰也。皆玉也。路寢門外至應門謂之趨，路寢門内至堂謂之行。采齊、肆夏，詩名，歌之以節行也。規圓矩方也，鸞在衡、和在軾也。人心之不正，多引於淫聲。古之君子，和鸞之設所以養於車也，佩玉之鳴所以養於行也。是故右徵、角，左宫、羽，陰陽之交，所以養中和之德也。采齊、肆夏規矩揖揚，所以養之於行節也。行中節也，然後玉鏘鳴。玉鏘鳴也，然後非心滌。非心之萌，自外感内者也。心之本體無不正也，觸於外感乎内，斯主之矣。入者，主之也，非心體之本然也。故人君之心，在養正而已矣。

○學記曰：學者有四失，教者必知之。人之學也，或失則多，或失則寡，或失則易，或失則止。此四者，心之莫同也。知其心，然後能救其失也。教也者，長善而救其失者也。

臣若水通曰：學之不明也久矣，蓋由其不識心爾。知心之病，斯能知心之本體矣。故知多、寡、易、止之失，則知不多、不寡、不易、不止，而心正矣。是故有以用心於博聞强識之支離者，其失也多；有以不用心而徑超頓悟者，其失也寡；有以粗心於百姓日用，其失也易；有以甘心於自暴自棄，其失也止。四失者，過與不及，皆非吾心本體之正也。是故古之教者，觀病以知心，因心以救失，惟以長養其善念爾。蓋善也者，吾心之天理也。學者苟知天理爲本體而隨處體認焉，則無過不及，勿忘勿助之間自有易簡之道，而帝王心學之傳在是矣。謹以爲聖明心學萬一之助。

○樂記曰：致樂以治心，則易直子諒之心油然生矣。易直子諒之心生則樂，樂則安，安則久，久則天，天則神。天則不言而信，神則不怒而威。

臣若水通曰：致者，約而有諸己之意，孟子曰「樂之實，樂斯二者」是也。仁義之良心，人所固有，不待外求。樂所以養吾心之中和，内外合一者也。朱熹曰：「『子諒』讀爲『慈良』。易直慈良之心，仁也。仁心生則樂矣，樂有諸己則安矣，安則不息矣，不息則天在我矣，天在我則妙萬物而神矣。是故天則不言而民信也，神則不怒而民威也。信且威，樂以治心之功用至矣。

○緇衣：子曰：「心莊則體舒，心肅則容敬。心好之，身必安之。」

臣若水通曰：心者，合内外而一之者也。故容貌身體皆心也，其心可不正乎？

校記：

〔一〕「日」，原作「目」，據嘉靖本改。

〔二〕「書」，據嘉靖本補。

聖學格物通卷之十九

正心中

○論語：子曰：「詩三百，一言以蔽之，曰：思無邪。」

臣若水通曰：此聖人揭魯頌駉篇之指以示人也。夫思者，心之神也，心體何嘗不正？思焉而幾動，則善惡分矣。心之本體至正而善也，私意萌焉則邪惡矣，而心中正之體無不在，特蔽於私爾。思無邪，所以復心之本體也。人能隨處體認，察見本體而涵養之，則內欲不萌，外誘不累，而心思之神澄然無事，是謂無邪也。不能見理，則私心邪念潛伏於中，雖欲規規焉除之，不免於滅東生西之患矣，欲其無邪也得乎？

○子曰：回也，其心三月不違仁，其餘則日月至焉而已矣。

臣若水通曰：仁者，心之生理也。程顥所謂心如穀種，仁則其生之性是也。仁未嘗與心

判爲二物也，蔽於邪私則心爲人心，而天理滅矣，故違而二之。顔子克己故禮復，禮復則天理流行，與心爲一，故曰「不違仁」。三月言其久也，久於仁也。「其餘日月至焉」者，蓋或一月之内存乎仁，或一日之内存乎仁，不能如顔子之久矣。如謂必日月而後一至焉，豈聖門之賢之學哉。先儒謂顔子有王佐之才，觀其心不違仁，是有天德矣。有天德便可以語王道，此顔子所以爲王佐乎。伏惟聖明，取顔子之學，以志仁爲要，尤博求天下學顔子之學者以爲輔，則君臣咸有一德，而王道成矣。

○子絶四：毋意、毋必、毋固、毋我。

臣若水通曰：此聖門心學之要，門人記聖人之所以教人者，即「子以四教」之意也。夫心之本體無一物也，如天地之至公，有物則非本體矣。張載曰：「四者有一焉，則與天地不相似。」四者在人相爲終始，有則俱有，無則俱無，惟聖人之心廓然大公，物來順應，故無四者之病也。然此不曰無而曰毋者，蓋常以禁止學者之辭也。學者誠能體認天理，不以己與物克，去四者之私，不爲本體之累矣。故程顥曰「敬則無己可克，始須絶四」，又曰「意必固我，既亡之後，必有事焉」。夫四者既亡，則天理自見，是謂有事。否則雖強無之，且將失於空虛，流於異學，而何可以入道哉？此學者所當自究竟也。

○孟子曰：人皆有不忍人之心。先王有不忍人之心，斯有不忍人之政矣。以不

忍人之心，行不忍人之政，治天下可運之掌上。所以謂人皆有不忍人之心者，今人乍見孺子將入於井，皆有怵惕惻隱之心，非所以内交於孺子之父母也，非所以要譽於鄉黨朋友也，非惡其聲而然也。由是觀之，無惻隱之心，非人也；無羞惡之心，非人也；無辭讓之心，非人也；無是非之心，非人也。惻隱之心，仁之端也；羞惡之心，義之端也；辭讓之心，禮之端也；是非之心，智之端也。人之有是四端也，猶其有四體也。有是四端而自謂不能者，自賊者也。謂其君不能者，賊其君者也。凡有四端於我者，知皆擴而充之矣，若火之始然，泉之始達。苟能充之，足以保四海；苟不充之，不足以事父母。

臣若水通曰：孟子此章，直指本心，體用全具，可謂深切而著明矣。不忍人之心，即心之生理，所謂仁也，即下惻隱之心，至於羞惡、辭讓、是非之心，即是四端之發，隨感而異見爾，非謂原有四心也。夫惟聖人有是心則有是政者，所謂體用一原也。君子能知是心而擴充之，復其本心也。衆人不能，則此心雖發，將隨發隨泯、自暴自棄者也。雖然，充之則足以保四海，不充之不足以事父母，是故帝堯之德，光被四表。後之人主，或以天下之大不能悦其親，而遂肆欲以危宗廟社稷，是心充與不充之間，其所係豈細故哉？故人君苟不失其本心之正，斯不失天

下之心，而天下國家可保也。

○孟子曰：君子之所以異於人者，以其存心也。君子以仁存心，以禮存心。

臣若水通曰：此孟子明君子所存之心，示人以正心之學也。夫以仁禮存心，非謂取諸外以存之也。仁即是心之生理，禮即是心之天理。同是一理，苟能體認此理而心存，存即無一念而非仁禮矣。此乃復吾心本體之正，非由外鑠我也。我之心也，得其心則得仁禮矣，失其心則失仁禮矣。此君子之所以異於人者，乃得人心之常爾，豈別有異於人哉？故君子之學，在於體認天理而存〔之〕〔二〕，隨感而見，施之愛人則爲仁，施之敬人則爲禮，本立而道自生矣。

○孟子曰：雖存乎人者，豈無仁義之心哉？其所以放其良心者，亦猶斧斤之於木也。旦旦而伐之，可以爲美乎？其日夜之所息平旦之氣，其好惡與人相近也者幾希，則其旦晝之所爲有梏亡之矣。梏之反覆，則其夜氣不足以存；夜氣不足以存，則其違禽獸不遠矣。人見其禽獸也，而以爲未嘗有才焉者，是豈人之情也哉？故苟得其養，無物不長；苟失其養，無物不消。孔子曰：「操則存，舍則亡。出入無時，莫知其鄉。」惟心之謂與？

臣若水通曰：夜氣之說，未之前聞也。至孟子而始發之，於此可以知理氣之合一矣。夫

仁義之心，即吾心之生理，所謂性也。旦晝不害其性，則夜氣益清。夜氣既清，則旦晝之理益明。蓋性之存亡，係乎氣之清濁。氣得其中正，即仁義之性也。故曰「合一」。奈何人之轉展相害，使夜氣薄濁，而仁義之良心亦亡。要之良心之消長，顧人所以養之者何如？引孔子之言，正以明心之不可以頃刻失其養也。學者誠能隨時隨處察識此心之本體而涵養之，造次顛沛必於是，旦晝常如夜氣之時，則何往而非仁義哉？李侗曰：「孟子夜氣之説，於學者極有力。」有志於學者，所宜務焉。

○孟子曰：人有鷄犬放，則知求之。有放心，而不知求。學問之道無他，求其放心而已矣。

臣若水通曰：仁，人心；義，人路。孟子既重爲不由不求者哀矣，於此復致意於放心之求者，何哉？蓋萬事萬變皆本於心，千聖千賢皆是心學。欲求放心，非强制、妄想能之也，在於學問爾。孔子曰：「吾嘗終日不食，終夜不寢，以思，無益，不如學也。」中庸學問、思辯、篤行之事是也。故學問之道，不過只爲此心求其放失者而已。人纔學問，則有以管攝此心，發明此心，不求而復矣。所謂博學切問，仁在其中也。然而人君以一心而受衆欲之攻，尤易以放，故尤當自力以求之。求之匪他，惟學問體認天理，存存於勿忘勿助之間。心存則仁存，仁存則義路以由矣。存心也者，其聖學之要乎！

○孟子曰：養心莫善於寡欲，其爲人也寡欲，雖有不存焉者寡矣。其爲人也多欲，雖有存焉者寡矣。

臣若水通曰：心之本體即天理也，欲害之，故失其本體爾。莊周曰：「其嗜欲深者，其天機淺。」夫欲去一分則理存一分，欲去十分則理存十分，而心之本體正矣。周敦頤曰：「聖可學乎？曰：可。有要乎？曰：一爲要。一者，無欲也。無欲則静虚動直。静虚則明，明則通；動直則公，公則溥。明通公溥，庶矣乎。」然則志於聖學者，必自寡欲以去其害心者，然後可也。

○左傳莊公四年：春，王三月，楚武王荆尸，授師孑焉，以伐隨。將齊，入告夫人鄧曼曰：「余心蕩。」鄧曼歎曰：「王禄盡矣。盈而蕩，天之道也。先君其知之矣。故臨武事，將發大命，而蕩王心焉。」

臣若水通曰：鄧曼知王心之盈蕩，而歎王禄之盡是矣，特謂先君蕩之則非也，王自蕩也。人之一心至微而見，至隱而顯，操舍之機在敬肆之間爾。人心皆然，而況君心尤易肆者乎。荆即楚。尸，陳。孑，戟。〔始〕〔二〕制楚兵陳法，用戟授師伐隨，其心驕盈。惟盈故蕩，一念之微爾，鬼神得以窺之，婦人女子得以知之。徒以其身而與國俱燼者，不足惜也，其爲後世之永鑒，亦至明矣。故爲人君者，當正此心，以爲天下萬事之本焉。

○昭公二十一年：春，天王將鑄無射。伶州鳩曰：「王其以心疾死乎？夫樂，天子之職也。夫音，樂之輿也；而鍾，音之器也。天子省風以作樂，器以鍾之，輿以行之。小者不窕，大者不㧈，則和於物，物和則嘉成。故和聲入於耳而藏於心，心億則樂。窕則不咸，㧈則不容，心是以感，感實生疾。今鍾㧈矣，王心弗堪，其能久乎？」

臣若水通曰：無射，鍾名。窕、㧈，鍾之弊病也。人之心無所不感也，其可以一或不正乎？景王之死心疾也，心疾之死，曷爲于無射見之？樂記曰：「凡音之起由人心也。人心之動，物使之然也。」無射之㧈者，心之感于音者乎。是故即音以知其心，即心以知其疾，即疾以知其不久也決矣！人君知此，蓋必正其心、約其情，使聲和則氣和，氣和則形和，形和則天地之和亦至矣。

○昭公二十五年：宋公享昭子，賦新宮，昭子賦車轄。明日宴，飲酒，樂。宋公使昭子右坐，語相泣也。樂祈佐，退而告人曰：「今茲君與叔孫，其皆死乎？吾聞之，哀樂而樂哀，皆喪心也。心之精爽是謂魂魄，魂魄去之，何以能久？」

臣若水通曰：哀樂，情也。情者，心之發也。敬也者，其操之之要乎？敬存則心存，心存

則情正，情正則哀樂之發各當其可，初非有意爲之也。宋公之與昭子當宴而泣，其得哀樂之正乎？心有不存焉故爾。宋儒朱熹曰：「凡人之病皆可治，惟心病則難。」幸毋陷於心病，使無下藥之理哉。

〇國語周語：單穆公曰：「夫耳目，心之樞機也，故必聽龢而視正。聽龢則聰，視正則明。聰則言聽，明則德昭。聽言昭德，則能思慮純固。以言德於民，民歆而德之，則歸心焉。」

臣若水通曰：穆公，王卿士，單靖公之曾孫。樞機，發動所由也。心有所欲，耳目爲之發動，習於和正，則心可正矣。夫人心之神，皆發於耳目。故書曰：「不役耳目，百度惟貞。」百度者，心之謂也。故耳和目正，則心亦正而常存矣。夫然後思慮純固，言順德昭，而民心歸焉。爲人君者，可不慎耳目之好，養其心以爲化民之本乎！伏惟聖明留意焉。

〇晉語：竇犨曰：「君子哀無人，不哀無賄；哀無德，不哀無寵；哀名之不令，不哀年之不登。」

臣若水通曰：竇犨，晉大夫。哀，猶慮也。登，高也。賄，財也。寵，位也。年，壽也。富、貴與壽三者，皆人之欲也。然所欲有甚於此者，有德、有人、令名之謂也。孟子曰：「君子有終

身之憂」，是其所哀者大矣。爲人上者，德脩則人歸名從，而彼皆所性不存者矣。簡子能信寶犨之言，則哀樂得其正，情不蕩而性不鑿矣乎。

○楚語：觀射父曰：「聖王正端冕，以其不違心，帥其羣臣精物以臨監享祀，無有苛慝於神者，謂之一純。」

臣若水通曰：觀射父，楚大夫。端，玄端之服也。冕，大冠也。監，視也。不違心，謂心思端正，則服正端冕。夫純心者，享神之本也。故正端冕、無苛慝，純心之謂也。語曰「惟聖人爲能享帝」，心之純也。聖人純其心以承天之心，故昭孝息民，天神來格，而錫福無疆也。爲天地民物之主者，可不知所以養其心耶？

○唐太宗貞觀元年，上謂太子少傅蕭瑀曰：「朕少好弓矢，得良弓十數，自謂無以加。近以示弓工，乃曰：『皆非良材。』朕問其故，工曰：『木心不直，則脈理皆邪。弓雖勁，而發矢不直。』朕始寤曏者辨之未精也。」

臣若水通曰：夫人與物莫不有心，觀物則知人矣。弓工之言不爲無見，其殆輪扁之流乎？唐太宗知愛弓，而不知愛身；知弓之木非其心，而不自知其心之非正，可謂自知自愛乎？骨肉相殘，閨門慚德，非自其不正之心發之乎？易曰：「正其本，則萬事理。」工之言，暗合此

矣夫！噫，一弓之微，而尚欲端本如此，況人君居天下之尊乎。書曰：「惟木從繩則正，后從諫則聖。」使太宗之愛身如愛弓，則必於臣之進諫，求正心之術矣。而乃不然，一時諸臣又未有知正心之學者，以將順其美，豈不爲千載英君之一歎歟！

○唐太宗貞觀十七年，上謂侍臣曰：「人主惟有一心，而攻之者甚衆，或以勇力，或以辯口，或以諂諛，或以姦詐，或以嗜欲，輻湊攻之，各求自售，以取寵禄。人主少懈而受其一，則危亡隨之，此其所以難也。」

臣若水通曰：人君以正心爲本，一心正則羣邪不入矣。人心危而道心微，一有不正則亂亡相隨。太宗蓋知之矣。雖然，卒未聞其有大學正心之道，治不三代，何足怪哉。

○唐中宗神龍元年，左拾遺李邕上疏，以爲：「詩三百，一言以蔽之，曰思無邪。若有神仙能令人不死，則秦始皇、漢武帝得之矣；佛能爲人福利，則梁武帝得之矣。堯舜所以爲帝王首者，亦脩人事而已。尊寵此屬，何補於國？」

臣若水通曰：古先哲王皆以正心爲正萬事之要，故心思之本體無邪也。其有邪者，欲誘之也。仙道、佛教皆其一二也，其於身心、國家何補哉？李邕引「思無邪」之一言爲戒，良有以也，可以爲人君慕仙事佛者之鑒。

〇唐憲宗元和三年，嘗問裴垍：「爲理之要何先？」對曰：「先正其心。」

臣若水通曰：惟大人爲能格君心之非，君正莫不正，一正君而國定矣。君心克正，則用人行政皆出於正，而國豈有不治乎？裴垍之言善矣，惜乎未聞有正心之學足以格君也。

〇唐憲宗元和十五年，上見夏州觀察判官柳公權書跡，愛之。辛酉，以公權爲右拾遺、翰林侍書學士。上問公權：「卿書何能如是之善？」對曰：「用筆在心，心正則筆正。」上默然改容，知其以筆諫也。

臣若水通曰：萬事萬變生於心，心正則莫不正矣。憲宗聞公權正心之説而改容，豈非惻隱之心所發乎？然而不能用之，使啓心沃心以究正心之學，擴充之以保四海，惜哉！

〇賈誼曰：楚懷王心矜好高，人無道而欲有伯王之號，鑄金以象諸侯，趨君令。諸侯聞之，以爲不宜，故興師伐之。〔三〕

臣若水通曰：心之本體無物也，無物故神。好矜好高，心之蔽也。矜高者勝心，人思以勝心乘之矣，勝心者召敵之媒也。語曰：「魚惡其網，人惡其上。」勝心之召也。故君子先正其心，使克伐不存，則天下莫與争功争能矣。

〇賈誼曰：諸侯凡有治心者，必脩之以道，而興之以敬，然後能以成也。〔四〕

臣若水通曰：率性之謂道，勿忘勿助之謂敬。是故敬立而道脩矣，道脩而治成矣。故心也者，萬事萬化之大原乎。

○宋太祖建隆三年春正月，宋廣東京城。宋主既廣汴城，且命有司畫洛陽宮殿，按圖脩之，以韓重贇董其役。營繕既畢，宋主坐寢殿，令洞開諸門，皆端直軒豁，無有壅蔽，謂左右曰：「此如我心，若有邪曲，人皆見之矣。」

臣若水通曰：人君一心之邪正不可掩也，心正則天下皆知其正，心邪則天下皆知其邪。深宫獨處之地，淵衷隱微之所，潛雖伏矣，亦孔之昭。故曰「莫見乎隱，莫顯乎微」。宋祖以重門端直軒豁比其心，心有邪曲，人皆見之，庶乎能知正心者矣，宜乎創業垂統遠過漢唐也。惜其正心之道知足以及之，仁不能守之，此宋之治所以不三代乎！

○宋哲宗元祐四年，東平公吕公著卒。公著自少講學，即以治心養性爲本，於聲利紛華泊然無所好，簡重清静，苟便於國，不以利害動其心。

臣若水通曰：孟子言：「盡心知性而知天，存心養性以事天。」蓋必知所有，而後能養所有也。史稱公著學以治心養性爲本，蓋即孟子存心養性之意也，獨不知其於盡心知性知天者何如爾。苟不知之，則所存所養者何事？程頤云：「只被君家學佛。」公著父子多讀釋氏書，故其

父子反以程頤兄弟爲所見者淺近，則史所謂性者又未可知也。故君子之學以盡心存心爲務，以知性養性爲要。

○宋高宗紹興三十二年，召張浚入朝，以爲江淮宣撫使，封魏國公。帝手書召浚入見，浚至，帝改容曰：「久聞公名，今朝廷所恃惟公。」因賜之坐。浚從容言：「人主之學，以心爲本。一心合天，何事不濟？所謂天者，天下之公理而已。必兢業自持，使清明在躬，則賞罰舉措無有不當，人心自歸，敵讎自服。」帝悚然曰：「當不忘公言。」加浚少傅、魏國公，宣撫江淮。

臣若水通曰：觀張浚之言，似乎得心學之旨，上可以啓君心之明，下足以救人心之溺者矣。雖然，知而不行，猶爲不知；知行並進，而後心學可純也。浚以吴玠之故殺曲端，則行浸潤之譖，謂之不明。詆李綱、趙鼎而不獲大用，則以愛憎爲用舍，謂之不公。不明生于不公，不公由于不察見天理，則亦何貴於心學之説也。噫！心學不純，而欲格君心之非，望之爲堯舜者，未之有也，敢附春秋責備賢者之義。

○宋孝宗乾道三年，以陳俊卿參知政事，劉珙同知樞密院事。珙自河南召還，初入見，首論獨斷雖英主之能事，然必合衆智而質之以至公，然後有以合乎天理人

心之正，而事無不成，若棄僉謀、狥私見，而有獨御區宇之心，則適所以蔽四達之明，而左右私昵之臣，將有乘之以于天下之公議者。又論羨餘和糴之弊。帝皆嘉納之，授翰林學士。復上言：「世儒多病漢高帝不悦學、輕儒生，臣以爲漢高帝所不悦者特腐儒宿學爾。使當時有以二帝、三王告之，知其必敬信，功烈不止此。」因陳聖王之學，所以明理正心，爲萬事之綱。帝稱善，遂拜樞副。珙因薦張栻、汪應辰、陳良翰學行于帝。

臣若水通曰：宇宙之内，人心一而已矣。何則？天一而已矣。故一人之心，即千萬人之心；一時之心，即千萬世之心。孔子曰：「斯民也，三代之所以直道而行也。」然而一人一時之心，或有所蔽。故古之聖人，必闢四門，廣衆論，合乎人心之正，則天理之公在是矣。正心之説，首以爲孝宗告，此劉珙所以度越諸臣也歟。

○宋孝宗淳熙六年，詔求直言。知南康軍朱熹上疏，其畧曰：天下之務，莫大於恤民。在人君正心術以立紀綱。蓋紀綱不能以自立，必人主之心術公平正大，無偏黨反側之私，然後有所係而立。君心不能以自正，必親賢臣遠小人，講明義理，閉塞私邪，然後可得而正。

臣若水通曰：人君心術之邪正，係君子、小人之親疏也。小人疏、君子親，則養之以正，君心自不能以不正矣。君子疏、小人親，則養之以邪，君心自不能以不邪矣。君心正則政莫不正，然而不治者，未之有也。君心邪則政莫不邪，然而不亂者，未之有也。朱熹心術之論，真人主之龜鑑也哉。

○宋孝宗淳熙十五年，以朱熹爲崇政殿説書，熹辭不至。熹既歸，投匭進封事，言大本急務：「大本者，陛下之心。急務則輔翼太子、選用大臣、振舉紀綱、變化風俗、愛養民力、脩明軍政。凡此六事皆不可緩，而本在於陛下之一心。一心正，則六事無不正。一有人心私欲介乎其間，則雖憊精勞心，不可爲矣。」疏入，夜漏下七刻，帝已就寢，亟起秉燭，讀之終篇。明日，除主管西太一宮兼崇政殿説書，熹力辭，乃以秘閣脩撰奉祠。

臣若水通曰：天下之本，在乎一人；一人之本，存乎一心。未有心不正而能治天下者也，亦未有不加正心之功，而能正其心者也，故心正而六事舉矣。唐虞三代之君，正心以成，治化有本者如是也。使孝宗能用熹之言，則宋之治未可量也。一齊衆楚，指爲僞學，豈不惜哉！

○宋光宗紹熙五年，羅點卒。點孝友端介，不爲矯激之行。或謂天下事非才不

辨，羅點曰：「當論其心，心苟不正，才雖過人，果何取哉？」

臣若水通曰：古之才也出于一，今之才也出于二。古之所謂才，合德而言之者也。今之所謂才，外德而言之者也。易曰：「貞固足以幹事。」心正，則何事而不可爲也？又曰：「開國成家，小人勿用。」心苟不正，則何事而可爲也？羅點言人當論其心，似矣。其曰心苟不正，才雖過人不足取者，是未知才德合一之道也。夫小人無才，惟君子有之，故能開物成務。若夫小人之便捷，智不足以周身，臣不謂之才也已。

校記：

〔一〕「之」，據嘉靖本補。

〔二〕「始」，據嘉靖本補。

〔三〕〔四〕，嘉靖本無此條。

聖學格物通卷之二十

正心下

○宋儒周敦頤曰：見其大則心泰，心泰則無不足，無不足則富貴貧賤處之一也，處之一則能化而齊。故顏子亞聖。

臣若水通曰：大，指天理而言，曾點、漆雕開已見大意，正謂此也。泰，舒也。化，即所過者化之化。理無富貴貧賤之殊，能化其富貴貧賤之念，則與道一，而去聖不遠矣，故曰「亞聖」。夫心廣大高明，天理渾然，何嘗不泰？人人皆有，惟顏子之心不違仁，故能見之分明，而外物不累，故能化而不滯，此所以能亞於聖也。學者知其大皆我固有，而隨處體認天理焉，此入聖之門也。

○荀卿曰：「養心莫善於誠。」周敦頤曰：「荀子元不識誠。」程顥曰：「既誠矣，

心安用養邪？」

臣若水通曰：皆一心也，自其生理而言謂之性，自其實理而言謂之誠，自其主一而言謂之敬，自其極實無妄而言謂之至誠。孟子曰：「誠者天之道也，思誠者人之道也。」學至於誠，極矣！誠心又何假於養，敬者所以至乎誠者也。荀卿惟不識誠也，故有養心用誠之説；不識性也，故有性惡之説。不識性與誠，是不識心也，非二物也。是故知性則知誠矣，知誠則知心矣。故君子之學，莫先於知心。

○程顥曰：學者須敬守此心，不可急迫，當栽培深厚，涵泳於其間，然後可以自得。但急迫求之，只是私己，終不足以達道。

臣若水通曰：守，操而不失也。急，欲速也。迫，促也。進道之功，有自然之節度也，或失則過焉，或失則不及焉，皆非自然之本體也。孟子曰：「必有事焉而勿正，心勿忘勿助長也。」夫助則過，忘則不及，皆不可以進道也。故道之進也，在於勿助勿忘之間而已矣。是故知道者鮮矣，知道者鮮而天下無善治矣。嗚呼，揭離明於長夜冥行之際，正有望於今日。

○程顥年十六時好田獵，後見周敦頤，自謂「今無此好矣」。敦頤曰：「何言之易也？但此心潛隱未發，一日萌動，復如前矣。」後十二年，暮歸，在田野間見田獵

者，不覺有喜心，乃知果未也。

臣若水通曰：心之本體無一物也，動於氣而物欲生焉。欲之根既生，未易得而除也。見天理則人欲消矣，顧其根未易拔也，必體認天理之功久，則可奪舊習矣。顥天資最高，而猶不能忘少年之習於涵養積久之下者，以病根在也。然而下顥一等，則其欲根之萌，枝葉扶疏，將折斧斤矣。而顥獨先知之。易曰：「顏氏之子，有不善未嘗不知，知之未嘗復行。」程顥其殆庶幾乎？

○程顥曰：天下無性外之物，以有限之形氣，用之不以其道，安能廣大其心也？心則性也，在天爲命，在人爲性，所主爲心，實一道也？通乎道，則何限量之有？必曰有限量，是性外有物乎？

臣若水通曰：性者心之生理也，與天地萬物爲一體者也，何限量之有？人惟私欲蔽之，而廣大高明之體始小矣。故孟子盡心知性知天。盡心者，不蔽於物，廓其廣大高明之量，而性自見矣。既知之存之而不失，所以養性事天不外是矣。人主留心聖學，宜不出於斯二者。伏惟深宮之中、臨御之時，隨處而加察焉。

○程顥曰：一人之心，即天地之心。

臣若水通曰：記云：「人者，天地之心也。」程顥之言，其本於斯乎？夫人，一天地也，而心果有二乎哉？天地之心，何心也？生生不息者也，人其在生生不息之中最靈者爾。心果有二乎哉？是故人之心，即天地之心，即鬼神之心，即堯、舜、禹、湯、文、武、周、孔之心，即途之人之心。宇宙內只一心而已矣。知乎此者，可與識心矣，故可以知道矣。

○程頤曰：聖人之心未嘗有在，亦無不在，蓋其道合內外、體萬物。

臣若水通曰：心非物也，神也。神妙萬物，是故合內外、體萬物而不遺，是以謂之神。聖人之心未嘗有在，亦無不在，神也。無在無不在之間，吾心自然之本體乎！是故學者勿助勿忘之時，而天理見矣。滯於物而不通，則亦物焉而已矣，豈此心神明之本體乎？易曰：「神而明之，存乎其人。」

○程頤曰：公則一，私則萬殊。人心不同如面，只是私心。

臣若水通曰：心，一也。而不同者，非心之本體然也。程顥云：「人能將身在天地萬物中作一例看，多少快活。」是故天體萬物而無外，聖人體萬民而不私。私心亡，而萬殊一矣。故宋儒葉采亦曰：「公則萬物一體，私則人己萬殊。」其知此矣。是故君子之道，莫大乎公溥。

○邵雍曰：聖人所以能立于無過之地者，以其善事吾心者也。

臣若水通曰：聖人之心，一仁而已矣，則亦何過之有哉？是以口不失於人也，足不失於人

也，色不失於人也，三者盡而聖人之善事其心者可知矣。是故聖人之無過，以其無違此心也。無違心者，善事心者也，非以此事彼之謂也，事之即心也。孟子曰：「存其心，養其性，所以事天也。」然則爲人君者知善事其心，則知善事其天矣。

○張載正蒙〔一〕曰：聖人盡性，不以見聞梏其心，其視天下無一物非我。

臣若水通曰：人心廣大，天地萬物同體者也。見聞之念起於軀殼之私，則廣大之體蔽而身外皆非我矣。聖人盡己之性以盡人之性，盡人之性以盡物之性，以其性一也，其視天下無一物非我也。是之謂見大，見大則小不足以梏之矣。

○張載曰：人病其以耳目見聞累其心，而不務盡其心。故思盡其心者，必知心所從來而後能。

臣若水通曰：心者，人之神明，無所不知，無所不能者也。惟求道於耳目聞見之際，而神明之體始累，於是乎有不知不能也。見聞何貴於人哉？惟曰盡心焉爾矣。盡心者，廓去其私則本體圓全，而心所從來可不求而知矣。若復求心之從來，則玄矣。

○張載曰：天理一貫，則無意、必、固、我之鑿。意、必、固、我一物存焉，非誠也。

臣若水通曰：意、必、固、我，私心也，非廣大高明之本體也。天理見則私心亡，此盛則彼

衰，消長之理也。孔子之戒門弟子以絶四，毋意、必、固、我，正心之功斯其至矣。張載乃推原於天理，又發前人所未發也。四者絶而天理全，則誠可復矣。不然則强制之，猶爲克伐怨欲不行焉爾，何足以語誠哉〔二〕？

○張載理窟〔三〕曰：求心之始如有所得，久思則茫然復失，何也？夫求心不得其要，鑽研太甚則惑。心之要，只是要平曠，熟後無心。

臣若水通曰：張載所謂平曠，即勿忘勿助之間也。得此則得其理矣，失此則失其理矣。故茫然而失者，謂之忘；鑽研太過者，謂之助。過猶不及爾。學者於勿忘勿助之間，而平曠自然之氣象自見矣。

○張載曰：正心之始，當以己心爲嚴師，凡所動作則知所懼。如此一二年間守得牢固，則自然心正矣。

臣若水通曰：人心之失，事遷之也。惟執事敬，則心事合一，而本體立矣。本體立，則視聽言動無往而非本體之發，夫惡得而放之？夫人之心不可欺也，知其不可欺，恒若嚴師之存，而本心無不正者矣。

○藍田呂氏〔四〕論心曰：如衡之平，不加以物；如鑑之明，不蔽以垢，乃所謂正也。

臣若水通曰：聖人之心，與天地相似，何有不正？常人之心，有滯於忿懥、好樂、恐懼、憂患，故與天地不相似，而鑑空衡平之體亡矣。正之之功何如？曰敬而已矣。是故人君一敬立而萬事出，天下治矣。

○五峰[五]胡宏曰：造車於室，而可以通天下之險易；鑄鑑於治，而可以定天下之妍醜。蓋得其道而握其要也。治天下者，何獨不觀乎此，反而求諸身乎？是故一正君心，而天下定矣。

臣若水通曰：物皆有要也，何獨至於人而疑之？夫帝王之業本諸道，帝王之道本諸心。是故心也者，天下之大本也。大本立，達道行焉，王業以建，而天下之能事畢矣。孟子曰：「君仁莫不仁，君義莫不義，君正莫不正。」故爲人君者，莫先於講明正心之學。

○龜山[六]楊時曰：戡定禍亂雖急於戎務，必本於方寸。不學以致知，則方寸亂矣，何以成帝王之業乎？

臣若水通曰：萬事本乎一心，心無主，則一篺之墮可以亂我方寸矣，況能應天下之大變乎？易曰：「震驚百里，不喪匕鬯。」言有主也。人君爲天下之主者，其可弗之思乎？

○朱熹曰：天下之事，其本在於一人；而一人之身，其主在於一心。故人主之

心一正，則天下之事無有不正。

臣若水通曰：一人，謂君也。人君之於天下，萬事萬化皆生於心。故心者，治化之原也。朱熹之言，誠爲根本之論矣。人君之學，可不思所以正心，以開治化之原乎？

○朱熹答王子合曰：心猶鏡也，但無塵垢之蔽，則本體自明，物來能照。今欲自識此心，是猶欲以鏡自照而見夫鏡也。

臣若水通曰：至虛至明者，心之本體也。私欲障之則本體昏，而物至不能照矣。君子之學，去其害本體者爾。若復以心求心，則「憧憧往來，朋從爾思」，是非徒無益而又害之者也。

○張栻答劉宰書有云：物欲之防，先覺所謹。蓋人心甚危，氣習難化，誠當兢業乎此。然隨處隨遏，將滅於東而生於西，紛擾之不暇。惟端本澄源，養之有素，則可以致消弭之力。

臣若水通曰：端本澄源之道，在體認天理而已矣。天理有見，則私欲自消，氣習自化。若有防檢之心，是又生一心也，滅東生西，豈有窮乎？此張栻端本澄源之論，所以不可易也。

○張栻擴齋記有云：充無欲害人之心，而至於仁不可勝用；充無穿窬之心，而至於義不可勝用。仁義之不可勝用，豈自外來乎？擴而至於如天地變化、草木

蓄，亦吾心體之本然者也。

臣若水通曰：充，擴也。穿壁踰垣，爲盜者也。夫心之本體，一天理而已矣。自其隨感而發，則有仁義之分，然皆本於人之一心爾，實非自外至者也，我固有之者也。是故充其仁義，而天地、草木咸在其中矣，故曰心體天地萬物者也。人主誠能知是心之大，而加擴充之功，則足以保四海而無餘矣。

○象山〔七〕陸九淵曰：古人教人，不過存心、養心、求放心。此心之良，人所固有，惟不知保養，而反戕賊放失之爾。苟知其如此，而防閑其戕賊放失之端，日夕保養灌漑，使之暢茂條達，如手足之捍頭面，則豈有艱難支離之事？

臣若水通曰：人之所以爲人者，心也。心得其公正，即天理也。天理至易簡也，何有於支離？陸九淵存心、養心、求放心之説，蓋本諸孟子是矣。但謂防閑其戕賊放失之端，是放賊之者一心，防之者又一心也，其端將無窮不可得而除矣。且謂暢茂條達，非識其根本而立之，何以能致？所謂根本者，天理而已矣。察識天理而存養之，則戕賊放失之端，可以不防而退聽，至於本立道生而暢茂條達，自不能已矣。臣敢以是廣九淵之説，伏惟皇上體而用之，以爲正心正百官萬民之本，天下幸甚。

○陸九淵曰：人心至靈，此理至明。人皆有是心，心皆具是理。

臣若水通曰：心即理也，理即心之中正也，一而已矣。而云具者，是二之也。心得其正故靈，惟靈故明，非有二也。不觀之心，失其職者乎！心失其職，則亦血肉之軀殼而已矣，何有於靈邪？惟不靈故不明，此心理合一之驗也。周敦頤曰「匪靈弗瑩」，靈明一也。九淵顧以明屬於理，而屬靈於心，豈非二之也哉？九淵謂讀論語疑有子之言支離，臣亦敢以是疑九淵焉。

○潛室〔八〕陳植曰：人心如鏡，物來則應，物去依舊自在，不曾迎物之來，亦不曾送物之去，只是定而應、應而定。

臣若水通曰：人心如鏡者，何也？本無物也，故物來則照，物去不照。照與不照，而鏡之本體自如也，照在物而不在鏡也。無將無迎，順其自然。聖人之心不失其本體，如是而已矣。故君子之學廓然而大公，物來而順應，至此焉止矣。是故本體得，而學問之功終矣。故曰學問之道無他，求其放心而已矣。

○鶴山〔九〕魏了翁曰：人之一心，至近而遠，至小而大，至微而著。

臣若水通曰：心者，廣大而無外、周流而無窮者也。無遠近、無大小、無顯微，是故近而能遠，小而能大，微而能著。故盡心存心，而天下之理盡之矣。人君之治天下，可不務乎！

○國朝吴元年五月，置福建行省。以福、汀、漳、泉、建寧、邵武、興化、延平八府隸之，命中書省參政蔡哲爲參政。太祖諭之曰：「君子立身行己，莫先於辨義利。夫義者保身之本，利者敗名之源。常人則惟利是趨，而不知有義；君子則惟義是守，而竟忘乎利，此所以異於常人者也。福建地瀕海，民物富庶，番舶往來，私交者衆。往時官吏多爲利訹，陷于罪戾，今命卿往，必堅所守毋陷〔一〇〕其非。」哲對曰：「臣以菲薄，叨承恩命，敢不盡公以報！」太祖曰：「公即無私，義之謂也；私即亡公，利之謂也。要公之一字亦未易言，此心如止水、明鏡，無分毫私意累之，然後揆事度物廓然無滯。若使胸中微有芥蔕，即不得爲公矣。卿宜勉之。」

臣若水通曰：臣伏觀太祖高皇帝諭蔡哲之命，大哉皇言！一哉皇心！先之以義利、公私之辨，明其幾也；終之以止水、明鏡之喻，明其體也，可謂深得心學之要者矣。仰惟我皇上當以聖祖爲法，而在位諸臣亦當以蔡哲爲法，則君臣咸有一德，而治化成矣。

○洪武十八年五月辛酉朔，上御華蓋殿。文淵閣大學士朱善進讀心箴畢，上曰：「人心道心，有倚伏之幾。蓋仁愛之心生，則忮害之心息；正直之心存，則

邪詖之心消；羞惡之心形，則貪鄙之心絶；忠慤之心萌，則巧僞之心杜。故人常持此心，不爲情欲所蔽，則至公無私，自無物我之累爾。」

臣若水通曰：天理人欲，不容並立，此盛則彼衰，乘除之理然也。我皇祖諭學士以人心、道心倚伏之幾，其深得帝王精一之傳乎。夫心一而已矣，純乎天真謂之道心，雜以人僞謂之人心。人心之得其正即道心，道心之失其正即人心，非有二也。仁愛、正直、羞惡、忠慤之心，皆天理也。忮害、邪詖、貪鄙、巧僞之心，皆人欲也。天理日進，則人欲日消。人欲消盡，則純是天理，化之者爲聖人。故君子之學，在隨處體認天理而已矣，千聖千賢之貫也。此聖祖實開一代心學之原也，伏惟聖明留神焉。

○洪武十九年正月，上坐東閣，因與侍臣論仁智。上曰：「聖人篤於仁，賢者不舞智。若姑息之仁，不爲愛物；奸欺之智，足以禍身。」又論天人相與之際，上曰：「天人之理無二，人當以心爲天。」論儉，上曰：「不可儉者祭祀，然祭不可瀆；不可儉者賞賚，然賞不可濫。」

臣若水通曰：天地之塞吾其體，天地之帥吾其性，人與天本一理也。人苟體認天理，於心無私蔽之累，則一念之愛足以利物，而不爲姑息之小仁；一念之明足以周身，而不爲奸欺之私

智；一念之節制，時豐而豐，時儉而儉，而不爲違道之豐儉，皆天理之流行矣。天理流行，與天心合矣。皇祖與侍臣之論及此，其天人合一之心乎！仰惟聖明體皇祖之心，則溥博淵泉而時出之，家國天下永荷其無疆之休矣。

○國朝〔一一〕太祖造觀心亭于宫城，上親幸其中，召學士宋濂，謂曰：「人心虚靈，乘氣機出入，操而存之爲難，朕罔敢自暇自逸。譬魚之在井，雖未免乎跳躑，終不能度越範圍，況有事於天地廟社，尤用祗惕。致齊之日，必端居亭中，返視却聽，上契沖漠，體道凝神，誠一弗二，庶幾將事之際，對越在天，洋洋乎如臨其上。卿爲朕記之，傳示來裔，咸知朕志，俾弗懈愈虔。」

臣若水通曰：人心虚靈常在也，蔽之若出，覺之若入，故在操舍而已。皇祖造亭宫城，扁曰「觀心」，親幸體認，齊一於斯，即成湯銘盤之意也。有事於天地廟社，致齊亭中，返觀却聽，上契沖漠，洋洋如見，即文王昭事之敬也。惟其操心誠一弗二，此所以應天順人，肇造鴻業，以開萬世之太平，善於己而垂諸後，其佑啓之意深矣。嗣聖尚當以皇祖之心爲心，存養於未事之先，廓然大公，静則定矣。及事物之來，隨感〔一二〕順應，動亦定矣。如是則皇祖之心豈不在我，而皇祖之緒，豈不永之於無窮也哉。

○國朝[一三]太祖曰：「人君一心，治化之本。存於中者無堯舜之心，欲施於政者有堯舜之治，決不可得也。」

臣若水通曰：天下之治，本於善政；天下之政，本於君心。堯舜以精一執中之心，行精一執中之治，體用一原爾。惟皇祖契之，故發探本之論也。譬之木焉，心其根矣，政治其枝葉花實矣。培植其根，則生意滋息，枝葉花實固其一本之發也。人君能涵養以正其心，則天理純全，達於政事而治化成矣。不立天下之大本，而欲致天下之大治，是斧其根而溉其葉也，豈可得哉？仰惟聖明因皇祖之言而反求之，即存堯舜之心，而致堯舜之治矣，愚臣不勝願望之至。

○永樂二年八月，翰林學士解縉等進呈大學正心章講義，太宗覽之至再，諭縉等曰：「人君誠不可有所好樂，一有好樂，泥而不返，則慾必勝理。若心能靜虛，事來則應，事去如明鏡止水，自然是天理。朕每退朝默坐，未嘗不思管束此心爲切要。又思爲人君但於宮室、車馬、服食、玩好無所增加，則天下自然無事矣。」

臣若水通曰：心之本體無一物也，忿懥、恐懼、好樂、憂患，四者皆私也，而有一焉，即失其本體而心不正矣。人君居崇高之位，好樂尤爲害心，不可不深戒也。太宗文皇帝因解縉等講

大學正心章，而尤以好樂爲戒，真可謂知正心之先務者矣。又以虛静應物，比之鏡水，自然天理，誠至論也。夫天理二字，千聖千賢之大頭腦也。人君於心得其正時認取，則天理見矣。涵養而擴充之，則王道不外是矣。宋之人主，乃厭聞正心誠意之説，無怪乎國祚之不競也。惟聖明以堯、舜、禹、湯、文、武之資，求堯、舜、禹、湯、文、武之心學，當近以祖宗正心之論爲的，幸甚。

校記：

〔一〕「正蒙」，嘉靖本無。

〔二〕「哉」，原作「伐」，據嘉靖本改。

〔三〕「理窟」，嘉靖本無。

〔四〕「藍田吕氏」，嘉靖本作「吕大臨」。

〔五〕「五峰」，嘉靖本無。

〔六〕「龜山」，嘉靖本無。

〔七〕「象山」，嘉靖本無。

〔八〕「潛室」，嘉靖本無。

〔九〕「鶴山」，嘉靖本無。

〔一〇〕「陷」，嘉靖本作「蹈」。

〔一一〕「國朝」，嘉靖本無。

〔一二〕「感」，嘉靖本作「幾」。

〔一三〕「國朝」，嘉靖本無。

聖學格物通卷之二十一

脩身格凡三目

正威儀　慎言動　進德業

臣若水序曰：脩身何以言格物也？程頤曰：「格者，至也。物者，理也。至其理，乃格物也。」至也者，知行並進之功也。故大學舊本以脩身申格物，曰「此謂知本，此謂知之至也」。於身焉而至之也，至其身之理也。是故威儀也、言動也、德業也，皆身之事也。人主讀是編焉，感通吾身之理，念念而知於斯，存存而行於斯，以有諸己，則格物之功庶乎於脩身焉而盡之矣。

○易小畜象曰：風行天上，小畜。君子以懿文德。

臣若水通曰：宋儒朱熹云：「風有氣而無質，能畜而不能久。故〔一〕不能如大畜多識前言往行以畜德也，故爲小畜之象。」文德者，文章之外著。威儀文辭，皆德之流裔，故曰文德。文章者末也，德者本也，本末合一，其文王、孔子之至文乎。美其文德，雖不離於道，而未一於道。然下一等則如成帝之威儀，非不足觀也，本之則無如之何。故人君之學，必由中以達外。

○震象傳：震驚百里，驚遠而懼邇也。出，可以守宗廟社稷，以爲祭主也。

臣若水通曰：「邇也」下程頤、朱熹皆以爲脱「不喪匕鬯」四字。夫雷聲震乎百里，遠者驚而邇者懼，内失其守，外忒其儀也。威儀也者，本諸誠敬以爲之主也。致祭者灌以降神之時，誠敬之至，於震驚之甚而不喪失匕鬯。其威儀不忒如是，而爲宗廟社稷之祭主，不亦宜乎！人君之敬，無往而不存，故威儀無時而不正也。其於祭祀之時，尤致謹可也，非謹於威儀也，敬主於中而威儀外肅矣。

○書周書顧命曰：思夫人自亂于威儀，爾無以釗冒貢于非幾。

臣若水通曰：此成王顧命群臣輔康王之言也。威者有威可畏，儀者有儀可象，舉一身之則而言。人受天地之中以生，是以有動作威儀之則。亂，喪也。釗，康王名。貢，進也。幾者動之微，善惡之所由分也。人之自喪威儀而身之不脩，蓋由心有不善之幾所發爾，故戒群臣毋以康王進乎不善之幾也。爲人君者，可不慎其幾以正威儀乎。

○詩大雅抑：抑抑威儀，維德之隅。人亦有言，靡哲不愚。庶人之愚，亦職維疾。哲人之愚，亦維斯戾。

臣若水通曰：抑抑，恭遜之貌。隅，廉隅也。夫内外一理也，威儀之恭遜者，是其德必嚴正，如宮室之制，内有繩直則外有廉隅也。曾子之言「正顏色、動容貌」，孟子之言「睟於面、盎於背」。正動而睟盎之者，以其德之存於中者有本如是也。武公爲此詩，其亦知内外合一之道乎？故記[二]曰「和順積中，英華發外」。中庸曰：「誠則形，形則著，著則明。」孟子曰：「動容周旋中禮，盛德之至也。」皆此之謂也。以此觀之，文末也，德本也。然則專事於德乎？曰：偏於内而忘其外，非内外交養之道也。故古之君子周旋必中規，折旋必中矩，趨以采齊，行以肆夏，出必鳴鸞，行必佩玉，所以敬其儀者，敬其德也。知所以敬德，則知合内外之道，而脩身格物之功備矣。

○魯頌泮水：穆穆魯侯，敬明其德。敬慎威儀，維民之則。

臣若水通曰：魯侯之明德以化民，頌曰「敬慎威儀」何哉？蓋德者化之本也，儀者德之符

也。德藴於中而無迹，儀著於外而可觀。一或有愆，旦失色於朝，暮傳笑於國，人將易之，何以爲法於民哉？故古之賢君必慎其德，由中達外。其在朝廷，垂衣裳，負斧扆，執言在左，執史在右，凛乎不敢肆。雖在宫寢猶其在朝廷，動止必藏〔三〕，衣冠必整，一顰一笑，必自愛焉。凡俳〔四〕戲褻慢之事，不足以動天顔之一顧，則威儀正矣。使民望其顔色而化之，則而象之，畏而敬之，人君之於威儀豈細故哉？後之人主，乃不慎乎此，或岸幘箕踞，或不冠可奏，或鷂匿懷中，其於威儀何如哉？蓋由不愛其身，故内外不儉爾。

○春秋昭公二十五年：齊侯唁公于野井。

臣若水通曰：胡安國云：「齊侯唁公于野井，以遇禮相見。孔子曰：『其禮與其辭足觀矣。』然則何以失國而不反乎？禮有本末：正身治人，禮之本也。威儀文辭，禮之末也。昭公喪齊，歸無戚容而不顧，娶孟子爲夫人而不命，政令在三家而不能取，有子家子之賢而不能用，而屑屑焉習儀以亟，能有國乎？雖齊侯來唁，其禮與辭是矣，而方伯連帥之職則未脩也，又豈所以爲禮哉？」臣謂禮有本末文質，誠主於中，而達之於儀文，是謂文質彬彬。能以禮讓爲國也，何有？否則周旋儀文之度，僞而已矣，其如禮何哉？其如國何哉？

○禮記曲禮曰：天子穆穆，諸侯皇皇，大夫濟濟，士蹌蹌，庶人僬僬。

臣若水通曰：此言人君當敬其威儀，以爲臣民之則也。蓋人君一身，諸侯、大夫、士、庶人之

望。苟無威儀，臣下將何所法哉？故孟子見梁襄王而語諸人曰：「望之不似人君，就之而不見所畏焉。」蓋言無威儀也。穆穆，敬也，深遠之貌也。詩曰：「穆穆文王，於緝熙敬止。」是敬止乃穆穆之本。人君能敬則穆穆之儀自形，而諸侯望之自將皇皇而美，大夫、士望之自將濟濟蹌蹌而有容，至於庶人雖無與爲禮，亦將僬僬而趨走促數於下矣。中庸曰「篤恭而天下平」，言德容之化也。苟不此之務，而徒以端冕凝旒、深居高拱，不動聲色爲穆穆焉則淺矣，是不可以不慎也。

〇曲禮曰：國君不乘奇車，車上不廣欬、不妄指。

臣若水通曰：國君者，國人之瞻望，在車尤爲衆人之視聽，而威儀不可以不慎也。故奇邪不正之車也，廣欬駭人之聽也，妄指手容之失也，非所乘而乘，非所欬而欬，非所指而指，皆在車威儀之失也。一車且不可不正其儀，況臨御之時乎！

〇曲禮曰：若夫坐如尸，立如齊。

臣若水通曰：如尸則莊也，如齊則敬也。莊敬者，威儀之則，而脩身之本也。

〇玉藻曰：「凡行容惕惕。」又曰：「足容重，手容恭，目容端，口容止，聲容静，頭容直，氣容肅，立容德，色容莊。」

臣若水通曰：形色天性也，不充其性，則形不可得而踐矣。故君子一身之間，曰惕、曰重、

曰恭、曰端、曰止、曰静、曰直、曰肅、曰德、曰莊，所以盡性踐形也。

○玉藻曰：燕居告温温。凡祭，容貌顔色，如見所祭者。喪容累累，色容顛顛，視容瞿瞿梅梅，言容繭繭。戎容暨暨，言容詻詻，色容厲肅，視容清明。

臣若水通曰：此言容貌隨所寓而變。蓋温温和易者，燕居告語之容也。如見所祭者，祭容也。累累而羸憊，顛顛而不舒，瞿瞿而驚遽，梅梅而茫昧，繭繭而低微者，皆喪容也。暨暨而果毅，詻詻而整飭，嚴厲而莊肅，瑩徹而明審者，皆戎容也。夫容一也，隨所在而變者何也？主於中者，隨感而見也，可以見君子慎威儀之至矣。

○孔子閒居曰：威儀逮逮，不可選也，無體之禮也。

臣若水通曰：此引邶風柏舟之詩，以明無體之禮之意。詩言仁人威儀之盛，周旋中禮，不可選擇，夫子釋之以謂威儀之著，雖時乎因禮以形，然齊莊於閒燕之時，亦無往而非禮也，非無體之禮乎？觀於此言，則凡人君色莊於臨御之時，而怠慢于深宫獨處之地者，可以警矣。

○少儀曰：言語之美，穆穆皇皇；朝廷之美，濟濟翔翔；祭祀之美，齊齊皇皇；車馬之美，匪匪翼翼；鸞和之美，肅肅雍雍。

臣若水通曰：穆穆，和敬也。皇皇，正大也。濟濟，和整也。翔翔，舒張也。齊齊，致一

也。皇皇，如有求也。匪匪翼翼，嚴正也。肅肅雍雍，亦和嚴也。美者有儀也，在言語則和敬而正大矣，在朝廷則和整而舒張矣，在祭祀則致一而有求矣，在車馬則嚴以正矣，在鸞和則和以敬矣，然而皆原於德矣。容儀之美，德之符也。

○周禮春官〔五〕：司儀掌九儀之賓客擯相之禮，以詔儀容、辭令、揖讓之節。將合諸侯，則令爲壇三成，宮旁一門。詔王儀，南鄉〔見〕〔六〕諸侯，土揖庶姓，時揖異姓，天揖同姓。及其擯之，各以其禮，公於上等，侯伯於中等，子男於下等。其將幣亦如之，其禮亦如之。

臣若水通曰：容貌等威，各有攸當，皆天理也。有一失焉，則其儀忒而天理滅矣。出接賓曰擯，入贊禮曰相。諸侯有事而會，不可苟也。故有儀容、辭令、揖讓之當詔告者。又必三重其壇，壇外之宮，每旁一門，凡此欲諸侯之有處所也。及諸侯相見之儀，又不可槩施也。故俯手揖之則謂之土揖，見庶姓之儀也；平手揖之則謂之時揖，見異姓之儀也；舉手揖之則謂之天揖，見同姓之儀也。及其擯之各以其爵之尊卑爲禮之隆殺，故處公於上等，處侯伯於中等，處子男於下等，自有不容紊者。而於幣帛之將，裸將之禮亦若是而已。噫！此豈小哉，一有所失則威不振，威不振則禍隨之矣，而況於辱乎？

○夏官：道右掌前道車，王出入，則持馬陪乘。如齊車之儀，自車上諭命于從車，詔王之車儀。

臣若水通曰：道車，王常行大道之車，謂象路也。王之出入，乘則持馬，行則陪乘，皆如齊右之儀也。王行則以車從，王有命焉，則道右宣王命以諭之也。然則車儀如何？如升車必正立，執綏車中，不妄指，立視五巂，式視馬尾是也。尤必有待於詔告之，何也？正欲其周旋中禮，而端嚴若神矣。吁，一登車之儀如此，況夫在朝莅政之時乎！

○論語：子曰：「君子不重則不威，學則不固。」

臣若水通曰：此孔子言君子自脩之道也。重，內厚重也；威，謂外威嚴也。內外相符，誠不可掩，故內不主敬，則內不重矣。故其發於容貌動作者，必無可畏之威，而所學不能得之，心身安能動靜堅定而固乎？故曾子告孟敬子以動容貌、正顏色、出辭氣。夫動、正、出，由中發外者也，故君子以內重爲貴。

○曾子曰：動容貌，斯遠暴慢矣；正顏色，斯近信矣；出辭氣，斯遠鄙倍矣。

臣若水通曰：此曾子垂没之言，所以告魯之孟敬子者也。夫人一身之間，固不外乎容貌、顏色、辭氣而已。惟無平日涵養之功，固有容貌不免於暴慢，顏色不免於僞爲，辭氣不免於鄙

倍者矣。苟涵養之功既至，則其動由中動，正由中正，出由中出，何有於暴慢、不信而鄙倍者哉。此見曾子篤實之學，有得於一貫之傳者也。然敬子爲魯之大夫，特舉以告之，正欲其知脩身之要、爲政之本，而知所重焉。惜乎敬子不能問以求其用力之要也。噫！

○子曰：非禮勿視，非禮勿聽，非禮勿言，非禮勿動。

臣若水通曰：此聖人告顔子克己復禮之目如此，固非徒使之制乎其外而已也。蓋視聽言動皆身之儀，見乎其外，而其所以視聽言動之者則心也。故勿之者亦心也。一念之微涉於非禮，而即有以勿之，則所謂不遠復、无祇悔，由乎中而應乎外，心體威儀之間，無適而非天理之流行矣。

○君[七]子正其衣冠，尊其瞻視，儼然人望而畏之，斯不亦威而不猛乎。

臣若水通曰：衣冠、瞻視，固皆威儀之著見也。然威儀者德之表，固非聲音笑貌之所能爲也。故君子之正衣冠、尊瞻視而臨民以莊者，皆實德自然之形見，而民自望而畏焉爾，何猛之有哉？有德以發之，故威而不猛。使有意於作威，則猛而反害於威矣。漢之成帝臨朝淵默，尊嚴若神，史氏稱其有穆穆天子之容。然湛於酒色，則其所謂威儀者，亦矯飾於外而已爾，豈所以爲脩身之道哉。

○孟子曰：動容周旋中禮者，盛德之至也。

臣若水通曰：威儀者，德之符也。禮也者，理也。動容周旋中禮，則無非天理之流行矣。

故曰：「禮儀三百，威儀三千，無一而非性也。」又曰：「自無聲無臭散而爲三千三百，自三千三百復歸於無聲無臭。」程子之言，蓋與此契矣，其知一本之道乎！

○中庸：齊明盛服，非禮不動，所以脩身也。

臣若水通曰：盛服動作，皆威儀之外見者也。齊一明清，德之存於中者也，是合内外之道也。身之所以爲身，二者而已，其致一也。脩身之道，豈有外此哉。中庸曰「脩身則道立」，至於九經，則又以脩身爲之本。爲人君有天下之責者，可不講哉？

校記：

〔一〕「故」字前，嘉靖本有「臣謂不能久」五字。

〔二〕「記」，原作「易」，據嘉靖本改。

〔三〕「藏」，嘉靖本作「臧」。

〔四〕「俳」，原作「能」，據嘉靖本改。

〔五〕本條實引自周禮秋官司寇。

〔六〕「見」，據周禮補。

〔七〕「君」字前，嘉靖本有「子曰」二字。

聖學格物通卷之二十二

正威儀下

○左傳桓公九年：享曹太子。初獻，樂奏而歎。施父曰：「曹太子其有憂乎？非歎所也。」

臣若水通曰：曹太子射姑來朝，魯賓以上卿，其禮厚矣。于時金石在庭，籩豆在列，所以觀威儀而省禍福者皆在是。「我孔熯矣，式禮莫愆」，射姑臨樂而歎，威儀愆矣。觀此則太子之所養者可知也哉。

○僖公十一年：天王使召武公、内史過賜晋侯命。受玉惰。過歸，告王曰：「晋侯其無後乎？王賜之命而惰於受瑞，先自棄也已，其何繼之有？禮，國之幹也；

敬，禮之輿也。不敬則禮不行，禮不行則上下昏，何以長世？」

臣若水通曰：孔子稱大聖必著乎執圭之容，而執玉高卑，必徵其死亡之禍。一執玉之間，而聖狂之所由分，禍福之所由辨也。夫其容肅者，其心敬也；其容惰者，其心肆也。惠公即位之始，且承天子之賜命，受玉而惰，其心驕且肆矣。夫初服而驕於人且不可，況驕于天王乎。是自滅其天也，何長世之有？故君子一動容而不敢忘其敬，所以敬其天，以保天命也。爲人上者，可不敬〔一〕乎？

〇文公九年：冬，楚子使越椒來聘，執幣傲。叔仲惠伯曰：「是必滅若敖氏之宗。傲其先君，神弗福也。」

臣若水通曰：越椒執幣傲，一威儀之微爾，惠伯胡以知其必滅若敖氏也？事雖微而害德則大。傲，凶德也。敬者，德之輿也。天道虧盈而益謙，鬼神害盈而福謙。德之凶者，神必弗福也。然則若敖氏之鬼，其不血食也矣。

〇成公六年：春，鄭伯如晉拜成，子游相，授玉于東楹之東，士貞伯曰：「鄭伯其死乎？自棄也已！視流而行速，不安其位，宜不能久。」

臣若水通曰：玉，重器也。於是乎失其儀，則安往而不失儀也？失之於主，得之於相，則

其儀不忒矣。如晉拜成者，鄭悼公也。相之者，公子偃也。二者均有事焉。授玉兩楹之間，禮也。而於東楹之東，其儀忒矣。然而士貞伯獨咎鄭伯之自棄者何？曰：罪所主也。罪其主者何？相由主而擇也，主棄禮矣，而相亦奚辭之有焉？

○成公十三年：三月，公及諸侯朝王，遂從劉康公、成肅公會晉侯伐秦。成子受脤于社，不敬。劉子曰：「吾聞之，民受天地之中以生，所謂命也。是以有動作威儀之則，以定命也。能者養之以福，不能者敗以取禍。是故君子勤禮，小人盡力。勤禮莫如致敬，盡力莫如敦篤。敬在養神，篤在守業。國之大事，在祀與戎。祀有執膰，戎有受脤，神之大節也。今成子惰，棄其命矣，其不反乎？」

臣若水通曰：劉子其知道乎！夫天命之謂性，以命爲令，先正之言也。劉子以天地之中爲命，是以命爲中，如所謂命根、命脈之云也，可以破千載性命之惑矣。又以動作威儀之則以定命，是動作威儀原於命，命原於天地之中，深得乎天人體用之一貫矣。孰謂春秋之時，有知道如劉子者乎？此言豈獨爲成公發哉？人君宜寫一通，置諸左右，以備朝夕之覽焉可也。

○襄公二十七年：齊慶封來聘，其車美。孟孫謂叔孫曰：「慶季之車不亦[二]美乎？」叔孫曰：「豹聞之，服美不稱，必以惡終。美車何爲？」叔孫與慶封食，不

敬。爲賦相鼠，亦不知也。

臣若水通曰：車服以庸，彰有德也。是故采菽所以美諸侯也，候人所以刺群小也。慶封之來，徒美其車，而德不稱，一失儀也。又當食而不敬，二失儀也。至於相鼠之譏，且猶不知悔禍，有識者知其不終也已矣。故君子之學，在輿則見其倚於衡，無終食之間違仁，則動不失禮，而可以自求多福矣。

○襄公三十一年：衛侯在楚，北宮文子見令尹圍之威儀，言於衛侯曰：「令尹似君矣，將有他志。雖獲其志，不能終也。詩云：『靡不有初，鮮克有終』，終之實難，令尹其將不免。」公曰：「子何以知之？」對曰：「詩云：『敬慎威儀，惟民之則。』令尹無威儀，民無則焉。民所不則，以在民上，不可以終。」公曰：「善哉，何謂威儀？」對曰：「有威而可畏謂之威，有儀而可象謂之儀。君有君之威儀，其臣畏而愛之，則而象之，故能有其國家，令聞長世。臣有臣之威儀，其下畏而愛之，故能守其官職，保族宜家。順是以下皆如是，是以上下能相固也。衛詩曰：『威儀棣棣，不可選也。』言君臣、上下、父子、兄弟、内外、大小皆有威儀也。周詩曰：『朋友攸攝，攝以威儀。』言朋友之道，必相教訓以威儀也。周書數文王之德

曰：『大國畏其力，小國懷其德。』言畏而愛之也。詩云：『不識不知，順帝之則。』言則而象之也。紂因文王，七十諸侯皆從之因，紂於是乎懼而歸之，可謂愛之。文王伐崇，再駕而降爲臣，蠻夷帥服，可謂畏之。文王之功，天下誦而歌舞之，可謂則之。文王之行，至今爲法，可謂象之。有威儀也。故君子在位可畏，施舍可愛，進退可度，周旋可則，容止可觀，作事可法，德行可象，聲氣可樂，動作有文，言語有章，以臨其下，謂之有威儀也。」

臣若水通曰：臣始讀劉康公中命儀則之説，嘆春秋有一知道者。及觀北宮文子之論，又知有文子也。此當與劉康公之言參看，大都康公之論奥而核，文子之論詳而整，觀此則威儀之説無餘藴矣。仰惟聖明受天明命，高拱穆清之上，深惟淵默之化，必以二子之言爲念，則命於是乎可定，上下亦於是乎可固矣。臣不勝至願。

〇定公十五年：春，邾隱公來朝，子貢觀焉。邾子執玉高，其容仰。公受玉卑，其容俯。子貢曰：「以禮觀之，二君者皆有死亡焉。夫禮，死生、存亡之體也。將左右周旋，進退俯仰，於是乎取之。朝祀、喪戎，於是乎觀之。今正月相朝而皆不度，心已亡矣。嘉事不體，何以能久。高仰，驕也；卑俯，替也。驕近亂，替

近疾。君爲主，其先亡乎？」

臣若水通曰：子貢觀二君之不度，而知心之亡，又知死亡之禍。蓋死亡由於不度，不度由於心亡，此不易之確論也。中庸所謂「見乎四體」，不其然乎？人君體此，必思以立吾心之中正。心中正則威儀之間一高一卑、一俯一仰，皆有常度，而不可以毫髮僭差，夫然後事體而身安，身安而福亦佑之矣。不然，驕近亂、替近疾，疾與亂，非天使之然也，皆其自致之也。人君可不正其心，以〔三〕正其威儀，以爲福德之基乎。

〇國語周語：定王曰：「歲飫不倦，時宴不淫，月會旬脩，日完不忘。服物昭庸，采飾顯明，文章比象，周旋序順，容貌有崇，威儀有則。」

臣若水通曰：定王，周頃王之子楡也。禮立歲爲飫，歲行飫禮，而不倦怠。春夏秋冬爲時，一時之間，必有宴禮，不至淫湎。會，計也，計一月之經用。旬脩謂脩十日之中所爲者。日完，完一日之所爲者。不忘，不忘其禮也。冕服旗章，所以昭有功。采色之飾，所以顯明德也。文章，謂黼黻錦繡之文也。比象，比文以象山龍華蟲之屬。崇，飾也。詩曰：「其儀不忒，正是四國。」故王公諸侯之脩飫宴而不淫倦，服物、采飾、文章、周旋、容貌，所以正儀刑也。況居天子之尊，爲諸侯王之表率者，可不正其儀，以爲正四國之本乎？

○周語：單襄公曰：「夫君子目以定體，足以從之，是以觀其容而知其心矣。目以處義，足以步目。」又曰：「夫目以處義，足以踐德，口以庇信，耳以聽名者也。故不可不慎也。偏喪有咎。」

臣若水通曰：體，手足也。心不固則容不正，言行相覆爲信。耳所以聽，别萬物之名聲。喪，亡也。步、言、視、聽四者而亡其二，爲偏喪。咎，咎及身也。夫君子有威有儀，食福無替。晉侯視遠足高則威儀忒矣，咎將焉避？故觀目可以知義，觀足可以知德，觀心可以知福，不可誣也。故君子篤恭而天下平，大舜恭己南面，無爲而治，慎威儀，立德脩身而天下化之，可不重乎。

○周語：晉孫談之子周適周，事單襄公，立無跛，視無還，聽無聳，言無遠。襄公言於頃公曰：「立無跛，正也；視無還，端也；聽無聳，成也；言無遠，慎也。夫正，德之道也；端，德之信也；成，德之終也；慎，德之守也。守終純固、道正事信，明令德矣。慎成端正，德之相也。」

臣若水通曰：談，晉襄公之孫惠伯談也。周者，談之子，晉悼〔四〕公之名。晉自獻公用驪姬之讒詛，不畜群公子，故孫周適周，事單襄公。睛轉復反爲還。遠，謂非耳目所及也。成，定

也。道者，德之道路，志定故能終也。相猶相貌之相，慎成端正，德之相貌也。視聽言動本諸心，所以定威儀之則也。君子之居民上，非有異也，言有儀也；非有塞也，言有則也。故視聽言動，爰立民則，一物偏喪，爲德之疵。詩云「民具爾瞻」，此之謂也。晉孫周搆讒出亡，遊事襄公，而容貌詞氣，昭宣令德，宜其三襲嘉祥，終昌晉室也。況有天下者，可不慎威儀，以爲脩身化民之本歟。

○魯語：叔孫穆子曰：「夫服，心之文也。如龜焉，灼其中，必文於外。」

臣若水通曰：文，謂著見於外者，言心所向，身必服之也。蓋服之不衷，身之災也。中庸曰：「齊明盛服，所以脩身也。」君子慎物居方，亦以寡過而已。楚公子圍以大夫而設諸侯之服，是服之不衷，非盛服矣。其能保其身乎？

○楚語：左史倚相曰：「君子之行，欲其道也，故進退周旋，惟道之從。」

臣若水通曰：倚相，楚左史也。欲其道，欲得其道也。進退周旋之中道，所以慎其威儀而身脩矣。

○漢武帝元朔五年夏四月，大將軍青雖貴，有時侍中，上踞厠而視之；丞相弘燕見，上或時不冠；至如汲黯見，上不冠不見也。上嘗坐武帳中，黯前奏事，上不

冠，望見黯，避帷中，使人可其奏，其見敬禮如此。

臣若水通曰：記曰：「齊明盛服，非禮不動，所以脩身也。」故君子無衆寡，無小大，無敢慢。武帝能正衣冠於所嚴憚之臣，而倨傲於所狎侮者焉，豈知脩身之道哉？

○漢獻帝初平二年，劉備少語言，喜怒不形於色。備少與河東關羽、涿郡張飛相友善，與二人寢則同牀，恩若兄弟。而稠人廣坐，侍立終日，隨備周旋。

臣若水通曰：威儀者，内心之表也。詩曰：「抑抑威儀，維德之隅。」又曰：「敬慎威儀，維民之則。」昭烈之喜怒不形，其德之嚴密可想見矣。關、張之侍主周旋，豈非視之以爲法哉。

○梁武帝大同十一年，帝雖暗室，恒理衣冠。小坐，盛暑未嘗褰袒。對内豎小臣，如遇大賓。

臣若水通曰：暗室盛暑，衣冠不袒，威儀不褻。雖力學自脩之士，何以過此？若梁武者，似有受道之器矣。而乃至號爲不道，莫保其身，以禍其國家者何邪？異端之學害之也。孔子曰：「攻乎異端，斯害也已。」生於其心，害於其政，發於其政，害於其事，而亂亡至矣。雖正威儀，其猶色莊者乎。雖如佛之寂容枯槁，何補於國家之理亂乎？此又足以爲徒事威儀而不知正學者之戒耳。

○唐太宗貞觀元年十二月，上好騎射，孫伏伽諫，以爲：「天子居則九門，行則警蹕，非欲苟自尊嚴，乃爲社稷生民之計也。陛下好自走馬射的，以娛悦近臣，此乃少年爲諸王時所爲，非今日天子事業也。既非所以安養聖躬，又非所以儀刑後世。臣竊爲陛下不取。」上悦，未幾，以伏伽爲諫議大夫。

臣若水通曰：九門警蹕，天子之儀也。走馬射的，武夫之技也。太宗不脩天子穆穆之容，而不忘少年武夫之技，欲爲天下後世之儀刑，得乎？詩曰：「儀刑文王，萬邦作孚。」蓋無誠敬以爲之本爾，不有伏伽之諫，欲爲漢唐之中主不可得，況稱三宗乎？

○唐宣宗大中十二年，上臨朝，接對群臣如賓客，雖左右近習，未嘗見其有惰容。每宰相奏事，旁無一人立者，威嚴不可仰視。奏事畢，忽然曰：「可以閒語矣。」因問閭閻細事，或談宮中遊宴，無所不至。一刻許，復整容曰：「卿輩善爲之，朕常恐卿輩負朕，後日不復得相見。」乃起入宮。令狐綯謂人曰：「吾十年秉政，最承恩遇。然每延英奏事，未嘗不汗霑衣也。」

臣若水通曰：宣宗對宰相，威嚴不可仰視，至使汗霑衣，可謂能正威儀者矣。及其忽然之際，乃問閭閻細事，或談宮中遊宴，則非人君大體矣，何其前後不類邪？夫人君與宰相論事，豈

無天下大政可言邪？觀此則知宣宗徒事乎威儀末節之間，而不知温厲正大之體，此其所以不能成中興之業也歟。

○賈誼新書曰：夫有威而可畏謂之威，有儀而可象謂之文。富不可爲量，多不可爲〔五〕數。

臣若水通曰：威儀者德之符也，德者威儀之基也。是故有德之威可畏，則亦可懷也；有德之儀可象，則亦可敬也。可畏可懷、可象可敬，則威儀文章之盛，又孰得量而數之也？故爲人上者脩其德容，則民畏而象之，不可量數，而心化之矣。威儀之於人，豈小也哉。

○劉向説苑曰：陳靈公行僻而言失，泄冶曰：「陳其亡矣，吾驟諫君，君不吾聽，而愈失威儀。夫上之化下，猶風靡草。東風則草靡而西，西風則草靡而東，在風所由而草爲之靡。是故人君之動，不可不慎也。」

臣若水通曰：威儀者，本諸恭敬之德，而達諸治化之美者也。故盛德之至，然後動容周旋中禮。堯之放勳本乎允恭，舜之重華本乎温恭，豈外致哉。泄冶之言，徒知人君當慎動，而不求其本。苟其君聽之，亦未見其所以正也，何以維民之則乎？若靈公言失行僻，固不足道也。後世有臨朝淵默，尊嚴若神，如漢成帝者，號稱穆穆天子之容矣。然政柄不免於下移者，無本

故也。故欲威儀之正者，必由中達外然後可。

○宋太祖建隆元年冬十月，翰林學士王著以酒失貶官。宋主謂宰相曰：「深嚴之地，當使宿儒處之。」范質等對曰：「竇儀清介重厚，然已自翰林遷端明矣。」宋主曰：「非斯人不可，卿當諭以朕意，勉令就職。」即日復入翰林。宋主嘗召儀草制。至苑門，儀見宋主岸幘跣足而坐，却立不肯進。宋主遽索冠帶，而後召入。儀曰：「陛下創業垂統，宜以禮示天下，恐豪傑聞而解體。」宋主斂容謝之，自是對近臣未嘗不冠帶。

臣若水通曰：詩稱文王「雝雝在宫，肅肅在廟，不顯亦臨，無射亦保」。蓋言聖人敬和之容，雖幽隱而不敢肆也。宋祖方召儒臣草制，岸幘跣足而坐，則幽隱可知矣。自非竇儀之嚴重，則宋祖之威儀何從而正哉，自是對羣臣未嘗不冠帶。方正補衮之臣，人主左右，安可少哉？使竇儀能以曾子「動容貌、正顏色」之説而益之，則知正由中出，宋祖所得不可量矣。惜乎儀不知聖賢之學，無怪其然也。

○宋儒程頤曰：范祖禹色温而氣和，其人如玉，可以開陳是非，導人主之意。

臣若水通曰：雖有遜志之言，乘之以厲色戾氣，則化而爲不善矣。雖有逆耳之言，乘之以

怡顏下氣，則化而爲善矣。人臣陳是非、導上意，乘之以温色和氣，則不覺其入之深矣。然非所存有中和之德，安能以温和其氣色哉？

○問：「人之燕居，形體怠惰，心不慢，可否？」程頤曰：「安有箕踞而心不慢者？昔呂與叔六月中來緱氏，閒居中某嘗窺之，見其儼然危坐，可謂敦篤矣。學者須恭敬，但不可令拘迫，拘迫則難久也。」

臣若水通曰：有中和之心，然後有中和之氣也。是故過焉者，則失之拘矣；不及焉者，則失之肆矣，非中和也。禮曰：「斯須而不莊不敬，則慢易之心入之矣。」夫敬以存心，則莊見於容，内外皆中和也，可不慎乎？學者且然，而況於居九重之上，爲兆民之表者乎。詩曰：「敬慎威儀，維民之則。」爲人君者之所宜慎也。

○張栻語呂祖謙云：「古人衣冠容止之間，不是要作意矜持，只是循他天則。」

臣若水通曰：天則，自然之法也。夫中外一貫者也，心中正則貌齊莊，不期然而然矣。不然，不失之放肆怠惰，則失之作意矜持，而中正自然之天則違矣。敬也者，中正之矩也。然則主敬之學，豈非人君之所當講者哉？

○宋儒〔六〕楊時經筵講義有云：古之聖人前旒蔽明，非禮勿視；黈纊塞聰，非禮

勿聽。在車則有和鸞之音，行路則有佩玉之聲，出入起居，容節必比於禮樂，人君所以自重其身也。

臣若水通曰：楊時進講之言，皆古人培養君德之遺法也，惜乎未盡根本之論爾。蓋人主之心如樹木之根，天理乃其生意也。生意既得，則根本已立，然後有冕旒黈纊、和鸞佩玉、容節禮樂，所以養其根本也。否則所養者何物哉？顧乃舍其本，惟末之是務，何也？後世聖學不明，類皆趨於支離之歸，已乏一德之臣矣，安望其輔成人君一德之學哉。伏望聖明畧其枝葉之煩，自立於根本之地，以爲天下先，則道德可一，而風俗可同矣。

〇國朝洪武九年正月丁巳，太子諸王侍，上顧謂之曰：「汝等聞脩德進賢之道乎？」太子對曰：「每聞儒臣講説，知其畧矣，未領其要。」上曰：「藻率雜佩，爲身之容；恭遜温良，爲德之容。見於外者，可以知其内也。古之君子趨蹌有節，步降有數，周旋跬步而不違於規矩者，由其德充於内而著乎外也。所以器識高明而治道日臻，惡行不見而邪僻日遠。己德既脩，自然足以服人，賢者彙進而不肖者自去，天下國家未有不治。不務此者，鮮不取敗。夫貨財聲色，戕德之斧斤；讒佞奸諛，杜賢之荆棘。當拒之如虎狼，畏之如蛇虺。苟溺於所好，則必爲

其所陷矣。汝等其慎之。」

臣若水通曰：伏觀聖祖諭太子以内外德容之理，與古聖賢一揆矣。詩曰：「抑抑威儀，維德之隅。」譬如宫室焉，内有繩直則外有廉隅，德其繩直矣，威儀其廉隅矣。人君苟存諸心者渾然天理，積中發外，自有威可畏，有儀可象，動容周旋自中乎禮，刑于家則齊，刑于國則治，刑于天下則平。由是，天下之賢能俊傑，莫不彙進以贊治化之盛，而讒諂奸諛之人遠矣。此我聖祖垂訓之至意也，惟聖明體察焉。

校記：

〔一〕「敬」，嘉靖本作「知」。

〔二〕「亦」，原無，據左傳補。

〔三〕「以」下原衍一「以」字，徑删。

〔四〕「悼」，原作「褢」，據嘉靖本改。

〔五〕「爲」，原無，據嘉靖本補。

〔六〕「宋儒」，嘉靖本無。

聖學格物通卷之二十三

慎言動上

○易家人象曰：風自火出，家人。君子以言有物而行有恒。

臣若水通曰：家人卦巽在離上，故爲風自火出。君子觀此象，知事必由内而出，故言行皆由中出者也。由中出，故所言必有物，所行必有恒也。物者實體，恒者有常，皆謂天理也。天理存於中，則言行謹於外也。言動謹，則身脩、家齊、國治，而天下平矣。

○姤象曰：天下有風，姤。后以施命誥四方。

臣若水通曰：姤卦乾下有巽，順居健下，故爲姤，有風行天下之象。風行天下，在號令而已矣。爲君后者觀此象，謹於施命以誥四方。夫風者，天之號令，鼓舞萬物者也。命者，君之號令，鼓舞萬民者也。上有逆命，則下有逆詞，不可不慎也。本吾心之誠以達諸政教焉，則〔一〕

置郵之傳者德之流行也，命斯達矣。其君民協心，所感豈不深哉。

○艮：六五，艮其輔，言有序，悔亡。象曰：艮其輔，以中正也。

臣若水通曰：言不可以僞爲也，有德者必有言也。五居卦之中，故爲中正，中德在内者也。故能艮其口輔而不言。非不言也，不輕言也，言由中德而發者也。秩秩德音，言滿天下，無口過也，其寡悔矣乎。

○繫辭[二]：擬之而後言，議之而後動，擬議以成其變化。

臣若水通曰：言動根於心也，擬議之於易理也。易理在吾心也，言行之所由發者也。擬議以體認於吾心，由中而發則言動，當其可久而變化。言即教，動即道，而擬議亡矣。不然「言必信，行必果」，硜硜然爾矣，豈知變化之道邪？

○子[三]曰：君子居其室，出其言善，則千里之外應之，況其邇者乎？居其室，出其言不善，則千里之外違之，況其邇者乎？言出乎身，加乎民；行發乎邇，見乎遠。言行，君子之樞機。樞機之發，榮辱之主也。言行，君子之所以動天地也，可不慎乎？

臣若水通曰：天下之感應，心而已矣。言行出於心，感應之大者也，其於人也爲樞機矣。

善則人應之，非私應也，得其同然之心也；不善則人違之，非私違也，失其同然之心也。應則榮，違則辱，皆由己以致之也，非自外至也。豈惟人哉，天地之於人，一理也。天地位與不位，言動之感格也。人君父母乎天地，而繫天下之從違者，其於言行之際，當知與天地合可也，與人合可也，顧可狥於一己之私邪？

〇書虞書舜典：帝曰：「龍，朕堲讒説殄行，震驚朕師。命汝作納言，夙夜出納朕命，惟允。」

臣若水通曰：此帝舜命龍謹於出納王言之詞。龍，舜之臣。堲，疾。殄，絶也。殄行者，謂傷絶善人之事。師，衆也。謂其言之不正，而能變亂黑白，以駭衆聽也。納言，虞官名，在周爲内史，在漢爲尚書，魏晉以來爲中書門下。夫命令，人君鼓舞萬民之具，誠不可以不謹。而納言之官，命令之所由出者也。讒説之人以非爲是，以邪爲正，窺伺間隙，迎合主意。人君惑之，則賞以私喜，罰以私怒，命令由之而不正矣。此帝舜之所以深惡，而必慎重於納言之命也。以爲命令政教由納言而出，必使審之既信然後出之，否則諫止之不必出可也。敷奏復逆由納言而入，必使審之既信然後入，否則斥逐之可也。是故朝廷賞罰予奪皆出聖斷，大權不至下移，而讒説無所容其喙矣。後世人君惟欲其言而莫予違，使納言之官不得盡其職，唯唯奉命以取容説。此命令之所以不正，而治之不古若也，有由然哉。夫納言之官，今之通政司，與夫六

科、十三道，皆其類也，如朝廷之喉舌。然若喉舌壅塞，言語不通，爲身之大患。爲人君者，豈不懼乎。

○大禹謨〔四〕：帝曰：「惟口出好興戎。」

臣若水通曰：此帝舜告禹之言。好，善也。戎，兵也。言發於口，則有召善、起兵二者之分，利害之幾可畏如此。易曰：「居其室，出其言善，千里之外應之，况其邇者乎；出其言不善，千里之外違之，况其邇者乎。」人君居天下之上，一言一動，尤爲千萬臣民之瞻聽，甚不可不慎其所發也。

○商書説命：惟口起羞。

臣若水通曰：此傳説告高宗之言也。言語者，所以宣其意而達諸政令者也，輕出則有起羞之患。夫言行，君子之樞機也。樞機之發，榮辱之主也。故一或輕出，大則啓禍，小則召侮。人君之發言，可不慎乎！

○周書周官：王曰：「嗚呼！凡我有官君子，欽乃攸司。慎乃出令，令出惟行，弗惟反。以公滅私，民其允懷。」

臣若水通曰：此成王訓迪百官之言也。反者，令出不可行而壅逆之謂。允，信也。蓋令

者出於上而施於下，示趍向於民者也，誠不可以不慎。敬汝所主之職，在於慎令，故曰欽乃攸司，慎乃出令。令欲其行，不欲其壅逆而不行，此所以當慎也。公理私情，不容並立。公理勝則私情滅，以公滅私則所出之令至公無我，民將丕應徯志，豈有不敬信而懷服者乎？故敬職在於慎令，慎令在於至公。爲人上者，其可不立至公，以爲出令之本乎？

○畢命：政貴有恒，辭尚體要，不惟好異。商俗靡靡，利口惟賢。餘風未殄，公其念哉！

臣若水通曰：此康王命畢公保釐東郊之言也。蔡沈曰：「對暫之謂恒，對常之謂異，趣完具而已之謂體，衆體所會之謂要。」政事純一，辭令簡實，深戒作聰明、趨浮末、好異之事也。成王言政貴有常，不常則民無所據守。其政之號令，辭不體要則失於虚，文好異則辭不體要，而政不恒矣。況商俗靡靡然而尚利口，餘風至今不息，則有恒、體要，尤爲時病之藥也，可不念之哉。爲人上者，欲恒其政，當慎其辭令焉。

○詩小雅小弁：莫高匪山，莫浚匪泉。君子無易由言，耳屬于垣。無逝我梁，無發我笱。我躬不閲，遑恤我後。

臣若水通曰：朱熹謂幽王太子宜臼被廢而作此詩。言山極高矣，而或陟其巔；泉極深

矣，而或入其底。故君子不可輕易於其言，恐耳屬於垣者有所觀望左右而生讒譖也。臣謂言者，發於心者也。心或受病，則隱之所藏，顯之所發，雖欲禁之不可得矣。故君子欲謹其言，當先謹其心，則言之所發，皆由中出，正大光明，無不可對人者矣。故欲無易由言，當自無易由心始爾。宜白因被譖而爲此詩，是有意於謹言矣，然徒禁於標末爾。李泌諫德宗廢太子立舒王，曰：「願還宮勿露此意。」若有意於謹意矣，然猶禁之於萌芽爾。中庸曰：「君子不動而敬，不言而信。」夫敬信在言動之先，則邪意不生，而言行可以動天地矣。伏惟聖明留心於敬信之學，則無意無必，而凡刑賞予奪如天之無迹，而左右不得窺伺之矣。

○大雅板：天之方難，無然憲憲。天之方蹶，無然泄泄。辭之輯矣，民之洽矣。辭之懌矣，民之莫矣。

臣若水通曰：此詩同列相戒，亦以諷王也。憲憲，欣欣也。蹶，動也。泄泄，猶沓沓也。輯，和。洽，合。懌，悦。莫，定也。首章憂其出話不然，故此繼之以爲辭之輯和，故民莫不洽合矣。辭之懌悦於民心，故民心皆莫而定矣。蓋上下同此心也，同此理也。辭當於理而和且悦焉，則上無逆命，下無逆辭，民自無不合、無不定矣。夫民合而定，由言當乎理，固也。然欲其言之當理，豈徒脩飾於外哉？蓋由平時脩辭立誠，以涵養此心之天理，使之由中達外，不能已焉。大之爲典謨訓誥，小之爲號令詔敕，莫非洋洋之天語，所以鼓舞乎萬民者，風行草動，莫

之或違矣。不然，徒欲脩飾其辭，而不由中出，則雖學典謨訓誥，亦僞辭而已矣。人君欲民之信從，當脩信於言前，然後可也。

○春秋桓公三年：夏，齊侯、衛侯胥命于蒲。

臣若水通曰：春秋書胥命于蒲，褒齊僖、衛宣不事盟誓，以言而相結也。是役也，或曰尊王，或曰推伯，其事之是非不暇論矣。獨謂春秋之時，大道隱而盟誓興，忠信薄而人心疑，約劑亂而交質之風成，烏有如二國之君一言取信邪？衛獻公言於甯喜求復國，喜曰：「必子鮮在，不然必敗。」小邾射以句繹奔魯，曰：「使季路要我，吾無盟。」子鮮、季路言出而人服，庶幾胥命之遺風也。嗚呼，春秋非古也，而古道猶存。以是知天理之在人心，不以古今殊也。人君敦信脩道，得人心之同然，言而世爲天下則矣。

○定公十年：夏，公會齊侯于夾谷。

臣若水通曰：夾谷之會，齊侯弱魯，將有萊兵之劫，國勢之殆亦甚矣。仲尼以從容談論，而却敵國之兵，何也？蓋天下莫大於理，而强衆不與焉。仲尼之對齊侯曰：「裔不謀夏，夷不亂華，於神爲不祥，於德爲愆義。」聽其言也，道德之正，自足以折其奸回之心；仁義之論，自足以消其桀驁之氣。故俄頃之間，功化如此也。否則齊君非不武也，晏嬰非不知也，胡爲而有「獲罪於魯，謝過以質」之言哉？故曰：仲尼一言，威重於三軍。

○禮記曲禮曰：毋勦説，毋雷同，必則古昔，稱先王。

臣若水通曰：毋，禁止之辭。摯取他人之説以爲己説，謂之勦説。聞人之説而附和之，謂之雷同。則，猶法也。脩辭立誠，所以進德也。古之君子所以致慎於言辭者，非欲爲觀美也，蓋所以謹其心而進德也。是故勦説、雷同，求之於人也，言非由中出也。言則古昔、稱先王，非求之於古昔、先王也，求之我也。先王之心，我之同然也。故求之人者僞也，求之我心之同然者誠也，故君子立誠之爲貴。

○曲禮曰：脩身踐言，謂之善行。行脩言道，禮之質也。

臣若水通曰：脩身以踐言，言斯道矣。踐言以善行，行斯脩矣。言行者，君子之樞機也。禮之出也，必言行以爲地。是故言行脩，禮本立矣，故禮樂待人而後行。

○哀公問：孔子曰：「君子過言則民作辭，過動則民作則。君子言不過辭，動不過則，百姓不命而敬恭。」

臣若水通曰：過言過動，謂言動不當理也。作如作好作惡之作。作辭，化其過言也。作則，化其過動也。過言生於心也，過行發於身也，皆不恭不敬之萌也。恭敬存於心，言行不過，則百姓化而敬恭，感應之理則然也。君子之於言動，其可以不謹乎。

○仲尼燕居曰：言而履之，禮也。行而樂之，樂也。君子力此二者，以南面而立，夫是以天下太平也。

臣若水通曰：言出而踐則履矣，言無非理，是以謂之禮也。行發而順則樂矣，動無不和，是以謂之樂也。禮樂出於身，天下化之，而至理至和焉，治之極也。

○緇衣：子曰：「王言如絲，其出如綸；王言如綸，其出如綍。故大人不倡游言。可言也不可行，君子弗言也。可行也不可言，君子弗行也。則民言不危行，而行不危言矣。」

臣若水通曰：如絲如綸者，發之者小，而播之者大也。如綸如綍者，發之者大，而播之者尤大也。蓋人君一言之發，一訓誥詔令之出，而臣下之奉行，天下之習尚，必有甚焉者矣。發之不可不謹也，故在審之而已矣。一言之發也，必思曰：他日可行於臣民乎？否則不必言也。一政之行也，必思曰：此可對臣民言之乎？否則不必行也。言必慮其所終，行必稽其所敝，則言行相顧而天下化之矣。雖然，理一也，合乎理，未有可言而不可行，可行而不可言者。但人君以崇高之勢，或出悖理之言行，以爲莫予違者，而不知天下之臣民已議其後，而莫肯信從矣。王者之所發，可不慎乎！

校記：

〔一〕「則」下，嘉靖本有「速於」二字。

〔二〕「繫辭」後，嘉靖本有「傳」字。

〔三〕「子」字前，嘉靖本有「繫辭傳」三字。

〔四〕「大禹謨」前，嘉靖本有「虞書」二字。

聖學格物通卷之二十四

慎言動中

○論語：子貢問君子。子曰：「先行其言，而後從之。」

臣若水通曰：君子之道大矣，而孔子於子貢之問，惟以言行先後言之者，何哉？易曰：「言行，君子之樞機，不可不慎。」故行之於先，則行專而能力；言之於後，則言切而有孚。君子之於學也，察見天理，體之於身心而有得焉，然後立訓以告人，或出言以答問，無非體貼吾心所得之實理，則行有恒而言有物，言顧行，行顧言，慥慥君子矣。臣聞之先師翰林檢討陳獻章曰：「夫學，自我得之，自我言之可也。」其意與此暗合，惟聖明留神焉。

○子曰：古者言之不出，恥躬之不逮也。

臣若水通曰：孔子此章之言，至爲明白痛切，所以警悟學者之意至矣。夫行不及言，古人

所耻，是何今人之不古若哉？道理平鋪，良心固有，世之學者豈無所見也？不肯體之於身，徒事講説之煩，競爲文字之學，皆依仁義道德之説，與身心畧不相涉，而莫之耻焉，何心哉！其習使之然也。孔子曰：「文，莫吾猶人也。躬行君子，則吾未之有得。」孔子蓋嘆時矣，無變俗之權爾。仰惟聖明居皇極之位，握轉移之機，使天下學者德業合一，篤其實而藝者書之，則道德一而風俗同矣，天下幸甚。

○南容三復白圭，孔子以其兄之子妻之。

臣若水通曰：白圭之詩，乃衛武公作之以自警者也，曰：「白圭之玷，尚可磨也。斯言之玷，不可爲也。」其嚴於自飭如此，此其所以德躋於睿聖也。南容獨取其言而三復焉，蓋深有意於謹言矣。夫言者，心之聲也。君子能存其心，則言與心應，而自無不謹之言矣。

○司馬牛問仁，子曰：「仁者，其言也訒。」曰：「其言也訒，斯謂之仁矣乎？」子曰：「爲之難，言之得無訒乎？」

臣若水通曰：司馬牛問仁，而夫子告之以謹言者，何哉？張載曰「戲言出於思也」，言心口一致也。蓋言者心之聲，心隨言以出入者也。言不謹則心放，心放則天理滅而仁亡矣。故爲仁之要，在於訒其言而不放也。不易其言，即是不放其心，心存理得，則仁在是矣。故謹言係於爲仁之要，有以仁爲難之心，即有言不易放之心。易其言者，乃易其心者也。然則訒其言，

則亦有隨處體認之功，而心當自存矣，於此又有以知内外合一之學云。

○子曰：君子耻其言而過其行。

臣若水通曰：古之人非貴於言也，言以宣其身心之得以達於用爾已。實無得而徒言之，是欺天罔人矣，豈不可耻乎？然聖人之言通乎上下，世之人主，有徒致飾於制誥命令之間，無躬行仁義之實，而欲以致大用於天下，協神人動天地，豈不難哉？

○中庸：庸德之行，庸言之謹，有所不足，不敢不勉，有餘不敢盡。言顧行，行顧言，君子胡不慥慥爾！

臣若水通曰：此中庸引孔子之言，所以推明忠恕違道不遠之意也。蓋忠與恕初不相離，但欲行乎恕，當養其忠。言行之謹，正所以養其忠也，忠立而恕出矣。庸，常也。存於身者謂之常德，發於口者謂之常言。以其天理之自然，故謂之常，即上文君子之道也。致謹於言行之常，皆隨處體認乎此爾。如是而君子之道有不造其實者哉？能造其實，道斯一矣。然聖人論道，恒以言行言者何歟？易曰「言行，君子之樞機」，所關者大矣。學者皆然，人君爲甚，自一話言之出，以至於制誥命令之發，皆言也。自一念慮之動，以至於家國天下事爲之著，皆行也。易曰：「言出乎身，加乎民。行發乎邇，見乎遠。」又曰：「言行，君子之所以動天地也。」禮曰：「天子動則左史書之，言則右史書之。」噫，人君一身之言動，近則書之史册，遠則及乎人

民，人焉則動乎天地。然則君天下者，尤當致謹於斯云。

○孝經曰：非先王之法言不敢道，非先王之德行不敢行。是故非法不言，非道不行。口無擇言，身無擇行。言滿天下無口過，行滿天下無怨惡。

臣若水通曰：所謂法者、德者，皆天理也。由是而言，則爲法言矣；由是而行，則爲德行矣。皆云先王者，先王能由之先得我心之同然者也。故非法則不敢言，使口無可擇之言，而免於口過矣。非道則不敢行，使身無可擇之行，而免於怨惡矣。免於口過、怨惡，蓋得乎民心之所同然者也。人君能如是，是之謂能脩其身，是之謂能孝其先君。

○左傳文公十七年：襄仲如齊，拜穀之盟。復曰：「臣聞齊人將食魯之麥。以臣觀之，將不能。齊君之語偷。臧文仲有言曰：『民主偷，必死。』」夏五月戊戌，齊人弒其君商人。〔一〕

臣若水通曰：偷，薄也，苟且之謂也。人之有言，皆本於心。言之病者，心之疚所由發也。孟子知言，審諸此爾。齊侯以苟且之心，發苟且之言，因言以察其心根本，病且蹙矣。魯人之麥未食，而死不旋踵。人主之於心聲，可不謹哉。

○襄公二十五年：子產獻捷于晉，戎服將事。晉人問陳之罪，陳及鄭平。仲尼

曰：「志有之：言以足志，文以足言。不言誰知其志？言之無文，行而不遠。晉爲伯，鄭入陳，非文辭不爲功，慎辭哉！」

臣若水通曰：孔子嘗謂賜不幸言而中，則知君子之不貴言也。至於鄭人入陳之役，乃多子產之文辭者，何居？孔子亦曰「辭達而已矣」。子產之辭順則達，達足以感人矣，君子所以取之也。樞機之發，榮辱之主，可以不慎乎？

○哀公十四年：小邾射以句繹來奔，曰：「使季路要我，吾無盟矣。」使子路，子路辭。季康子使冉有謂之曰：「千乘之國，不信其盟，而信子之言，子何辱焉？」

臣若水通曰：千乘之國，不信其盟，而信仲由之一言者，何也？蓋自其無宿諾之信以孚之也，言諾之於人豈小也哉？雖然，信所以成義者也，不義之信，君子弗之貴也。小邾雖信仲由之言，而仲由不往者，守義以成信也。然則仲由之言，豈不益可信哉。

○國語周語：襄王曰：「夫政自上下者也，上作政而下行之不逆，故上下無怨。」

臣若水通曰：襄王，惠王之子鄭也。政者謂命令禁戒之言，自上下言當從上出也。書曰：「令出惟行，弗惟反。」易曰：「渙汗其大號。」管夷吾亦曰：「出令當如流水，以順人心。」故上以順作之，而下以順行之，言得其心也。否則怨讟用興，其何以信於國？襄王不從晉文之請以誅衛

侯，可謂慎於詞令矣。爲人主者，所當致其慎以利於行，豈曰「惟其言而莫予違」而已哉。

○周語：晋孫談之子周適周，事單襄公，言敬必及天，言忠必及意，言信必及身，言仁必及人，言義必及利，言知必及事，言勇必及制，言教必及辯，言孝必及神，言惠必及龢，言讓必及敵。

臣若水通曰：言敬必及天者，象天之敬乾乾不息也；言忠必及意者，出自心意爲忠也；言信必及身者，先信於身而後及人也；言仁必及人者，博愛於人爲仁也；言義必及利者，易曰「利物足以和義」也；言知必及事者，能處事物爲知也；言勇必及制者，以義爲制，勇而不義非勇也。辯，别也。言教必及辯者，能别是非乃可以教也；言孝必及神者，孝於鬼神則存者信矣；言惠必及和者，致和睦乃能親愛也；言讓必及敵者，謂雖在匹敵猶以禮讓也。若周者其言如此，真可謂善言也已。語曰：「夫人不言，言必有中。」詩曰：「德音秩秩，周蓋有之。」夫以言詞之善，而襄公稱之。故夫言者，真榮辱之主也。

○周語：單穆公曰：「國無經何以出令？令之不從，上之患也。故聖王樹德於民以除之。」

臣若水通曰：經者常也，謂常行不易之道也。樹德，即常道也。除，謂除去令而不從之

患。夫令之以常道，則上令而下從；令之不以常道，則所令反其所好，而民不從。民不從令，上必危矣。故聖王樹德，所以立常道以令於民也。伏惟聖明，於敕旨命令之發，必審當於道，以順民心，然後發焉，天下幸甚。

○周語：仲山父曰：「出令不可不慎也。令之不行，政之不立，行而不順，民將棄上。」

臣若水通曰：仲山父，王卿士。令不行則政不立矣，至於民棄其上，由其不慎順也，可不懼乎？夫人君居萬民之上，皆若有忽棄小民之心。仲山父「民將棄上」之一語，深足爲爲民上者之警也歟。

○晉語：甯嬴氏曰：「夫貌，情之華也；言，貌之機也。身爲情，成於中。言，身之文也。言文而發之，合而後行，離則有釁。」

臣若水通曰：甯，晉邑。嬴，其姓。容貌者，情之華采；言語者，容貌之樞機。合，謂容、貌、言三者合而後行也。夫聽言觀行，聖人之至訓也。甯嬴氏以言與貌而知陽子不褰裳以赴賈季之難，其知哉。君子於此，可不謹言行以爲脩身之要乎？

○唐高祖武德元年六月，上嘗有敕，而内史不時宣行。上責其遲，蕭瑀對曰：「大業之世，内史宣敕或前後相違，有司不知所從。其易在前，其難在後。臣在省日久，

備見其事。今王業經始，事繫安危，遠方有疑，恐失機會。故臣每受一敕必勘審，使與前敕不違，始敢宣行。稽緩之愆，實由於此。」上曰：「卿用心如是，吾復何憂？」

臣若水通曰：朝廷之上，出其言善則天下從之，出其言不善則天下違之，故不可不慎也。君之出令不貴於速，而貴於善；臣之奉令不患其遲，而患其未允。君失之，臣脩之，所以交濟其善，而期於允也。故有臣如蕭瑀，君之令不患其不善矣。有君如唐祖，臣之奉令不患其不允矣。後世君以逆令罪其臣，臣以順令媚其君，及詔令行而天下怨咨，所謂言悖而出者亦悖而入也，豈非上下不謹言之過歟？

○唐太宗貞觀元年春正月，上以兵部郎中戴冑忠清公直，擢爲大理少卿。上以選人多詐冒資蔭，敕令自首，不首者死。未幾，有詐冒事覺者，上欲殺之。冑奏據法應流，上怒曰：「卿欲守法，而使朕失信乎？」對曰：「敕者出於一時之喜怒，法者國家所以布大信於天下也。陛下忿選人之多詐，故欲殺之。而既知其不可，復斷之以法，此乃忍小忿而存大信也。」上曰：「卿能執法，朕復何憂？」冑前後犯顏執法，言如涌泉，上皆從之，天下無冤獄。

臣若水通曰：書云：「令出惟行，弗惟反。」夫詐冒，法止於流爾。而太宗令以死，戴冑執

而不行，豈非所謂諒邪？語曰：「君子貞而不諒。」太宗以冑之執法而使己失信，豈非所謂反邪？以喜怒行令，遂至於如此，可不戒乎。雖然，太宗卒能從冑之言，以存先王所傳之律令，猶爲善補過也矣。

○唐貞觀二年六月，太宗曰：「朕每臨朝，欲發一言，未嘗不三思，恐爲民害，是以不多言。」給事中、知起居事杜正倫曰：「臣職在記言，陛下之失，臣必書之。豈徒有害於今，亦恐貽譏於後。」上悦，賜帛二百段。

臣若水通曰：以後世觀之，人皆壯正倫之言矣。以臣觀之，正倫殆不及太宗也。太宗之謹言，恐貽害於民，爲實也；正倫戒太宗之失言，恐貽譏於後，爲名也。以名相期，其不相率於僞飾，臣不信也。夫言，心聲也。人君誠能謹於心，非法不道，自無言語之失矣，徒使畏史官之記而不發，不知深宫廣内，無所忌憚之時，將何所警而不妄發也邪？況臨朝之時少，燕居之時多乎。易曰「脩辭立其誠」，其内外合一之道也。

○貞觀三年夏四月，上始御太極殿，謂群臣曰：「中書、門下，機要之司，詔敕有不便者，皆應論執。比來唯睹順從，不聞違異。若但行文書，則誰不可爲，何必擇才也？」房玄齡等皆頓首謝。故事，凡軍國大事，則中書舍人各執所見，雜署

其名，謂之五花判事，中書侍郎、中書令省審之，給事中、黄門侍郎駁正之。上始申明舊制，由是鮮有敗事。

臣若水通曰：書云：「大哉王言，一哉王心。」夫詔敕，王言也。天下因言以知其心也，可不慎乎？唐太宗初御太極，責中書、門下久不論執詔敕之不便者，卒脩五花判事，中書令、侍郎、給事交駁之典，所謂詢謀僉同者矣，王言其有不善乎？書曰：「謀及乃心，謀及卿士，謀及庶人。」所以求人心之同然也。仰惟聖明聰明天縱，凡有命令，尤宜詢之輔臣，採其衆論而後行，則三代之隆可復，而貞觀之治有不足爲矣。

○貞觀十八年夏四月，劉洎諫曰：「陛下每降恩旨，假慈顔凝旒以聽其言，虚襟以納其説，猶恐群下未敢對敭，況動神機，縱天辯，飾辭以折其理，引古以排其議，欲〔二〕令凡庶何階應答？且多記則損心，多語則損氣。心氣内損，形神外勞，初雖不覺，後必爲累。須爲社稷自愛，豈爲性好自傷乎？至如秦政彊辯，失人心於自矜；魏文宏才，虧衆望於虚説。此材辯之累較然可知矣。」上飛白答之曰：「非慮無以臨下，非言無以述慮，比有談論，遂致煩多。輕物驕人，恐由兹道。形神心氣，非此爲勞。今聞讜言，虚懷以改。」

臣若水通曰：王者尊重如天，王言所以代天語也。多記多語，非人君之學。縱辯飾辭，非人君之體。語曰：「天何言哉，四時行焉，百物生焉。」彊辯虚説，與天不相似矣。爲天之子者，固當爾耶？太宗納劉洎之諫而改焉，此所以致貞觀之治也歟。

○唐德宗建中四年十二月，上以中書所撰赦文示陸贄。贄上言以爲：「動人以言，所感已淺，言又不切，人誰肯懷？今兹德音，悔過之意不得不深，引咎之辭不得不盡，洗刷疵垢，宣暢鬱堙，使人人各得所欲，則何有不從者乎？」

臣若水通曰：書云：「辭尚體要。」德宗當播亂之時，人心怨詈，悔過引咎之辭，此其體要也。賴有陸贄之言，下罪己之詔，宜乎民之感泣矣。使非其言出于至誠惻怛，何以動人耶？雖然，事變甫定，德宗遂忘〔三〕前日之詔，縱恣愈甚。雖以贄之賢，忠言在耳，猶不能安其身。人心惟危，有如是夫。故人君之學，脩辭以立其誠，則始終如一矣。

校記：

〔一〕「夏五月」二句：爲春秋文公十八年文。

〔二〕「欲」，原作「故」，據資治通鑑改。

〔三〕「忘」，原作「亡」，據嘉靖本改。